Reshad Feild

Mit Achtsamkeit durchs Leben
39 Schritte in die Freiheit

Reshad Feild

Mit Achtsamkeit durchs Leben

39 Schritte in die Freiheit

Aus dem Englischen
von Karin Monte und
Angelika Schott

Chalice Verlag

Die Originalausgabe erschien
1983 bei Threshold Books, Putney, Vermont, USA,
unter dem Titel *Steps to Freedom*

Die deutsche Erstausgabe erschien
1984 beim Verlag Bruno Martin, Südergellersen,
unter dem Titel *Schritte in die Freiheit*

Überarbeitete deutsche Neuausgabe

Umschlagbild und Frontispiz: Fotolia / gudrun
Buchgestaltung: Robert Cathomas
Herstellung: BoD – Books on Demand GmbH
Printed in Germany

ISBN 978-3-942914-35-2

Inhalt

Vorwort .. 9

1 Der Atem der Einheit .. 11
2 Vorsatz .. 12
3 Die Frage stellen .. 16
4 Notwendigkeit wirklicher Veränderung .. 24
5 Bewusste Liebe .. 32
6 Vier Regeln: Erinnerung, Meditation, Vertrauen und Dienen 39
7 Freiheit .. 46
8 Die Suche nach Identität .. 54
9 Der Pfad der Rückkehr .. 58
10 Notwendigkeit des Willens .. 64
11 Entscheidung .. 68
12 Willen entwickeln .. 73
13 Einstimmung .. 80
14 Demut und das Wirken der Liebe .. 85
15 Nahrung .. 88
16 Erkenntnis der Wahrheit .. 91
17 Der einzige Zweck der Liebe ist Schönheit .. 93
18 Bewusstes Leiden .. 99
19 Der Atem .. 107
20 Lieben .. 111
21 Verlangen .. 115

22 Trennung überwinden .. 121
23 Fixieren von Gold im Herzen .. 124
24 Hindernisse für die Transformation .. 126
25 Das Werk beginnen .. 129
26 Transformation von Energien .. 131
27 Sein und Aufnahmefähigkeit .. 136
28 Muster .. 142
29 Gemeinschaft .. 148
30 Brüderlichkeit .. 154
31 Dem Gast dienen .. 158
32 Gebet .. 160
33 Stirb, bevor du stirbst .. 165
34 Gotteserkenntnis .. 168
35 Der Pfad des Mystikers .. 171
36 Symbolik der Hochzeitszeremonie .. 175
37 Grenzen des Verstandes .. 178
38 Erschaffung der Seele .. 181
39 Alchimie des Herzens .. 184

Über den Autor .. 191

Ich widme dieses Buch
der notwendigen Transformation
des Planeten

Vorwort

Ich möchte die Leserinnen und Leser bitten, etwas Geduld mitzubringen, da dies kein Buch im gewöhnlichen Sinne des Wortes ist. Diese Kapitel sind aus über einhundert Abschriften von Vorträgen, die ich im Laufe der Jahre gehalten habe, zusammengestellt worden. So kommt es in einigen Kapiteln zu Wiederholungen, die ich bewusst im Manuskript gelassen habe, um den Geist des Ursprünglichen zu erhalten. Manchmal wird das, was zwischen den Worten liegt, am besten verstanden, wenn die Kapitel in einer Gruppe laut vorgelesen werden oder wenn zwei oder drei Leute Zeit finden, sich zusammenzusetzen und das Gesagte gemeinsam durchzugehen. Jedes dieser Kapitel ist in sich abgeschlossen, und doch hat das Buch als Ganzes eine bestimmte Reihenfolge. Außerdem gibt es Abschnitte, die gut für ein tieferes Studium geeignet sind.

Ich biete dieses Buch als einen Beitrag zu dem neuen Zeitalter an, in das wir unweigerlich hineingehen, Schritt für Schritt, während die Vergangenheit in den gegenwärtigen Augenblick hinein erlöst wird und es sich zeigt, dass die Zukunft hier ist – jetzt!

Santa Cruz, Kalifornien, 1983

39 SCHRITTE IN DIE FREIHEIT

Der Atem der Einheit

I

Vor langer, langer Zeit, als die Welt noch sehr jung war, gab es Harmonie, gab es einen Rhythmus, einen Atem, den Atem der Einheit. Die Welt drehte sich. Es war einmal... Doch dann kam die Zeit, dieser Augenblick, als sich aus dem Rhythmus der Harmonie ein neuer Rhythmus entwickelte. Ein neuer Atem war geboren. Auf die Zeit der natürlichen Ordnung folgte eine andere Art der Zeit. Aus dem Atem und dem Rhythmus Gottes entstand der Atem des Menschen... Vor langer Zeit.

So geschah es, dass es zwei Rhythmen gab, zwei Atemzüge, und die Spannung, die von beiden geschaffen wurde, ließ die beiden Gebote entstehen: »Liebe den Herrn, deinen Gott« und »Liebe deinen Nächsten wie dich selbst.« Dann hätte wieder Harmonie entstehen können.

Doch die Menschheit hat sich niemals daran erinnert, und deshalb wird uns zu bestimmten Zeiten in der Geschichte wieder die Gelegenheit gegeben, uns unserem Herrn unmittelbar zuzuwenden – den Pfad der Rückkehr einzuschlagen. Diese Chance wird uns geboten, wenn die Dinge schlecht stehen, wenn die Ordnung versagt hat und das Chaos regiert – wenn die Menschheit das Lieben vergessen hat, wenn Gott vergessen worden ist.

Vom Wesen her sind wir eine Einheit, doch das müssen wir *wissen,* denn dann tragen wir die ganze Menschheit bewusst in unserem Herzen.

Unserem Wesen nach sind wir eins. Es ist leichter, ein Konzept nachzubeten, es mit dem Verstand als Idee zu erfassen, als es durch die unmittelbare Wahrnehmung des Herzens zu begreifen. Vom Wesen her sind wir eine Einheit, doch das müssen wir *wissen,* denn dann tragen wir die ganze Menschheit bewusst in unserem Herzen. Wenn wir sagen, wir wüssten um die wesentliche Einheit, und dabei das Leiden der Menschheit ignorieren, bedeutet dies Ungehorsam gegenüber dem zweiten großen Gebot. Gutes für die Menschheit zu tun, ohne sich

Gott unmittelbar zuzuwenden, ist eine Übertretung des ersten Gebotes. Zwei Gebote, zwei große Gesetze, Tag und Nacht, Himmel und Erde, Yin und Yang, Mann und Frau.

Hoffnung – was ist Hoffnung? Wie oft führt sie nur zu ihrem relativen Gegenteil! Was ist das anderes als Verzweiflung? Und doch gibt es Hoffnung. Wirkliche Hoffnung besteht, wenn Männer und Frauen aus ihrem Schlafzustand aufwachen und allmählich zu wirklichen, bewussten menschlichen Wesen werden, die für sich selbst und ihre Familien Verantwortung übernehmen, für ihre Gruppe und die Gesellschaft, für ihre Dörfer, ihre Städte und für den Boden, dessen Treuhänder sie sind.

Es ist schwer, Hoffnung zu hören oder zu sehen. Es ist sogar schwer, Hoffnung zu fühlen in einer Welt, die jeden Sinn für Vernunft verloren hat, die nur noch auf Form beruht. Das Vertrauen auf die Form führt zu völliger Desillusionierung, zu Chaos, Angst, Trauer, ja sogar Apathie, und das angesichts der Schönheit von Gottes Schöpfung.

Doch seit Anbeginn der Zeit gab es immer auch die Möglichkeit wirklicher Hoffnung. Wir könnten sie »objektive Hoffnung« nennen. Es ist Hoffnung, die ein Ziel hat, und dieses Ziel wird nicht durch blinden Aberglauben, Systeme, Rituale oder Magie erreicht. Es kann verwirklicht werden aus und in wirklichem Wissen.

Vorsatz

2

Bevor wir irgendetwas im Leben in Angriff nehmen, empfiehlt es sich, Art und Qualität unseres Motivs sehr gründlich zu betrachten. Wenn unser Motiv nicht rein ist, wird das, was zu erreichen wir uns vorgenommen haben, kaum gute Ergebnisse erzielen. Es ist richtig zu sagen: »Wie ihr säet, so werdet ihr ernten.« Nur ein Narr wird sich auf eine Reise begeben, bevor er über sein Motiv nachgedacht hat und zumindest ahnt, welche Ergebnisse das Fassen eines Vorsatzes mit sich bringt.

Beinahe alles, was wir in dieser Welt tun, ist unbewusst und beruht auf den Reaktionen eines konditionierten Verstandes, der im

»Schlaf« liegt. Der Durchschnittsmensch, der schlafwandlerisch durchs Leben zieht, wird sich selten oder gar nicht nach seinen Motiven und Absichten fragen. Er wird von den Wellen des Schicksals hin- und hergeworfen, über die er längst die Kontrolle verloren hat. Er weiß gar nicht, dass er schläft. Und doch kann dieses Schlafen ihn nur in immer tieferen Schlaf führen. Er kennt nicht nur den Zweck des Lebens nicht, sondern stellt sich auch nicht die Frage, warum er wohl geboren wurde und was er in dieser Welt zu dieser Zeit überhaupt zu suchen hat. Er nimmt tatsächlich an, er könne etwas »tun«. Er glaubt, er könne einen Gedanken denken, dabei denkt in Wirklichkeit der Gedanke ihn. Solange er nicht aufwacht, um dem gegenwärtigen Augenblick zu dienen, beeinflussen Gedankenformen sein Leben. Diese Gedankenformen werden aus der Biosphäre durch Menschen materialisiert, die nicht erkennen, dass sie Instrumente des Göttlichen Willens sind und Transformatoren für feine Energien. Jeder von uns hat eine Aufgabe zu erfüllen, und zwar die, in dieser Welt zu dienen. Dann kann das Gesetz der wirklichen Welt hier und jetzt eine geordnete Gestalt annehmen.

Ohne richtiges Motiv und richtige Absicht können wir unsere Bestimmung als Mann und Frau nicht erfüllen.

Selbst wenn unsere Motive gut sind, wird es selten vorkommen, dass wir unsere ursprüngliche Absicht erfüllen. Die Kraft des ursprünglichen Vorsatzes wird abnehmen, wenn sie von negativen Emotionen oder Gefühlen abgelenkt wird, die sich unserem ursprünglichen Vorhaben in den Weg stellen. Dann wird Energie vergeudet, während doch für jede Entscheidung Energie benötigt wird. Energie folgt dem Gedanken, und wenn der Gedanke nicht geradlinig ausgerichtet ist, wird mit Sicherheit die Energie entlang der verschiedenen Gedankengänge zerstreut. Offensichtlich wäre das erreichte Ergebnis gering.

Wir können ein beliebiges Beispiel nehmen, wie eine Fahrt ins Büro oder zum Markt. Wie oft sind wir auf den Markt gegangen, um bestimmte Nahrungsmittel einzukaufen, und haben zu Hause festgestellt, dass wir vergessen hatten, weswegen wir ursprünglich hingegangen waren. Stattdessen sind wir mit allen möglichen Vorräten zurückgekehrt, die nichts oder wenig mit dem zu tun hatten, was wir tatsächlich brauchten. Wie dem auch sei: Wenn wir ehrlich sind, können wir sehen, wie schwierig es für uns ist, unser ursprüngliches Ziel zu verwirklichen, und wie leicht wir umgeleitet werden können in irgendeine Nebenstraße oder sogar Sackgasse, sodass wir umkehren und von vorne anfangen müssen.

Wie oft laufen wir hin und her, studieren erst diese, dann jene Methode, machen diese oder jene Übung, befolgen diese oder jene Praktik. Das kann uns für eine Weile ein gutes Gefühl geben, doch befriedigen wir damit nur unsere Selbstgerechtigkeit. Denn in Wahrheit hat dies nichts mit der Arbeit zu tun, mit der wir in Berührung kommen könnten. Von Anbeginn der Zeit wurde der Menschheit die freie Wahl geschenkt. Wir können im Leben bekommen, was wir wollen, wenn wir unseren Geist darauf ausrichten. Wenn wir uns nicht in den Strom des Dienens gestellt haben, der uns mit der realen Welt in Berührung bringt, werden wir am Ende zutiefst enttäuscht sein und unsere Suche vielleicht von vorne beginnen müssen. Nur wenn wir uns in den Strom des Dienens stellen, indem wir unseren Vorsatz *außerhalb der Zeit* fassen, können wir uns auf das begeben, was »der Weg« genannt wird.

Wir wollen untersuchen, was es bedeuten könnte, einen Vorsatz außerhalb der Zeit zu fassen. Wenn wir unser eigenes Leben betrachten, werden wir sehen, dass beinahe alle Vorsätze, die wir gefasst haben, durch Vergleichen entstanden sind. Sie standen immer in Beziehung zu etwas, das schon in unserem Leben oder im Leben anderer geschehen war. Wir entschließen uns, etwas zu tun wegen des Schmerzes, den wir beim letzten Mal erlebten, als wir etwas anderes taten. Wir entschließen uns, woanders hinzufahren, weil es da, wo wir sind, kalt und neblig ist. Alles geschieht im Vergleich zu etwas anderem, da diese Welt nur wegen der Natur der Dualität existiert. Doch unsere spirituelle Suche soll uns zur Einheit führen, jenseits des Vergleichens, jenseits des Verstandes, jenseits des diskursiven Denkens, ja sogar über das Bewusstsein selbst hinaus.

Wir sehen, dass die Verwirklichung der Einheit es notwendig macht, unsere Vorsätze in einer Weise zu fassen, die nicht auf dem konditionierten Verstand beruht oder der Welt der Vergleiche und Gegensätze entspringt. Wir können einen Ort erreichen, der genau in der Mitte zwischen dieser Welt und der künftigen liegt, zwischen unserer Welt der Illusion und der wirklichen Welt, die sich den verstandesbetonten Beschreibungen vollständig entzieht. Es sieht so aus, als sei unser Vorsatz die Brücke zwischen diesen beiden Welten. Die Antwort liegt in der Frage; und der Vorsatz ist die ewige Frage der ganzen Menschheit, die Frage, die die Wahrheit in sich birgt.

Im Augenblick, wo wir unseren Vorsatz richtig fassen – vorausgesetzt unser Motiv ist rein – sind wir sofort im Strom des Dienens. Dann können wir dorthin geführt werden, wohin der Göttliche Wille uns haben möchte, wo wir unsere Talente bestmöglich einsetzen können, wo wir unseren Mitmenschen in der Erkenntnis und Liebe Gottes dienen können.

Doch wie schwierig ist das! Wir sind so vollgestopft mit Konditionierungen und vorgefassten Meinungen über die Natur des spirituellen Weges, dass es uns beinahe unmöglich ist, den Vorsatz zu fassen, der uns und andere dem Ziel näherbringt. Deshalb ist es notwendig, an uns selbst zu arbeiten, sodass wir besser dienen und hilfreicher bei der Entfaltung des Planeten sein können. Mit jeder bewussten Anstrengung der Arbeit an uns selbst wird die Konditionierung nach und nach wegschmelzen, bis wir schließlich klar genug sind, uns völlig einer Sache zu verpflichten, die wir weder sehen noch fühlen, weder schmecken noch berühren können. Die Methoden und Übungen werden uns vielleicht beim Erreichen dieses Ziels helfen, doch kann niemand außer uns selbst diese Verpflichtung eingehen. Wenn jemand sagt, er könne dies für uns tun, dann passt auf. Es ist zu leicht, unseren Willen in die Hände eines anderen zu geben und so unsere einzige Chance zu verlieren, uns selbst zu verschenken und uns dem Wissen um unsere essenzielle Einheit mit Gott völlig zu überlassen. Diesen Sprung müssen wir selbst wagen. Niemand kann das für uns tun. Ein anderer kann uns bis zur Grenzlinie führen, aber nur wir selbst können aus der Quelle trinken. Nur wir selbst können die endgültige Verpflichtung eingehen. Um diesen Entschluss zu fassen, brauchen wir Mut, Integrität, ein reines Motiv und vor allem das leidenschaftliche Verlangen, Gott zu erkennen. Weniger genügt nicht.

Die Frage stellen

3

Man sagt, dass in der Frage die Antwort liegt. Deshalb wäre es töricht, keine Fragen zu stellen. Doch das ist nicht so einfach, wie es klingt. Zuerst müssen wir die Frage stellen *wollen,* dann lernen, welche Verantwortung darin liegt, auf der Grundlage der Antwort zu handeln, und was dies alles mit sich bringt. Wenn wir eine Frage aus dem Herzen stellen, kann Veränderung in der Welt geschehen; zuerst in unserem sogenannten persönlichen Leben, dann in der Familie oder der Gruppe, mit der wir arbeiten, und schließlich in unserer Umwelt. Eine Frage impliziert zum einen, dass wir die Antwort wissen wollen, und zum anderen, dass wir sie noch nicht kennen. Hier liegt ein weiteres Rätsel. Wenn wir die Antwort nicht irgendwo tief in uns wüssten, würden wir die Frage gar nicht erst stellen.

Denken wir uns einen Wissenschaftler, der in einem Laboratorium arbeitet und ein sehr kompliziertes Experiment durchführt. Vielleicht hat er schon seit vielen Jahren an diesem Experiment gearbeitet. Er hat auch andere Wissenschaftler um Rat gefragt, um das Experiment abschließen und das Rätsel lösen zu können. Für die äußere Welt mag er ein verrückter Wissenschaftler sein, der Steuergelder verschwendet, doch für den Wissenschaftler selbst, der zuerst die Frage aufwarf, sieht die Sache ganz anders aus. Er hat sich vorgenommen, etwas zu beweisen, von dem er bereits ahnte, dass es in der einen oder anderen Welt existiert. Er fragte: »Ist dies wahr, und wenn ja, was kann ich dazu beitragen, dieses Wissen in der relativen Welt auf praktische Weise zu manifestieren?«

In gewissem Sinne muss uns erst beigebracht werden, *wie* man eine Frage stellt. Dies wird selten getan. Wir gehen zu leicht davon aus, dass uns etwas gesagt werden wird, ohne dass wir etwas dafür tun müssen. Wir müssen uns darauf vorbereiten, das Notwendige zu empfangen, indem wir unser Herz wahrhaft der Frage öffnen. Wir stellen schnell eine Frage, und ehe noch die Antwort gegeben werden könnte, springen wir schon zur nächsten Frage oder machen aus der Frage gar eine Diskussion. So erreichen wir gar nichts.

Deshalb ist es so nützlich, wenn uns beigebracht wird, *wozu* und tatsächlich auch *wie* man fragen stellt.

Zuerst müssen wir begreifen, dass jedes Mal, wenn wir richtig miteinander sprechen, ein Energieaustausch stattfindet. Die Energie selbst wird in Form von Worten mitgeteilt. Wenn wir nicht miteinander kommunizieren, besteht nur ein Störfeld, aus dem kein Verstehen hervorgehen kann. Es geht darum zu lernen, wie man gibt und wie man empfängt. Wie häufig machen wir das richtig? Wenn wir wirklich ehrlich mit uns selbst sind, werden wir herausfinden, dass wir, selbst wenn wir Fragen stellen, uns sehr oft der wirklichen Antwort, die wir verstehen sollten, verschließen. Wir nehmen nur die Antwort an, die wir möchten, doch selten die Antwort, die wir brauchen. So kann es keinen wirklichen Energieaustausch geben – und bestimmt keine Transformation von Energien.

Es erfordert Mut, eine Frage zu stellen und auf die Antwort dann wirklich zu hören. In der Antwort liegt Veränderung, und es gibt immer einen Teil in uns, der keine Veränderung wünscht. Dieser Teil ist damit zufrieden, immer und immer wieder die gleichen Dinge zu tun. Durch das Wiederholen alter Gewohnheitsmuster können wir schließlich jede Veränderung im Keim ersticken. Ein typisches Beispiel hierfür ist ein Raum, in dem jemand aufmerksam zuhört und eine Frage stellt, deren Beantwortung notwendig ist. Das Ergebnis würde jeden Anwesenden berühren. Doch wenn in der voraussichtlichen Antwort auch nur die leiseste Bedrohung für das Ego liegt, wird der Geräuschpegel im Raum sofort ansteigen. Jeder beginnt, mit jedem zu reden, und jede Chance für Veränderung, die sich aus der Möglichkeit der Antwort ergeben könnte, ist vertan.

Es erfordert Mut, eine Frage zu stellen und auf die Antwort dann wirklich zu hören.

Wir brauchen Mut, um wach zu sein, im Fragen wie im Empfangen. Wir brauchen Aufmerksamkeit, damit wir zuhören und durch das innere Verlangen des Herzens vom Willen aufgeweckt werden können. Schließlich bringt die Trennung genau den Schmerz hervor, den wir brauchen, um uns ständig daran zu erinnern, uns wieder der einen Quelle allen Lebens zuzuwenden. Von der höchsten bis zur praktischsten Ebene entsteht jede wirkliche Frage aus dem Schmerz der Trennung – der Trennung von der Antwort.

Wenn wir wirklich wissen wollen, wer wir sind, und uns erinnern an die Worte des Propheten Mohammed (mögen der Frieden und der Segen Gottes mit ihm sein): »Wer sich selbst kennt, kennt seinen Herrn«, müssen die niederen Energien umgewandelt werden. Unsere niederen Energien, oder die »Tierseele«, können weder hören noch Fragen stellen. Die Tierseele hat Instinkt, aber keine direkte Intuition. Darum müssen wir für unsere niedere Natur absterben, indem wir sie transformieren.

Angenommen ich würde hören, dass es irgendwo ein sehr wichtiges Buch gebe, das bestimmte Antworten zu einem Problem enthielte, an dem ich schon lange Zeit arbeite. Dann fände ich die richtige Person, die wüsste, wo das Buch ist. Wieder angenommen, zu dieser Zeit wäre ich sehr müde, außerdem würde es gerade dunkel. Das Buch befände sich in einem Haus hinter dem nächsten Hügel. Doch die Person, der das Buch gehört, würde am nächsten Morgen abreisen. Der einzige Weg, zu dem Haus zu kommen, wäre ein Gang durch den Wald in dieser Nacht. Nun würde und könnte die niedere Natur nicht einsehen, weshalb sie aufstehen und mehrere Kilometer durch Kälte und Dunkelheit marschieren sollte, um an ein Buch zu kommen. Es wäre notwendig, an diesem Punkt genügend Willen zu haben, um sich anzuziehen, eine Taschenlampe zu suchen und sich schließlich auf den langen Weg zu machen.

Nehmen wir an, die höhere Natur hätte den Sieg über die niedere davongetragen. Ich würde mein Ziel erreichen, das Buch durchsehen und die Antworten herausschreiben, die ich benötige, um meine Arbeit zu beenden. Die niedere Natur hätte, trotz vieler Widerstände gegen diese Idee, dabei geholfen, die nötigen Antworten zu erhalten. Eine subtile Umwandlung der an diesem Prozess beteiligten Energien hätte stattgefunden. Eine höhere Energie (in diesem Fall in Form des Willens) hätte die niedere Energie emporgezogen und Platz geschaffen, damit noch niedrigere Energien transformiert werden könnten, wenn die Zeit dafür reif wäre.

Auf diese Weise werden nach und nach jene Bereiche in uns, die die Antwort nicht wissen wollen und sich nicht einmal über die Frage schlüssig sind, in einem Destillationsprozess umgewandelt. Dann, wenn es für uns möglich wird zu sagen: »Ja, ich weiß, wer ich bin«, wird der Schmerz der Trennung vorbei sein. Denn in der Tat: »Wer sich selbst kennt, kennt seinen Herrn.« In diesem Augenblick werden wir endlich Reisende auf dem Weg sein, Gott

Liebende und Mystiker im wahren Sinne des Wortes. Das alles entsteht dadurch, dass wir die Frage immer in unseren Herzen halten. Lasst uns niemals so selbstzufrieden sein, dass wir annehmen, eine Antwort zu kennen, ohne eine Frage gestellt zu haben. Sagte Jesus nicht: »Suchet, so werdet ihr finden; klopfet an, so wird euch aufgetan«?

Worte sind Schleier, und sogar das Bewusstsein selbst ist ein Schleier. Stellen wir uns jemals Fragen über das Wesen der Bewusstheit? Wer oder was ist Gott? Wie können wir der Einheit gewahr sein, wenn es nur *einen* Gott gibt? Wird es uns auf dem Tablett serviert? Können wir einfach unserem täglichen Leben nachgehen und Gottes gewahr sein? Oder müssen wir für Ihn aufwachen?

An jedem Tag unseres Lebens wachen jene unter uns, die Sucher auf dem Weg sind, wieder auf und wissen, dass es nur *ein* Sein gibt – nicht zwei Götter oder drei, deinen Gott oder meinen Gott, sondern nur *ein* Absolutes Sein, ein reines Licht. Aber was ist Bewusstheit? Wir betonen Bewusstheit mehr als alles andere, denn um zu Ihm zu gelangen oder in Ihm zu sterben, »zu sterben, bevor wir sterben«, müssen wir wach für Ihn sein. Um zu erwachen, müssen wir zunächst einmal erkennen, dass wir schlafen. Die meisten von uns gehen durch das Leben, ohne jemals zu wissen, dass sie schlafen. Wir denken nur, wir seien wach.

Wir bilden uns ein, wir könnten einen Gedanken denken. Wenn wir dieser Idee wirklich nachgehen, werden wir herausfinden, dass wir nicht einen einzigen Gedanken denken können. Der Gedanke denkt uns! Aber könnten wir nicht fähig werden, einen Gedanken zu denken? Ist es nicht das, was Gott, das einzige kreative Wesen, Sich für den Menschen wünscht? Können wir schöpferisch werden?

Der Mensch ist ein Schlafwandler, bis er aufwacht; und manchmal ist er wacher, wenn er des Nachts schläft, als tagsüber, wenn er wach ist. Wir leiden große Schmerzen in unserer lebenslangen Suche nach Gott und glauben vielleicht, dass wir für Ihn etwas erreichen können.

Sind wir uns darüber im Klaren, dass manche Menschen ihr Leben lang keine einzige Frage stellen? Sie denken nur, sie hätten eine Frage gestellt. Können wir jemals bedingungslos dieses eine große »Wer bin ich?« fragen? Können wir es so bedingungslos fragen, dass es, und sollte es unseren Tod bedeuten, die einzig wichtige Frage in dieser Welt wäre? Nicht: »Wer möchte ich sein?« oder »Wie möchte ich dich haben?«, sondern: »Wer bin ich?« Wenn wir diese Frage stellen, können wir uns dann so annehmen, wie wir sind, ohne Vorbehalte irgendwelcher Art? Können wir sterben, bevor wir sterben – sterben gegenüber allem, was wir meinen zu sein? Gottes bewusst zu sein, bedeutet, wach zu sein für jeden Augenblick unseres Lebens, denn sobald wir wach sind, ist dies das ewige Jetzt. Wir, in diesen Formen, sind lediglich die ewige Fortsetzung eines einzigen Grundprinzips.

Wenn wir wach sind, können wir nicht urteilen. Wenn wir einander beurteilen, sagen wir vielleicht: »Ich mag ihn oder sie, dieses oder jenes Verhalten, den und den Teil aber mag ich nicht.« Wir akzeptieren niemals die Einheit, deshalb können wir nie wach sein, wenn wir urteilen. Das hat jeder Lehrer der Welt seit Anbeginn der Zeit gesagt. Deshalb liegt die erste Stufe des Erwachens zu Gott darin zu verstehen, was gemeint ist mit: »Richtet nicht, auf dass ihr nicht gerichtet werdet.« Wir müssen lernen, das Leben anzunehmen, genauso wie es ist, uns selbst anzunehmen, genauso wie wir sind. In erster Linie, bevor wir irgendetwas tun können, müssen wir das Annehmen lernen. Wie kann das geschehen?

Wenn wir darüber nachdenken, erkennen wir, wie unglaublich konditioniert wir im Leben sind. Vom Augenblick unserer Geburt an, wenn wir einen Namen bekommen, werden wir konditioniert. Wir werden konditioniert durch Eltern, Vorfahren, Erziehung, ja, konditioniert selbst durch die Form, die uns gegeben wurde. Ich sage nicht, dass das falsch ist. Ich sage nur, dass wir konditioniert sind. Und all unsere Worte, die einfach nur Schleier sind, sind Worte, die Zustände der Konditionierung erklären – Zustände unserer eigenen Bedingtheit. Worte sind Schleier. Können wir diese Bedingtheit verlieren? Können wir es mit achtzig, oder müssen wir damit anfangen, wenn wir Kinder sind? Alle diese Fragen stellen sich uns. Die Antwort liegt in diesem Augenblick. Dieser Augenblick ist der einzige wichtige Moment, den wir jemals kennen können. Jeder Augenblick ist gleichermaßen wichtig, und jeder ist der einzige Augenblick, denn er wird niemals wiederkommen.

In diesem Augenblick müssen wir lernen, wach für Gott zu sein. Gott ist eins. Es ist notwendig, für alles wach zu sein, nicht nur für das, wofür wir gerade wach sein möchten.

Es gibt verschiedene Arten von Fragen, die wir in jedem Augenblick stellen können. Es liegt an uns, ob wir genügend eingestimmt sind, die Fragen richtig zu stellen. Die erste Art, die ich eine »persönliche Frage« nenne, basiert nur auf der Vergangenheit. Daran ist nichts falsch, denn hier fangen wir häufig an. Eine persönliche Frage hat mit der Illusion zu tun, wir seien von Gott getrennte Wesen. Die meisten der gestellten Fragen stammen aus dieser Illusion der Getrenntheit. Ich kann nicht sagen, dies sei nicht sinnvoll, doch ich kann sagen, dass dadurch nicht das erzeugt wird, was durch das korrekte Verstehen einer Frage entstehen kann. Nehmen wir ein Beispiel aus der Welt des Heilens. Wenn Leute mit einem besonderen Symptom kommen, wird der Heiler immer versuchen, ihnen die Frage zurückzugeben, damit sie sich anschauen können, was es ist und warum diese bestimmte Krankheit sich manifestiert. Wenn der Patient bereit ist zuzuhören, dann können beide, Patient und Heiler, etwas miteinander teilen. Doch oft ist der Patient nicht dazu bereit, weil es immer um persönliche Fragen geht. Es geht immer um: »Ich, ich, ich…«, »*Meine* Frage bezieht sich auf *meinen* persönlichen Schmerz.« Das kann nützlich sein, solange wir ganz ehrlich sind und jemand bereit ist, uns zu erklären, dass die persönliche Frage an sich nutzlos ist. Eine persönliche Frage basiert auf der Vergangenheit, die ja immer schon vorbei ist.

Die zweite Art von Fragen liegt auf einer höheren Ebene und beruht auf dem Bedürfnis unserer Herzen oder unserer Seelen. Das ist etwas ganz anderes, denn eine solche Frage zu stellen, erfordert mehr Mut. Zum Beispiel: »Was ist das Wesen des Willens?« oder »Was ist Vertrauen?« Selbst: »Was ist der Zweck des Lebens auf der Erde?« Solch eine Frage ist zutiefst persönlich auf der Ebene der Seele, aber sie ist nicht durch unser Ego personalisiert oder durch unsere Illusion, von der Einheit mit Gott getrennt zu sein. Es ist sehr wichtig, derartige Fragen zu stellen, selbst wenn es in physischer Form niemanden gibt, der uns antworten könnte. Wir können diese Fragen stellen und eine Antwort erhalten. Wir müssen nur bereit sein, sie immer wieder zu stellen, auf die Antwort zu warten und diese Antwort dann auch anzunehmen.

Die dritte Art von Fragen bezieht sich direkt auf die Gruppe oder unsere Familie. Gurdjieff* sagte einmal, es sei praktisch unmöglich, die Arbeit ohne Gruppe durchzuführen – außer in sehr

* Georg Iwanowitsch Gurdjieff (1866–1949) war der vielleicht einflussreichste und – was seine Herkunft, seine Methoden und seine Mission betrifft – der wohl mysteriöseste spirituelle Lehrer des zwanzigsten Jahrhunderts. Die Wirkung seiner singulären Lehre auf moderne spirituelle Bewegungen wie auch

seltenen Fällen. Doch sollten wir uns nie auf eine Gruppe verlassen, denn alles, was eine Gruppe ist, sind Individuen, die beschlossen haben, zusammen zu sein. Sie ist keine Entschuldigung dafür, die Konfrontation mit sich selbst zu vermeiden. Eine Gruppe von Individuen, die gewählt haben, zusammen zu sein, erzeugt in gewissem Sinne eine Spirale oder ein leeres Zentrum. Es geht nicht darum, etwas zu nehmen, sondern es geht um das, was wir hineingeben. Wie viel wir von einer Gruppe bekommen, hängt davon ab, wie viel wir in die Gruppe einbringen. Wie viel von unseren Herzen wir in eine Frage legen, bestimmt, wie viel wir empfangen. Hier sind wir sehr direkt beteiligt. Ein Beispiel dafür wäre eine Frage, die einen Umzug in einen anderen Ort beträfe, was unmittelbare Auswirkungen auf unsere Familie oder Gruppe hätte. Ihr mögt denken, ich betreibe Haarspalterei, doch dies ist wichtig. Wir brauchen nicht nur einen ungeheuren Grad an Einstimmung und Verantwortung, an Mut und innerer Autorität, sondern auch ein ungeheures Maß an Mitgefühl. Wir müssen Mitgefühl haben, denn jede Frage, wenn sie richtig gestellt ist, wird irgendeine Art von Antwort hervorbringen.

Wenn wir eine Frage aus dem Akt des Dienens heraus stellen, kann es sein, dass nicht nur wir die Antwort erhalten, sondern auch andere. Wenn wir egoistisch in Bezug auf die Antwort sind, können wir in große Schwierigkeiten geraten. Wir möchten so sehr, dass sich die Antwort unmittelbar vor unseren Augen, hier und jetzt, manifestiert. Ich möchte zum Beispiel, dass die Schüler alles verstehen, was mir gegeben wurde. Ich möchte alles weitergeben, weil es keinen Sinn hat, daran festzuhalten. Ich bin so frustriert, wenn die Leute nicht zuhören. Dann gehe ich in eine andere Stadt und entdecke, dass jemand, den ich gar nicht kenne, die

auf bestimmte Bereiche der Psychologie war einschneidend und nachhaltig. Auch seine Kritiker gestehen dieser höchst charismatischen Figur ein eindrückliches Wissen über die menschliche Psyche zu, dessen Quellen teilweise im Dunkeln liegen, aber deutliche Verwandtschaft zu nahöstlichen Lehren wie etwa dem Sufismus oder der Gnostik aufweisen. Mit schockierender Offenheit zeigte er, dass das Selbstbild des modernen Menschen als ein freies, willensstarkes, vernunftgesteuertes und psychisch intaktes Wesen eine Illusion ist. Gurdjieffs Lehren des sogenannten Vierten Weges, er selbst bezeichnete sie als »esoterisches Christentum«, sollten den Schüler durch intensive »Arbeit an sich selbst« in die Lage versetzen, diese Ganzheit auch wirklich zu erlangen. Vergleiche dazu: ELIZABETH & JOHN G. BENNETT: *Monsieur Gurdjieff und seine Idioten – Paris 1949*, Xanten: Chalice Verlag, 2016 [Anmerkung der Herausgeber].

Antwort erhalten hat. Wir können das so verstehen, dass wir es auf einer bestimmten Ebene, die wir alle erreichen *können,* mit anderen als den bekannten Raum-Zeit-Dimensionen zu tun haben. Die Antwort *wurde* gegeben, deshalb ist das Stellen einer Frage durchaus ein Akt des Dienens, der sehr wichtig ist.

Die höchste, die unausgesprochene Frage platziere ich gewöhnlich in die oberen Bereiche des Bewusstseins, wo sie gehört wird und dann mit der Zeit hinabsickert. Wir können sie ganz ohne Worte hören. Etwas geschieht in unserem Inneren, eine Erlösung, wenn ihr so wollt. Manchmal weinen wir. Schließlich wird das Ergebnis zu uns durchsickern und unser Leben durchdringen. Auf dieser Basis können wir handeln.

Diese Ebene der Frage entsteht aus dem Wissen, dass die Antwort bereits in der Frage liegt. Die Frage nimmt in diesem Falle durch eine bestimmte Aufmerksamkeit und ein dauerndes Verlangen des Herzens Gestalt an. Um diese Aufmerksamkeit zu haben, müssen wir völlig wach sein und eingestimmt auf die höheren Welten jenseits des Verstandes und sogar jenseits des Bewusstseins selbst. Es ist die Aufmerksamkeit des Mystikers, dessen Herz sich schließlich den Göttlichen Geheimnissen geöffnet hat. Wenn Aufmerksamkeit und Sehnsucht miteinander verschmelzen, bringen sie irgendwo in der Welt, in jemand anderem, eine Frage hervor. Darum wird gesagt: »Wenn du Seinen Namen richtig aussprichst, wird sich sofort jemand Gott zuwenden.«

Im normalen Leben ist es schwierig zu wissen, woher eine Frage wirklich kommt. Wir sind immer so identifiziert mit dem, was »wir« sind (oder denken zu sein), dass wir vergessen – weil wir noch nicht aufmerksam genug sind –, dass die Frage immer da ist, dass wir lediglich Instrumente sind, durch die eine Frage gestellt und beantwortet werden kann.

Wenn es keine wahren Mystiker in der Welt gäbe, würde niemand eine wirkliche Frage stellen! Deshalb sagt Maulānā Dschalāl-ad Dīn Rūmī, der große Mystiker des dreizehnten Jahrhunderts, dass der Pfad des Mystiker so wesentlich ist. Er ist nicht wichtiger als irgendein anderer Weg. Alles wird gebraucht, damit sich die Antwort auf die Frage auf Erden manifestieren kann. Doch er ist lebensnotwendig, weil er den *elan vital* enthält, das Elixier des Lebens, den Stein der Weisen, der dazu dient, die unedlen Metalle in Gold zu verwandeln.

Notwendigkeit wirklicher Veränderung

4

Es gibt Veränderung und scheinbare Veränderung. Wenn wir uns dem Werk verpflichten, das manchmal »der Geist Gottes« genannt wird, verpflichten wir uns ein für allemal der Veränderung. Zuerst verpflichten wir uns, uns selbst verändern zu lassen, und dann, Mittler zu sein, damit wirkliche Veränderung in der Welt um uns herum geschehen kann – in unserer Familie, bei unseren Freunden, in der Gesellschaft und in der Welt als Ganzes. Es hat keinen Sinn vorzugeben, wir hätten uns dem Werk verpflichtet, wenn wir nicht bereit sind, Veränderung anzunehmen und alles, was sie mit sich bringt. Es ist nicht sinnvoll, einen Fuß auf den Pfad zu stellen und den anderen auf der alten Straße zu lassen. Es ist nicht sinnvoll und kann sogar gefährlich sein. Wirkliche Veränderung könnte geschehen, bevor wir auf die Konsequenzen vorbereitet sind.

Wenn wir uns dem Werk verpflichten, verpflichten wir uns ein für allemal der Veränderung. Es gibt keinen Ausweg mehr, keine Hintertür, durch die wir entkommen könnten. Wir haben unsere Entscheidung *außerhalb der Zeit* getroffen und uns damit auf den Weg begeben, der »der Weg des Dienens« genannt wird. Wir sind nun wirklich Kanäle für die notwendige Veränderung geworden – doch für eine Veränderung zum richtigen Zeitpunkt, wenn alles gut vorbereitet ist.

Dieses Prinzip wird von der Natur veranschaulicht. Ohne die Zyklen der Veränderung könnte der Planet selbst nicht leben oder Leben geben. Leben entsteht überhaupt erst aus Veränderung, also durch Vergleich. Jede Jahreszeit macht Platz für die nächste. Sie kämpft nicht gegen die Notwendigkeit der Veränderung, sondern macht Platz, verbeugt sich vor der nächsten Stufe, heißt sie willkommen. Der Frühling weicht dem Sommer, der Sommer dem Herbst, der Herbst dem Winter. Und während dieser Zyklus immer weitergeht, Jahr für Jahr, Generation für Generation, bieten uns die Jahreszeiten wieder und wieder die Chance zu lernen, was notwendig ist.

Lasst es uns so betrachten: In einem Jahr pflanzen wir Kartoffeln. Im nächsten Jahr setzen wir während der gleichen Jahreszeit Mais auf dieses Land. Jede Frucht erzeugt bestimmte, neue Gegebenheiten, doch jede folgt dem natürlichen Fluss der Jahreszeiten. Wenn jedes Jahr auf dem gleichen Feld Kartoffeln gepflanzt würden, wäre das Land schnell ausgelaugt. Es käme zu Missernten und Vergeudung. Fruchtwechsel versorgt das Land mit neuem Dünger und die Bauern mit unterschiedlichen Ernten. So sehen wir innerhalb der Gesetze, die den Kreislauf des Lebens beherrschen, scheinbar Veränderung. In jedem Jahr säen wir andere Pflanzen – die Situation scheint anders zu sein –, doch sie folgt lediglich den Gesetzen, die die Jahreszeiten bestimmen. Die Gesetze selbst verändern sich nicht. Die Unterschiede, die wir sehen, sind nur andere Manifestationen des gleichen Prinzips.

Wenn wir uns dem Werk verpflichten, das manchmal »der Geist Gottes« genannt wird, verpflichten wir uns ein für allemal der Veränderung.

Wenn wir diese Gesetze kennen, können wir wirklich dienen und dabei helfen, das zurückzugeben, was uns geschenkt wurde. Das Land wird in der Lage sein, mehr zu erzeugen. Es wird damit zur Erhaltung von Menschen beitragen, die in ihrem Inneren über das Potenzial verfügen, die notwendige wahre Veränderung herbeizuführen und so der Verantwortung, in die sie als Mann und Frau hineingeboren wurden, gerecht zu werden.

Als Gurdjieff sagte: »Das Leben ist nur dann wirklich, wenn ICH BIN«, überließ er es seinen Leserinnen und Lesern, diese Behauptung gemäß der Ebene zu deuten, auf der jeder arbeitete – der Ebene, die bestimmt wird vom Ausmaß der Arbeit an sich selbst, die der Einzelne geleistet hat. Vielleicht können wir uns einmal die Bedeutung hinter diesen Worten anschauen, sodass unser Verständnis dafür, *wie* Veränderung geschieht, realer wird.

»Das Eine teilt sich, um sich zu vereinen.« Dieses Konzept ist aus vielen Traditionen bekannt. Was wir uns hier anschauen wollen, ist, wie das Eine sich nun teilt. Die Ursache der Schöpfung ist Liebe. Gott ist Liebe. Es gibt ein außerkoranisches Wort (Hadith), in welchem Gott durch den Propheten Mohammed spricht (mögen Sein Frieden und Sein Segen mit ihm sein): »Ich war ein verborgener Schatz und liebte es, erkannt zu werden; so erschuf Ich die

Welt, auf dass Ich erkannt werde.« Gott teilt Sich selbst, um erkannt zu werden.

Wie geschieht das? Es ist eigentlich sehr einfach. In dem Augenblick, in dem wir »ich« sagen, entsteht sofort und spontan Trennung. Wenn wir der *via negativa* folgen, dem Weg, der auf der Verneinung der Illusion beruht und dessen, was die Illusion erzeugt (das heißt des falschen Ichs, das das Gefühl hat, von der Einheit allen Lebens getrennt zu sein), dann verstehen wir, dass dieser Prozess ein Gefühl der Trennung des Individuums von seinem Schöpfer verursacht. Paradoxerweise bestätigen wir auf dem Pfad der Verneinung die Trennung durch die Annahme, es gäbe irgendetwas zu verneinen. In Wirklichkeit ist Trennung immer eine Illusion, denn es gibt nur *ein* Sein.

Gott sagte: »Ich war ein verborgener Schatz, und Ich liebte es, *erkannt* zu werden.« Wie könnte irgendetwas erkannt und dieses Wissen bestätigt werden, wenn es die Illusion der Trennung nicht gäbe? Wenn es keinen Spiegel gäbe, wie könnten wir uns dann sehen? Gäbe es die Welt dort draußen, die äußere Form, nicht, hätten wir dann überhaupt eine Chance zu erkennen, was im Inneren dessen verborgen liegt, was wir scheinbar sehen? Es muss in dieser Welt ein Vehikel geben, durch das und innerhalb dessen es Wissen gibt, damit eine Scheinwelt der Dualität zur Verwirklichung der Einheit gelangen kann.

Der Anschein der Trennung, der Dualität, ist notwendig für die Entfaltung des kreativen Prozesses. Obwohl der Weg der Verneinung, der uns zur Wunschlosigkeit führen soll, ein sehr realer Weg ist, zeigt er nur eine Hälfte des Bildes. Der Weg des »Werks« im Westen ist der Weg der Bejahung, doch wurde dieser nur möglich durch den vorangegangenen Weg der Verneinung. Zuerst kommt der Weg der Verneinung, dann der Weg der Bejahung. Zuerst kommt die Erkenntnis dessen, wer oder was wir sind, durch die Entdeckung, dass alles, was wir zu sein meinten, eine Illusion ist (denn das Denken ist ja ein Prozess, der schon vergangen, schon vorbei ist); dann kommt die Bejahung dessen, was wir wirklich sind, und damit der Beginn der nächsten Stufe des Werks.

Im Werk kommen wir zu der Erkenntnis, dass durch Bejahung, ermöglicht nur durch Verneinung, wirkliche Veränderung stattfinden kann. In dem Augenblick, in dem wirkliche Veränderung geschieht, sind wir einer völlig neuen Reihe von Gesetzen unterworfen. Wir haben die freie Wahl. Wir können zu den alten Gesetzen zurückkehren, die uns an den Punkt der Verneinung brachten, oder wir können uns darauf einstellen, andere Gesetze verstehen zu lernen, die uns durch die Entscheidung, »Ich bin« zu sagen, zugänglich werden. »Das Leben ist nur dann wirklich, wenn ich bin.« Das Leben wird nur wirklich, wenn wir die Gegenwart Gottes bejahen, indem wir sagen: »Ich bin.« Wir drücken damit nicht aus, dass es Trennung gibt, sondern bejahen den ganzen kreativen Prozess, indem wir genau jenes Wort sprechen, das diesen Prozess zur Manifestation bringt! »Ich bin« – denn ich weiß, dass ich eins bin mit Gott. »Ich bin« – denn ich weiß, dass Er mich braucht, um Ihn durch das Wort »ich« zu bejahen. Durch diese Bejahung teilt Er Sich selbst, um Sich zu vereinen. Ein Spiegel ist da; ein Vergleich findet statt; ein Bedürfnis wird geschaffen; eine Sehnsucht ist im Menschen geboren. Und so sehen wir den fortlaufenden Prozess der Evolution.

Wenn wir uns auf den Pfad begeben und als Arbeiter in diesem Prozess, den wir »Leben« nennen, angenommen werden, dann ist es notwendig, dass wir etwas über die verschiedenen Gesetze wissen, die wir aus unseren eigenen Herzen heraus bejahen können. Wenn wir nur in der Welt leben, durch die Welt verarbeitet werden, nach einer Existenz in der Welt suchen, dann lassen sich ganz leicht die Gesetze ausmachen, die unser Leben beherrschen. Wir können uns zum Beispiel die verschiedenen Gesetze des Landes anschauen, in dem wir leben, oder die Gesetze der Gesellschaft oder die Regeln innerhalb der Familie. Wir können erkennen, dass wir der Anziehungskraft des Mondes unterworfen sind. Wir können sehen, wie unsere Geburt und (potenziell) alles, was nach der Geburt kommt, in gewisser Weise von der Bewegung der Planeten abhängig ist. Wo immer wir hinschauen, werden wir diese Gesetze finden können. Es ist sogar möglich, sie zu studieren und durch ihre Kenntnis ein relativ ausgeglichenes Leben zu führen. Indem wir den Gesetzen der Familie folgen, der Gesellschaft, in der wir leben und arbeiten, und des Landes, das wir als unsere Heimat auserkoren haben, können wir die harmonischste Art und Weise finden, in dieser Gesellschaft zu leben.

Doch angenommen, wir beschreiten den Pfad des Dienens. Angenommen, wir stoßen auf das »Werk«, die Manifestation des Göttlichen Geistes, bei dem es darum geht, wirkliche Veränderung hervorzubringen. Was dann? Wenn wir diesen Pfad betreten, kommen wir tatsächlich mit einer völlig anderen Reihe von Gesetzen in

Berührung. Wir wären dumm, wenn wir diese nicht studierten und mit ihnen arbeiteten, um unserer eigenen Harmonie willen und der der Menschen um uns herum.

Sobald wir aufrichtig verstehen wollen, was es mit dem »Werk« auf sich hat, können wir nicht mehr zu unserer alten Lebensweise zurückkehren. Es hat keinen Sinn, weiterhin die Gesetze des Landes zu befolgen, das wir gerade verlassen haben, und zu versuchen, diese dem Land aufzuzwingen, in das wir gerade gekommen sind! Hier herrschen andere Umstände und Überlegungen, die auf unterschiedlichen Erfordernissen beruhen. Wir machen unsere Reise in diese von uns gewählte neue Welt und fragen dann in Demut jene, die bereits an diesem Ort leben, welche Regeln sie als hilfreich empfunden haben, um die natürliche Ordnung des Lebens zu verwirklichen. Nur wenn wir fragen, können wir möglicherweise lernen, was von uns verlangt wird, und so herausfinden, wie wir dienen können.

Der durchschnittliche Mensch unterliegt den Gesetzen, die ein Leben regieren, wie wir es scheinbar in dieser Welt erfahren. Diese Gesetze entspringen dem »Wollen« und »Verlangen« – zum Beispiel will ich etwas für mich selbst, ich habe das Verlangen, dieses oder jenes zu tun –, und beides ist unmittelbar mit dem Wort »ich« verknüpft. Aber es ist nicht das »Ich«, das den Zweck dieser Bejahung kennt. Es ist das »Ich«, das sich selbst von allem anderen getrennt fühlt und das einen Prozess der scheinbaren Veränderung fortführt. Es ist nicht das »Ich«, das durch Bejahung weiß, dass es am evolutionären Prozess selbst teilhat.

Für jene, die den Weg des Dienens betreten, gibt es zwei Arten von Gesetzen. Es gibt die Gesetze, die auf Wollen und Verlangen beruhen. Doch nun sind wir auch Gesetzen unterworfen, die auf *Notwendigkeit* beruhen. Darüber sollten wir nachdenken – über die Bedeutung des Wortes »Notwendigkeit« und über alles, was damit zusammenhängt.

Durch Verneinung entdecken wir, was wir, als Individuen, nicht nötig haben. Wir finden heraus, dass die Dinge, von denen wir dachten, wir bräuchten sie, nicht wirklich notwendig waren. Wir *wollten* sie vielleicht gerne haben und wollen sie vielleicht immer noch, aber wir *brauchen* sie nicht mehr.

So entdecken wir durch den Weg der Verneinung (*via negativa*), dass Wollen und Notwendigkeit zwei völlig verschiedene Konzepte sind. Wollen und Verlangen entstehen in der relativen Welt in jedem Augenblick unseres Lebens. Wirkliche Notwendigkeit ist Gottes Notwendigkeit. Es ist die Notwendigkeit, uns Ihm allein zuzuwenden und von daher fähig zu sein zu wissen, was getan werden muss, um einen Aspekt der Göttlichen Ordnung zu erfüllen. Notwendigkeit beruht auf Zeit – und zwar nicht der Zeit, die wir mit unseren Wünschen erschaffen, sondern vielmehr der Zeit, die sich aus dem natürlichen Fluss des Lebens selbst ergibt. Notwendigkeit ist verankert vor der Zeit, wie wir sie erfahren. Nacht und Tag, Sonne und Mond, der Wechsel der Jahreszeiten sind die ersten Stufen der Entfaltung eines Prinzips, das seit Anbeginn der Zeit existiert hat. Hinter diesen Stufen erscheint eine Reihe von Gesetzen, die die wirkliche Welt regieren – zuerst das Gesetz der drei Kräfte und dann das siebenfältige Wirken der Oktave des Lebens. Der Planet neigt sich mit seiner Achse, während er die Sonne umkreist, und erschafft so die Jahreszeiten. Der erwachte Mensch, der bewusste Mensch, wird der Mittler, um die nächsten zwei großen Gesetze zu manifestieren.

Gott ist Liebe, und Liebe wird nur dann relativ, wenn wir begehren, wenn wir wollen, und wenn wir das Wort »ich« auf das Leben anwenden. Das falsche Ich besteht aus der Substanz, die aus dem Verlangen geschaffen ist. Und dennoch, gäbe es kein Verlangen, könnte sich die Liebe Gottes nicht in die relative Welt hinein manifestieren. Dies ist vielleicht einer der größten Widersprüche für den Suchenden auf dem Weg. Wir sind aufgerufen, die Begierden aufzugeben und die wirkliche Welt verstehen zu lernen. Doch ist es für Gott notwendig, dass wir »ich« sagen, wenn es irgendeine Veränderung, irgendeinen fortlaufenden Prozess in dieser Welt geben soll. Nachdem er »Ich bin« gesagt und so seine Einheit mit Gott bejaht hat, ist es für Gott notwendig, dass der Mensch »ich« sagt. Dann, endlich, ist das Leben für ihn wirklich geworden.

Verlangen ist relativ, Liebe absolut. Liebe ohne Verlangen ist unmöglich. Ohne unser Verlangen, ohne unsere Sehnsucht kann die Liebe nicht weiterhin aus der Einheit herausbrechen und das Wunder der Vielfalt vollbringen. Es ist für Gott *notwendig,* dass wir Ihn erkennen wollen, sodass wir wach sind für die Gesetze wahrer Veränderung innerhalb der Zyklen, die vor aller Zeit festgesetzt wurden.

Einer von denen zu sein, die dem »Weg« folgen, ist eine sehr große Ehre und ein Privileg, aber es ist manchmal schwierig zu verstehen, was dies bedeuten kann. Es gibt keine Belohnung. In der

Anfangszeit gibt es keine große Freude. Wenn wir uns bei den verschiedenen Schulen und Pfaden umsehen, kommen uns oft Zweifel, wenn viele von ihnen offensichtlich singen und tanzen und alles so wunderbar zu sein scheint. Lasst mich erklären, worum es bei dem Weg geht.

Er ist kein Weg der Selbstentwicklung. Er ist ein Weg des Opfers. Er ist nicht mit Blumen und Glitzer bestreut, sondern bedeutet ehrliche, harte Arbeit. Er fordert uns unbarmherzig, und wenn wir für diesen Weg erwählt wurden, wird es kaum vorkommen, dass der liebe Gott uns wieder gehen lässt! »Ich möchte nur dich«, sagt Er, und so ist es. Dieser Weg ist kein Weg der Form. Ebensowenig ist er ein Weg des Formlosen, denn auch das ist nur ein Konzept. Der Weg erfordert Mut und Ausdauer angesichts scheinbar unüberwindlicher Probleme. Der Weg verlangt, dass wir nichts für wichtiger halten als das, was zu tun uns aufgetragen wurde. Der Weg erfüllt den Zweck des Lebens auf Erden.

Unsere Aufgabe besteht darin, den Weg zu finden – ihn in allem, was wir sehen, fühlen, denken oder tun, aufzuspüren. Schauen wir unter die Oberfläche der Dinge, und akzeptieren wir niemals den Augenschein. Mögen wir intelligent sein, das heißt Intelligenz erwecken durch den Willen, den Geist. Wir sehen einen Stuhl zum Beispiel dann nicht mehr nur als Stuhl, auch nicht als Muster von Formen und molekularen Strukturen, sondern als eine Manifestation des Göttlichen. Das ist der Weg.

Der Weg ist nicht einfach. Es gibt ihn schon seit Anbeginn der Zeit, er ist weder geboren noch erschaffen worden. Er durchdringt alle Dinge, gibt allen Dingen Leben und ist dennoch unabhängig von ihnen. Um den Weg zu finden, müssen wir lernen, sehr, sehr viel zu lieben. Das Erste, was uns aufgetragen wird, ist, das Pflanzen- und Mineralreich lieben zu lernen und natürlich Gottes ganze Schöpfung. Erst, wenn wir gelernt haben, diese Aspekte des Reiches Gottes zu lieben, kann von uns gesagt werden, wir seien fähig, an der bewussten Liebe teilzuhaben. Wir sind vielleicht in der Lage, unsere Nächsten zu lieben wie uns selbst. Wenn wir mit den Pflanzen singen, können wir vielleicht zur Schönheit Gottes in den Pflanzen erwachen. Denkt daran: »Der einzige Zweck der Liebe ist Schönheit.« Sehen wir denn noch nicht, dass die Pflanzen uns immer lieben? Meistens sehen wir es nicht. Wir nehmen Dinge zu sehr als selbstverständlich hin. Nichts, ich wiederhole, *nichts* darf als selbstverständlich hingenommen werden, wenn wir auf dem Weg bleiben wollen – dem geraden Weg, der zur Freiheit führt.

Einander im Namen Gottes lieben! Nun, da haben wir die größte Herausforderung, denn wer liebt wen? Sind wir wirklich voneinander getrennt oder sind wir nur Beispiele für die Einheit Gottes? Der Verstand kann alle möglichen großartigen Ideen ersinnen, aber nur das Herz kann wirklich verstehen. Wir werden aufgefordert, den Spiegel des Herzens zu polieren. Das tun wir, indem wir an die Tür des Herzens klopfen und uns daran erinnern, dass die Tür von innen geöffnet wird. Wir selbst können sie nicht öffnen. Wer aber öffnet sie? Nur wenn wir auf Seine Frage: »Wer klopft an Meine Tür?«, antworten können: »Du bist es«, kann die Tür geöffnet werden.

Wenn wir über den Verstand hinausgehen (der in gewissem Sinne notwendig ist, damit die Welt des Vergleichs existieren kann), was geschieht dann mit uns? Ich meine, was geschieht mit all dem, was wir einmal glaubten zu sein? Wohin verschwinden all die heiligen Kühe und die Raupen, die wir in Schmetterlinge verwandeln wollten? Was würde geschehen, wenn wir einfach aufhörten, als Konzept zu existieren? Was gibt es jenseits des Konzeptes, wer und was wir sind? Niemand kann uns das beantworten.

Wenn uns niemand die Wahrheit sagen kann außer der Wahrheit selbst, wie gehen wir dann weiter vor? Wir können die ganze Zeit suchen, die Frage immer im Herzen und im Geist bewahren und nicht aufgeben. Aber wenn es niemanden gibt, der uns die Wahrheit sagen kann, woher kommt dann die Antwort?

Wenn wir alles im Namen der Liebe, in Liebe und aus Liebe tun, verschwindet langsam all das, was der Wahrheit im Wege steht. Selbst »die Vernunft ist machtlos angesichts der Liebe«!

Meditation in Liebe lässt den Stoff des Verstandes dahinschmelzen, und nach und nach bleibt uns nichts mehr, woran wir uns festhalten können. Auf dieser Stufe geschieht es, dass wir uns wirklich, ein für allemal, unserem Herrn zuwenden. Es bleibt uns nichts anderes mehr übrig! Wenn wir erkannt haben, dass der einzige Weg zum Dienen das Opfer ist, können wir weitergehen. Von der Liebe verwundet zu sein, bedeutet, dass die Schlacht gewonnen ist.

Dieser Weg ist nichts für die Ängstlichen und Halbherzigen. Er ist nichts für die Arroganten und Egoistischen. Er ist nichts für diejenigen, die nur die halbe Wahrheit wollen. Er ist für diejenigen, die von Gott auserwählt wurden, Ihn und Seine Wege zu erkennen. Und nur in vollständiger Demut können wir uns der Tür des Herzens nähern. Wir nähern uns der Tür des Herzens, wenn es nichts anderes mehr zu tun gibt. Wenn wir richtig anklopfen, wird sie uns geöffnet werden. Dies ist das Versprechen, das uns gegeben wurde und gegeben wird – seit Anbeginn der Zeit. Am Ende wissen wir vielleicht, dass es nur Ihn gibt. Wir sind von endlosen Maskeraden verhüllt, bis der richtige Zeitpunkt gekommen ist, die Schleier zu lüften; dann können wir Ihn von Angesicht zu Angesicht sehen und wirklich sagen: »Oh Du!«.

Wir haben die freie Wahl. Wir können im engen Knoten der Illusion verharren, der von den alten Gesetzen bestimmt wird, die auf Wollen und Verlangen beruhen, oder wir können beginnen, von denen zu lernen, die bereits in die wirkliche Welt geblickt haben. Wir können die Gesetze kennenlernen, die notwendig sind, damit eine neue Ordnung auf Erden entsteht.

Der Osten ist traditionsgemäß dem Weg der Verneinung gefolgt. Jetzt ist es – nach allem, was vorangegangen ist – am Westen, den Weg der Bejahung zu gehen, *im Wissen um die Einheit Gottes,* im Wissen, dass durch das »Ich bin« Leben zum ersten Mal wirklich wird. So fangen wir an, unsere Bestimmung als Mann und Frau zu erfüllen. Sobald Menschlichkeit eingekehrt ist, werden alle Menschen, gleich welcher Rasse oder Religion, zu der wunderbaren Erkenntnis gelangen, dass wir in diesem Göttlichen Prinzip alle eins sind.

Bewusste Liebe

5

Unsere Einstellung zur Liebe muss bewusst sein. Zu diesem Zweck müssen wir das Wesen der Liebe untersuchen. Wir mögen entdecken, dass die Liebe die Ursache aller Schöpfung ist. In unseren menschlichen Beziehungen sind wir durch unsere Liebe zueinander mit der größten Kraft im Universum verbunden. Die Liebe selbst ist absolut. Sie kann nicht definiert oder gemessen, gesehen, gefühlt oder gehört werden. Die Kraft der Liebe, die Ursache aller Schöpfung, ist das Ausströmen des Absoluten in unsere relative Existenz. Dieser Fluss, die Qualität und Quantität des Stromes, sind abhängig von dem Gefäß, durch das diese Kraft der Liebe fließt. Unsere Verantwortung als menschliche Wesen besteht darin zu verstehen, dass wir in dieses Universum, auf diesen Planeten gekommen sind, um zu erfahren, wie man liebt. Nur durch den vollendeten Menschen kann das vollkommene Gesetz Gottes auf die Erde kommen. Nur durch den vollendeten Menschen kann der Himmel auf Erden verwirklicht werden, auf diesem Planeten, der so dringend der Liebe bedarf, während er uns ständig sein Leben schenkt – für unser Leben hier.

Die Menschen erkennen nicht die Notwendigkeit bewusster Liebe, weil sie noch nicht bewusst lieben wollen. Sie möchten von einem Liebeserlebnis ergriffen werden. Sie möchten von der Kraft der Liebe mitgerissen werden, aber sie wünschen sich nicht, wirkliche menschliche Wesen zu sein, die die Verantwortung für das übernehmen, was durch sie hindurchströmt.

Wir wollen dieses Wort »Liebe« untersuchen. Wir können sagen: »Gott ist Liebe« – aber ist das genug? »Gott braucht den Menschen« – wie sonst sollte sich das Göttliche Gesetz auf der Erde manifestieren? Manche Leute sagen: »Überlass das nur Gott oder der Liebe« – aber ist das genug? Wir sagen vielleicht: »Gott ist reine Energie.« Aber Energie ist neutral, und sie kann kommen und gehen, ganz so wie wir es ihr erlauben. Die Energie, die freigesetzt wird, wenn zwei oder mehr sich im Namen Gottes versammeln, ist gewaltig, aber sie kann auf verschiedene Art und Weise genutzt werden. Wir können sie verschwenden; und es wird gesagt, dass das die einzige Sünde sei – auf jeder denkbaren Ebene. Wir können die Energie in etwas »Gutes« oder etwas »Böses« verwandeln. Beides sind relative Konzepte, denn auf der absoluten Stufe gibt es weder Gut noch Böse.

Unsere Verantwortung als menschliche Wesen besteht darin zu verstehen, dass wir in dieses Universum, auf diesen Planeten gekommen sind, um zu erfahren, wie man liebt.

Wir können jedoch, wenn wir wissen, Liebe oder Energie einsetzen. Und dies ist unsere Verantwortung als Mann und Frau. Der Mensch ist ein kosmischer Umwandler feiner Energien. Genau das ist er; aber die meisten Menschen möchten nur das glauben, was sie zu sein *fühlen*. Das, was wir glauben zu sein, ist ganz sicher nicht das, was wir sind, denn wir sind nicht unsere Gedanken. Und was wir von jemand anderem denken, ist lediglich eine Projektion. Was uns trennt, sind Gedanken oder Kombinationen von Gedanken. Nichts anderes trennt uns voneinander. Ich kann über dich urteilen, oder du über mich, und schon trennen wir uns. Wie mein geliebter Lehrer einmal zu mir sagte: »Wenn du jemand anderen beurteilst, demütigst du den anderen und verhüllst dich selbst.«

In der Sufi-Tradition gibt es vier Wendepunkte in Richtung Liebe. Die erste Wende erfolgt, wenn wir von der Möglichkeit eines neuen Lebens hören. Wir erfahren etwas darüber, was Leben wirklich sein könnte. Wenn wir in diesem Augenblick genügend sensibel und wach sind, fangen wir vielleicht an, nach diesem neuen Leben Ausschau zu halten. Gott schenkt uns freie Wahl. Und uns werden an diesem Punkt zwei Möglichkeiten geboten. Wir können versuchen, die alten Gesetze unserer früheren Unwissenheit mit in die Zukunft zu nehmen, oder wir können uns dieser Gesetze entledigen und uns zu etwas Neuem aufmachen.

Wenn wir in diesem Augenblick das Glück haben, jemanden zu kennen, der uns hilft, so wie ich Hilfe bekommen habe, werden wir lernen, dass wir nicht alle Gesetze der alten Zeit mit in die neue Zeit nehmen können. Ohne Hilfe zersplittern wir vielleicht innerlich. Am ersten Wendepunkt erfahren wir von der Möglichkeit einer neuen Welt, in uns selbst, unserer Familie, auf dem ganzen Planeten. Dann haben wir die freie Wahl und können weitergehen zum zweiten Punkt. Dorthin können wir nur gelangen, wenn wir all das aufgeben, was wir vor diesem Augenblick waren. In dem Moment, in dem wir alles aufgeben, vollzieht sich die zweite Wende. Jetzt bekommen wir einen ersten Vorgeschmack vom Sein, dem Sein im Sein. Auch der Schritt zum dritten Punkt besteht darin, vorangegangene Erfahrungen aufzugeben. Wir müssen alles Wissen, alle Konzepte, absolut alles aufgeben und uns ganz dem Vertrauen auf Gott überlassen. Wir wissen, dass, in Essenz, in jedem von uns und überall die Möglichkeit zur Vollkommenheit und zur vollkommenen Ordnung angelegt ist. Diesen dritten Punkt nennt man Gewissheit. Es ist möglich, vollständig überzeugt zu sein – nicht nur von den äußeren und sichtbaren Zeichen, sondern von unserer eigenen lebendigen Erfahrung –, in uns selbst gewiss zu sein. Diese drei Wendemarken sind die drei Stufen, die zur vierten, zur letzten Wende führen. Dort gibt es keine Trennung mehr zwischen Gott und dem Menschen. »Ich und mein Vater sind eins.« Es gibt nur noch Ihn.

Dies sind die Stufen, auf die wir gelangen können, wenn wir aufwachen – sei es, dass wir sie in diesem Leben kennenlernen oder in einem Augenblick (denn es gibt nur diesen Augenblick), dass wir sie eines Tages erkennen oder sie in unseren Kindern sehen werden. Mit jedem Augenblick, in dem wir bewusst leben, bewusst beten, bewusst atmen, mit allem, was wir bewusst tun, stirbt in uns das, was wir zu sein glaubten. Mit jedem Augenblick, in dem in uns das stirbt, was wir zu sein glaubten, wird in uns eine bestimmte Energie freigesetzt, die sich in Richtung der zukünftigen Menschheit bewegt. Wenn wir wach bleiben, können wir alles in fünf Minuten oder zwei Minuten oder einer Minute oder in gar keiner Zeit erledigen – weil wir uns entschlossen haben, es in genau dieser Zeit zu tun, der einzigen Zeit, die uns dafür gegeben ist. Das ist der Schlüssel. Ihr, ich, eure Kinder, meine Kinder – wir alle besitzen die Kraft der Entscheidung. Die Tragödie besteht darin, dass wir das nicht wissen, bevor wir nicht erkannt haben, dass wir schlafen, und aufwachen wollen.

Worin besteht die Wahl? Wie können wir im Leben wählen, wenn wir bis ins Kleinste konditioniert sind? Jede einzelne Wahl, die wir treffen, beruht auf unserer Konditionierung. Alles basiert auf dem Grad der Konditionierung, auf unserer Meinung zu dieser oder jener Sache. Nur wenn wir frei von Denkgewohnheiten sind, können wir eine bewusste Wahl treffen. Nur dann. Ich weiß, das hört sich schrecklich an, aber es ist wahr. Ich könnte euch helfen, euch neu zu konditionieren, und ihr wärt damit vielleicht sehr glücklich. Ich muss leider sagen, dass das häufig gemacht wird. Aber stellt euch einmal vor, ihr liegt im Sterben – wirklich und endgültig im Sterben. Alle Spiele, die der Verstand spielen kann, alle Kurse, die Lehrer euch verkauft haben, offenbaren sich als völlige Illusion, tiefe Traurigkeit und Frustration. Dann kommt es auf euren Mut an. Könnt ihr euch dem stellen und erkennen, was es bedeutet, lebendig zu sein?

Wenn wir wirklich ehrlich mit uns selbst sind, werden wir sehen, dass wir nur selten unseren Körper wirklich bewohnen, dieses Instrument, das Gott uns gegeben hat, um Seinen Willen auf der Erde zu manifestieren. Wir werden dadurch herausgefordert zu sehen, ob wir imstande sind, wirklich für den gegenwärtigen

Augenblick wach zu sein und das zu tun, was gerade getan werden muss. Unsere niedere Natur möchte nicht hören und ist in der Tat dazu nicht fähig, bevor nicht sehr viel Energie transformiert worden ist. Deshalb ist die Arbeit an der Transformation niederer Energien ein wesentlicher Bestandteil unseres Lebens, wenn wir wirklich dienen möchten.

Oft werde ich gefragt: »Wie kann ich wach sein?« Ebenso oft antworte ich dann: »Bist du hier?« Offensichtlich waren diejenigen, die diese Frage stellten, nicht völlig hier, in ihrem Körper. Andernfalls hätte es keine Frage gegeben, denn eine wirkliche Frage hängt davon ab, ob man jetzt gerade hier ist, im gegenwärtigen Augenblick. Meine Lehrer betonten, dies alles habe mit Respekt zu tun. Auf der höchsten Ebene können wir sagen, es sei Achtung vor Gott, die uns veranlasst, an uns arbeiten zu wollen. Wenn wir nicht davon ausgingen, dass es ein Absolutes Sein gibt, oder wenn wir die Wahrheit nicht wissen wollten, gäbe es keinen Grund, warum wir an uns selbst arbeiten sollten.

Es ist wahr, dass man einem Lehrer aus ganzem Herzen Achtung erweisen sollte. Aber wie ich vorher sagte, geht es darum, für das Notwendige wach zu sein und zu erkennen, dass der Lehrer nur eine Funktion Gottes ist. Seine oder ihre Gegenwart in der materiellen Welt beruht allein auf Notwendigkeit. Wenn es kein Bedürfnis nach Erkenntnis gäbe, gäbe es keine Lehrerinnen und Lehrer. Wegen unseres inneren Verlangens und Bedürfnisses kann ein Lehrer unter uns erscheinen und diese besondere Funktion innerhalb des allumfassenden Göttlichen Plans erfüllen.

Der Mensch – so sagen wir in unserer Tradition – ist geschaffen aus Feuer, Erde, Luft, Wasser und Äther. Im Kosmos gibt es vier Reiche: das Mineralreich, das Pflanzenreich, das Tierreich und den Menschen. Im Menschen ist alles enthalten. Es gibt nichts außerhalb des Menschen. Alle Wahrheit ist in uns und wird verstanden, wenn wir lernen, mit Gott zu atmen. Ich weiß, dass der Atem der wichtigste aller Wege, das Wichtigste überhaupt ist, um zu erwachen. Schließlich sind wir mit dem Atem gekommen und werden mit dem Atem sterben. Aber wann sind wir wach genug, um zu atmen?

Können wir, in Liebe, zusammen atmen? Dies ist von den Kirchen und in unserer Ausbildung fast vollständig vergessen worden. Aber können wir gemeinsam atmen? Jeder von uns ist durchdrungen von all den Gedanken und Urteilen, die wir über einander haben, von der Liebe, dem Licht und all den anderen, scheinbar guten oder schlechten Dingen. Wie die Wellen des Meeres bewegen sich diese durch uns hindurch, wenn wir atmen. Können wir also lernen, mit Gott zu atmen?

Wenn wir lernen können, mit Gott zu atmen, können wir lernen, mit Ihm in all Seinen Aspekten zu kommunizieren. Wir können sogar mit der Welt der Mineralien kommunizieren, denn sie hat Bewusstsein, und mit der Pflanzenwelt, der Tierwelt. Wir können erfahren, was Er braucht, Der in allen Dingen ist.

Um wach zu sein, müssen wir Gott mehr lieben wollen als alles andere. Dies bedeutet bedingungslose Hingabe. »Der Verstand ist machtlos, wo Liebe spricht. Liebe allein ist fähig, die Wahrheit der Liebe und des Liebenden zu enthüllen. Der Weg unserer Propheten ist ein Weg der Wahrheit. Wenn du leben willst, stirb in Liebe. Stirb in Liebe, wenn du am Leben bleiben willst.« Dies sagte einer der größten Mystiker aller Zeiten, Maulānā Dschalāl-ad Dīn Rūmī. Gott ist Liebe. Wie können wir bewusst sterben, solange wir leben, uns jedem Augenblick ergeben, nichts mit uns tragen, nichts wollen, uns nach nichts sehnen außer nach der Einheit mit Gott? Ich weiß, wir können dies nur, wenn wir durch die Schleier hindurchschauen, nicht mit Dogmen, sondern durch die Dogmen hindurch, nicht auf die Form, sondern in die Essenz der Form. Ich glaube, es ist eine Frage der Hingabe, nicht der Leistung. Wir können die Wahrheit nicht erarbeiten. Wissen kann nicht erworben, es kann nur gegeben werden.

Um zu Gott zu erwachen, müssen wir verstehen, dass Er, in Seiner Vollkommenheit, immer vollkommen war und immer vollkommen sein wird. Deshalb, da alles in uns enthalten ist, gibt es nichts zu erreichen!

Wir sprechen von Licht, dem Licht Gottes. Wir sind dem Licht nachgejagt und Gott nachgejagt. Aber sind wir uns klar darüber, dass das Licht nicht 300 000 Kilometer pro Sekunde zurücklegt, wie die Wissenschaftler behaupten? Das ist nur eine relative Erklärung. Das Licht, wie Gott, leuchtet aus sich selbst heraus. Er, das *eine* Sein, entfaltet Sich in jedem Augenblick aus Seiner eigenen Essenz. Alles, was wir tun müssen, um Ihn zu erkennen, ist, uns Ihm hinzugeben. Alles aufzugeben, was wir zu sein glauben, alles was wir sein möchten, alles was wir jemals zu sein dachten, und dann entfaltet Sich Gott oder das Licht oder die Liebe von innen her.

Wir alle sehnen uns danach, respektiert zu werden. In Seinen Gebeten wünscht Er für uns, dass wir zu der Essenz in jeder Seiner Kreaturen erwachen. Ohne Respekt können wir nicht wach sein für die Notwendigkeiten des Augenblicks, die sich in Seinen Kreaturen manifestieren. Es ist nicht schwer zu erkennen, wie wenig wir Mutter Erde respektieren – wie wir mit unserer Gier und Unwissenheit den Planeten unablässig vergewaltigen. Es ist manchmal schwieriger zu merken, wie wenig wir einander respektieren. Wenn wir mehr und mehr lernen, wird uns allmählich ein gewisses Wissen gegeben, das uns befähigt, unsere Bestimmung zu verstehen und auf immer tieferen Ebenen Respekt zu fühlen. Wenn wir uns mit der Bedeutung des esoterischen Gebets beschäftigen, werden wir entdecken, dass das Ausmaß, in dem wir helfen können, abhängig ist vom Grad unseres Wissens. Deshalb ist die Frage des Wissens der erste Schritt auf dem Weg.

Noch einmal: Um wach zu sein, müssen wir erkennen, dass wir meistens schlafen. Wenn ich das Leuten sage, werden manche von ihnen sehr ärgerlich. Das Ausmaß unseres Ärgers, Neides und Stolzes trennt uns von der Wahrheit. Wir können jedoch daran arbeiten und Opfer bringen, damit unser niederes Selbst sich dem Willen unterordnet und in den gegenwärtigen Augenblick geführt wird. Ohne den Willen gibt es dafür keine Chance.

Lasst uns einmal eine analoge Situation betrachten – das Zureiten eines wilden Pferdes. Zuerst müssen wir ein Pferd finden und es einfangen, bevor wir ihm ein Halfter anlegen können. Das Pferd mag das alles zuerst gar nicht, weil es den Zweck nicht kennt. Wir müssen es lehren, im Passgang zu gehen, und wenn es ein Show-Rennpferd werden soll, brauchen wir das nötige Wissen, um ihm beizubringen, was von ihm verlangt wird. Wir müssen dem Pferd einen Sattel auflegen, und das gefällt ihm noch weniger. Bis hierher können wir bei der Dressur mehrere Helfer haben, aber in dem Augenblick, wo wir in den Sattel steigen, sind wir ganz allein. Nun gibt es eine Periode, wo alles von unserer Kraft und unserem Willen abhängt. Wenn beide stark genug sind, werden wir imstande sein, das Pferd zu zähmen und es zu reiten. Am Ende wird es uns vielleicht ans Ziel führen.

Wenn wir unsere niedere Natur unter Kontrolle gebracht haben, haben wir dem Meister etwas anzubieten, dem Richter, dem Schiedsmann. Um die Analogie mit dem Pferd zu beenden: Wenn wir das Pferd ausreichend trainiert haben, können wir es in edler

Haltung und startbereit in den Ring führen. Dann kommt die Prüfung. »Wir werden sie prüfen, bis Wir es wissen.« Schließlich trifft der Schiedsrichter seine Entscheidung. Vielleicht hat es uns viele Jahre gekostet, das Pferd zu dressieren. Endlich könnten wir es in den Ring führen – in den gegenwärtigen Augenblick. Ich betone immer wieder, dass unsere niedere Natur nicht weiß, dass sie schläft. Vielleicht ist uns jetzt klar, dass die Grade von Ärger, Neid und Stolz von unserer niederen Natur ausgehen. Die Erkenntnis, dass wir schlafen, kann uns dazu bringen, sehnlichst zu wünschen, wach zu sein. Wenn wir beginnen aufzuwachen, fangen wir an, die Notwendigkeit des Respekts für jeden Aspekt des Lebens einzusehen. Respekt öffnet uns dann dem Wissen, und Wissen führt uns zur Liebe. So antworten wir durch die Arbeit an uns selbst auf Gottes Gebet, bis wir endlich der Wirkung des Gebets selbst teilhaftig werden.

Vier Regeln: Erinnerung, Meditation, Vertrauen und Dienen

6 In allen großen Traditionen werden bestimmte Grundregeln gelehrt, die uns helfen können. Der Sufi ist bestrebt, diese Regeln jederzeit einzuhalten. Während er seinen täglichen Verrichtungen nachgeht, ist er innerlich mit dem Gedenken Gottes, der Meditation, dem Vertrauen und dem Dienen beschäftigt. Da die gesamte Schöpfung in einem einzigen Augenblick enthalten ist, stehen uns diese Qualitäten potenziell im ewigen Jetzt zur Verfügung. Es mag nötig sein, sie näher zu erklären. Dann fangen wir vielleicht an, unser Leben zielbewusster zu leben.

Als Erstes müssen wir uns an Gott *erinnern,* unser ganzes Leben lang. Um dies zu tun, sind wir aufgefordert, zu Gott zu erwachen. Wir müssen lernen, mit Gott zu atmen. Wir müssen lernen, Ihn mit jeder Faser unseres Wesens zu lieben, nicht nur mit den Teilen, die uns genehm sind. Die erste Regel ist also, uns in jedem Augenblick Gottes zu erinnern.

Es ist diese Bewusstseinshaltung, oder das »Selbstbesinnen«, das uns auf dem Pfad der Rückkehr voranbringt. Denn indem wir erwachen zu dem, was gegenwärtig ist, erkennen wir, wer wir sind und was wir werden können. Vielleicht erinnern wir uns des Ursprungs unseres eigenen Lebens. Die Sufis kennen bestimmte Übungen der Erinnerung (*dhikr*). Einige davon beinhalten das Aussprechen von »Allah« mit jedem Atemzug oder jedem Schritt. Der gewöhnliche Mensch benutzt nur einen Teil seines Potenzials, denn er schläft und hat seine wirkliche Natur vergessen. Er hat nichts dagegen, dass sein Leben mechanisch abläuft, bewegt durch die Kraft von Ereignissen, die sich seiner Bewusstheit oder Kontrolle entziehen. Nur wenn ein Mensch im gegenwärtigen Augenblick zu sich selbst erwacht, kann er überhaupt damit anfangen, seine Beziehung zu Gott zu erkennen. Er sollte nicht denken, er sei wach, denn allein der Akt des Denkens trennt ihn schon wieder von seinem rechtmäßigen Platz im ewigen Jetzt. Er ist aufgefordert, sich fortwährend daran zu erinnern, mit seiner Quelle verbunden zu bleiben. Alle Gedanken, die in diesem Augenblick auftauchen, werden als Realisationen betrachtet, die aus der Ewigkeit auftauchen, um die notwendigen Bedingungen für Handlung zu schaffen. Deshalb ist die Übung des Sich-Erinnerns tatsächlich im täglichen Leben hilfreich, besonders wenn es dem Menschen wichtig ist, ein nützliches Leben zu führen.

Die zweite Qualität des Lebens könnte *Meditation* genannt werden. Dies wird gewöhnlich missverstanden. Meditation, die die Stufe der Erinnerung ignoriert, ist nahezu sinnlos. Sie tendiert dahin, die Person aus dem gegenwärtigen Augenblick, wo Handlung möglich ist, zu entfernen. Es genügt nicht, mitten im Leben einfach einen Zustand der Ruhe und Gelassenheit zu erreichen, denn die Arbeit wird nicht vollendet werden, wenn wir uns nicht des Selbsts bewusst sind. Unserem Leben wird der Sinn fehlen. Wir müssen uns Gottes bewusst sein, wenn wir der Verantwortung, in die wir als Mann und Frau hineingeboren sind, gerecht werden wollen.

Meditation ist eine Form der selbst auferlegten Disziplin, die dazu dient, das Gefäß in Ordnung zu halten. Wasser nimmt die Farbe des Behälters an, in dem es enthalten ist. Wir reinigen unser eigenes Gefäß, damit das Wasser der Liebe durch uns hindurch in die Welt strömen kann, zur gegenseitigen Erhaltung des Planeten.

Meditation dient nicht der »Selbstverwirklichung« – ein Begriff, der oft missbraucht wird. Wenn wir nicht wissen, was das Selbst ist, wie können wir es dann entwickeln? Wenn wir versuchen, uns selbst zu entwickeln, dann tragen wir vielleicht nur neue Farbschichten auf, statt das Gefäß zu reinigen.

Lernt, euch jeder Person so zuzuwenden wie dem heiligsten Wesen auf der Erde, jedem Augenblick wie dem heiligsten Augenblick, der uns je geschenkt wurde.

Meditation heißt nicht unbedingt, uns auf traditionelle Weise aufs Hinterteil zu setzen. Das Leben selbst ist Meditation. Neulich sagte jemand zu mir, es gäbe keinen Unterschied zwischen dem Heiligen und dem Weltlichen. Wie können wir behaupten, Gott sei in der einen Sache, aber in der anderen nicht? Wie können wir sagen, dass wir Gott nur finden, wenn wir die Augen schließen? Das Leben selbst ist Meditation, und um das zu verstehen, müssen wir das gesamte Leben akzeptieren.

Meditation sollte ein Akt der Liebe sein, begleitet von dieser Freude und Freiheit, die sich einstellt, wenn wir uns Gott hingeben, sodass Sein Wille getan werden kann. Sie kann geschehen, wenn wir in der Stille sitzen oder inmitten unseres täglichen Lebens, in jedem wachen Moment, wenn wir uns Ihm hingeben können, Seinem Willen und der Notwendigkeit des Augenblicks. In meditativer Haltung kann unser Leben ein Tanz der Freude werden in der Erkenntnis, dass unser Leben der Erfüllung eines höheren Planes dient. Welche Freude könnte größer sein als diese?

Meditation ist eine Kunst, die Schritt für Schritt erlernt werden muss. Während wir uns im Erinnern und in der Läuterung unserer Taten üben, erwecken wir die in uns schlummernde Qualität des *Vertrauens.* Diese Haltung des Vertrauens ist der dritte Aspekt der spirituellen Richtlinien. Die Fähigkeit des Vertrauens kann durch Schuld oder Angst verschleiert oder verdeckt sein. Jede Art von Selbstbetrachtung entfernt uns aus dem gegenwärtigen Augenblick und hält uns davon ab, die Wahrheit zu sehen. Aber wir können wieder zur Wahrheit gelangen, indem wir mehr und mehr erkennen, dass alle unsere Handlungen im Grunde Gottes Handlungen sein könnten. Das können sie aber nur sein, wenn wir lernen anzunehmen, ohne zu urteilen, denn wenn wir einen anderen Menschen beurteilen, demütigen wir die Person, über die wir urteilen, und verhüllen gleichzeitig uns selbst. Immer wenn wir urteilen, ist es, als würden wir einen Ball gegen die Wand werfen. Der Ball platzt und prallt sofort zurück, wobei er uns mit einer unsichtbaren, klebrigen Substanz bedeckt, die das Herz blockiert. Das ist die Art und Weise, wie wir jeden Tag Karma anhäufen. »Richtet nicht, auf dass ihr nicht gerichtet werdet.«

Die dritte Regel ist also Vertrauen. Wenn wir Gott und Seiner Erscheinungsform in jedem Augenblick vertrauen, beginnen wir, Seine Führung und Gegenwart zu erkennen, die immer da ist, und die durch die großen Heiligen und Propheten und die Schriften aller Zeiten belegt worden ist. Diese Botschaft präsentiert sich unter verschiedenen Namen und Formen, je nachdem, was zur gegebenen Zeit und am gegebenen Ort notwendig ist. Es ist sicherlich erforderlich, dass wir uns der Wahrnehmung dieses Wissens öffnen durch die Praktiken des Gebets und der Anrufung und vor allem durch Studieren und Fragen. Worte können als tragende Kraft für die Wahrheit dienen, sobald wir gelernt haben, wie man um Führung bittet und wie man im Herzen auf die Antwort lauscht. Wenn wir lernen, der inneren Wahrnehmung der Wahrheit zu vertrauen, werden wir fähig, mehr und mehr in Einklang und Harmonie mit den universellen Gesetzen zu handeln.

Um vertrauen zu können, müssen wir Respekt haben, nicht nur voreinander, sondern vor allen Reichen des Lebens, vor dem Planeten selbst, dem gesamten Universum. Wenn wir lernen können, dem *einen* Gott und all Seinen Boten bedingungslos zu vertrauen, werden wir zum Glauben geführt. Ein solcher Glaube ist nicht blind, sondern lebendig. Es ist der Glaube des Gnostikers, der weiß, dass es einen Gott gibt, und der weiß, dass er weiß. Wenn er diesen Glauben hat, kann er Gottes vollständig gewiss sein und schließlich das Stadium der »Selbstaufgabe« erreichen. In diesem Stadium kann der Gnostiker nicht länger sagen: »Ich glaube an Gott«, denn sein kleines Selbst ist gestorben, und er kennt nur Gott. »Oh Vater, nimm fort von mir und Dir das ›Ich bin‹, bis es nur noch Dich gibt.«

Ohne diese Qualität des Vertrauens bleibt unser Verstehen begrenzt auf das, woran wir festhalten, woran wir zu glauben wünschen, und das ist immer nur ein Teil der Wahrheit. Wenn wir uns anmaßen zu entscheiden, was richtig und was falsch ist, treten wir in Wettbewerb mit Gott. Wir stellen uns gegen die größte Kraft im Universum, die sich als Liebe in jedem Augenblick entfaltet, und könnten dabei zu Schaden kommen. Vertrauen ist unabdingbar, wenn wir überhaupt aus unserer Gefangenschaft hinauswollen. Dieses Vertrauen muss absolut und bedingungslos sein. Er möchte, dass wir Ihn sehen, wie Er ist. Haben wir einmal den Pfad betreten und vertrauen wir dem Prozess, dann ist es unvermeidlich, Ihn zu treffen. Und haben wir einmal das Wasser des Lebens gekostet, kann nichts bleiben außer der Sehnsucht unserer Herzen nach der Einheit mit dem Geliebten.

Bei der vierten Qualität geht es darum, unser Leben in den *Dienst* Gottes und der Menschheit zu stellen. Wir bringen uns selbst als Gefäße dar, erinnern uns unserer Bestimmung, geläutert und entleert, im Vertrauen darauf, dass die Wasser des Lebens durch uns fließen werden, um das Leben auf diesem Planeten zu erhalten. Wir weihen uns selbst in dem Augenblick, da wir uns Gott zuwenden und sagen: »Ich will.« Von diesem Augenblick an bekommen wir genau das, was wir brauchen.

Es geht bei dieser letzten Stufe darum, fähig zu sein, mit vollem Bewusstsein Gott zu dienen. Jetzt können wir nicht mehr sagen: »Dein Wille geschehe.« Stattdessen sagen wir: »Lass Deinen Wunsch mein Verlangen werden.« Wir können nur hier sein, in vollständigem Dienen, wenn es uns als kleines Selbst nicht mehr gibt. Das ist der Weg, um Gottesbewusstsein zu erlangen. Und deshalb spielen Religion oder persönliche Herkunft keine Rolle. Es spielt keine Rolle, wer wir sind, denn es gibt nur einen Gott. Lernt, euch jeder Person zuzuwenden wie dem heiligsten Wesen auf der Erde, jedem Augenblick wie dem heiligsten Augenblick, der uns je geschenkt wurde. Dieser Augenblick wird sich nie wiederholen, denn niemals sind zwei Augenblicke einander gleich. Sind wir vielleicht schon etwas wacher? Atmen wir vielleicht schon mit Gott? Wenn wir wach sind, kann Liebe fließen, und wenn wir uns Gott erneut zuwenden, kann in den Menschen vollständige Transformation stattfinden. Durch die Liebe zu Gott können wir dahin gelangen, der Menschheit wahrhaft zu dienen, in bedingungsloser Hingabe.

Alle vier Regeln durchdringen einander und bestehen nebeneinander im gegenwärtigen Moment. Alle vier sind für uns notwendig, damit wir ein sinnvolles spirituelles Leben führen. Ein spirituelles Leben zu führen, bedeutet, ein ganz natürliches und normales Leben in der Welt zu führen und nicht dauernd zu versuchen, vor dem Leben zu fliehen. »Natürlich« meint das Gleiche wie »spirituell«, und beides bedeutet, mit dem Fluss des Lebens selbst eins zu sein. Jetzt, während ihr dies lest, in diesem Augenblick, ist das Leben im Fluss. Göttliche Energie ergießt sich in die Welt, und zwar in genau dem Maße, wie der Augenblick es erfordert. Alle Erscheinungsformen sind die Sprache der Göttlichen Energie, die ihre Wahrheit als eine Vergegenwärtigung ihrer selbst ausdrückt, sodass alle an ihr teilhaben können.

Jeder Augenblick ist anders, da Gott Sich nie zweimal in einem Augenblick ausdrückt. In jedem Augenblick findet eine immerwährende Neuschöpfung statt. »Die Zeit ist das ewige Attribut Gottes«, wie die Sufis sagen. Gott ist endlich in dieser Welt und unendlich im ewigen Jetzt. Ein spirituelles Leben zu führen, bedeutet, dem Ewigen zu gestatten, sich durch uns in den gegenwärtigen Augenblick hinein zu äußern, ohne es allzu sehr von unseren inneren Schleiern färben zu lassen. Diese Schleier verzerren die Erscheinungsform und blockieren den Fluss der Essenz des Lebens, die sich manifestieren möchte.

Wie sollten wir unser Leben gestalten, um der Verpflichtung gerecht zu werden, die darin liegt, Mensch zu sein? Man lehrte uns das Beten und verschiedene Übungen, die uns darauf vorbereiten, dem Göttlichen Plan zu dienen, doch wir sehnen uns noch immer nach dem Tag, der uns in die Freiheit führen wird. Wenn wir wahrhaft suchen, formt sich in unseren Herzen eine Frage, die zum inneren Gebet wird, uns motiviert und uns vorwärts drängt. Ein großer Derwisch sagte mir einmal: »Die Welt ist erfüllt von euren Gebeten. Alles, was wir jetzt brauchen, ist Liebe.« Diese Liebe wird es der Antwort auf unsere Gebete erlauben, sich zu manifestieren.

Worin liegt der Sinn des Gebets in der heutigen Zeit? Zu wem oder was sollen wir beten? Können wir noch zu irgendeiner unbekannten Macht beten, zu einem Gott, der uns alle Antworten liefern wird? Wenn wir wirklich erkennen, dass es nur ein Absolutes Sein gibt, sieht Gebet ganz anders aus. Denn wenn wir uns diesem einen Quell allen Lebens zuwenden, brauchen wir uns nur in Liebe zu öffnen, damit der Fluss des Lebens strömen kann. Die Antwort auf unsere Gebete kann dann überall erscheinen, gemäß dem Willen Gottes. Das Gebet wird dann ein »Ruhen in dem *einen* Wesen«, sodass Sein Wille oder Seine Lebenskraft dorthin fließen können, wo sie gebraucht werden. Dieser Strom ist in erster Linie der Strom der Liebe.

Heute bietet sich uns die Möglichkeit eines neuen Verständnisses von Gebet und Frömmigkeit, ohne dass jedoch die Einfachheit und Aufrichtigkeit der vergangenen Jahrtausende verloren gehen müsste. Wir wünschen uns Erkenntnis darüber, welchen Stellenwert das Gebet im Gesamtentwurf des großen Plans haben kann.

Beten bedeutet, eine Frage zu stellen. In Wirklichkeit gibt es nur eine Frage und nur ein Gebet, aus denen sich alle anderen ergeben. Wir können Verbindung aufnehmen mit der essenziellen Sehnsucht aller Geschöpfe – der Sehnsucht nach Gott. Wenn wir auf diese Sehnsucht stoßen und die Bedeutung dieser Sehnsucht in unserem eigenen Leben entdecken, werden wir die Bedeutung jenes einen Gebets herausfinden, das jene eine Frage stellt. Wenn wir jene eine Frage aufrichtig stellen, werden wir die eine Antwort finden – das Gebet, das in der Frage enthalten ist.

So Gott will, wird es in unser aller Leben eine Zeit geben, wo wir in die Knie gezwungen werden. Dann gibt es nichts Wichtigeres als die Wahrheit. Aus der tiefen Sehnsucht in unseren Herzen, in Verzweiflung, werden wir umkehren und nach dem Weg fragen, der uns einzig zur Zufriedenheit führen kann – zur Erkenntnis der Einheit mit Gott.

Eines Tages, wenn »die Zeit erfüllt ist«, werden wir Christus in jedem Kind sehen. Doch dazu wird es nur kommen, wenn wir unser Leben dem Herabbringen des Willens Gottes weihen – »wie im Himmel, also auch auf Erden« –, um unserer Verantwortung als Mann und Frau gerecht zu werden.

»Wenn zwei oder drei in meinem Namen versammelt sind, bin ich mitten unter ihnen...«

Unsere Verantwortung als Mann und Frau besteht darin, fähig zu werden, »ich« zu sagen, dann »Ich bin« und schließlich »Ich will«. Gebet und Anrufung sowie die ständige Sehnsucht des Herzens werden uns an dieser Verantwortung teilhaben lassen. Die vier Richtlinien Erinnerung, Meditation, Vertrauen und Dienen geben den Rahmen ab für den Ausdruck unseres guten Willens. Alles, was wir brauchen, ist genügend Liebe und Hingabe, um dies alles dann auch wirklich zu tun. Lasst uns beten, dass wir uns alle einmal dem Dienen weihen und dadurch mit Leben angefüllt werden mögen.

Gebet der Hingabe

Vater, in Deine Hände befehle ich mich.
Tu mit mir, was immer Du willst,

Und was immer Du tust,
Ich werde Dir danken und immer dankbar sein.
Nur Dein Wille geschehe in mir
wie in all Deinen Kreaturen.
In Deine Hände befehle ich meinen Geist;
Ich schenke ihn Dir mit der ganzen Liebe
meines Herzens, denn ich liebe Dich, Herr,
Und möchte mich schenken,
in einem Vertrauen über alle Maßen.

Freiheit

7

Die Weisheit der gesamten Geschichte kann uns in dem Maße offenbart werden, wie wir sie brauchen. In Wirklichkeit ist die gesamte Schöpfung in einem Augenblick enthalten, entfaltet sich aber weiter bis ans Ende der Zeit. Wenn wir die Botschaft, die die großen Meister und Propheten der Menschheit brachten, wahrhaft verstehen könnten, würde schließlich alles in der Vergangenheit Enthaltene in den gegenwärtigen Augenblick gebracht. Wie einst Salomon könnten wir über unser eigenes Schicksal bestimmen. Und wie bei der Selbstopferung Jesu wären wir ganz in Gottes Dienst gestellt. Von jedem der großen Meister wurde uns eine bestimmte Qualität der einen große Quelle offenbart.

Im Sufismus sprechen wir von *fanā'* und *baqā'*. *Fanā'* ist das Verschwinden der Illusion, *baqā'* das Verbleiben der essenziellen Wahrheit. Verschiedene Übungen können helfen, die falsche Natur des beschränkten »Ichbewusstseins« aufzulösen. Schritt für Schritt kann das verborgene Leben in jedem von uns enthüllt werden. Oft gibt es große Augenblicke der Verzückung und des Staunens, wenn wir uns dem Strom der Lebenskraft hingeben, aber ebenso oft entzieht sich uns das Wissen darum, wer und was wir sind. Was wir in Essenz sind, ist alles – alle Dinge, die gesamte Vergangenheit und die unendliche Möglichkeit der Zukunft. Aber das Neue Jerusalem, das wir in uns selbst errichten, wird auf dem

Fundament wahren Wissens erbaut, nicht auf Treibsand. Wenn wir lernen, Gott mehr und mehr zu lieben, werden wir mehr und mehr eins mit Ihm in der Erkenntnis, dass es in Wahrheit niemals eine Trennung gegeben hat.

Das wahre Erbe der Seele ist Freiheit. Das ist das Geburtsrecht, das uns seit Anbeginn der Zeit geschenkt wurde. Unsere Verpflichtung als Mann und Frau ist es, als Verbindung zwischen Himmel und Erde das Wissen herabzubringen in diese Welt – das Wissen, durch das diese Welt in jedem Augenblick erschaffen wird. Wir müssen diese großartige Kraft der Liebe durch Wissen in uns verankern, sodass das, was notwendig ist, in diese Welt gebracht werden kann – für zukünftige Generationen und den Planeten selbst.

Es heißt, es sei die Bestimmung einiger Menschen, Gott zu kennen, anderer, Gott und Seine Wege zu kennen. Wir können Ihn erkennen in Seiner Einheit und im Wunder Seiner Eigenschaften, die zahllos sind.

Als Erstes können wir, glaube ich, verstehen, dass Gedanken unser Leben beeinflussen. Wenn ein Gedanke einmal in die relative Welt eingegangen ist, kann er niemals sterben. Wir denken vielleicht, er sei tot oder verschwunden, aber in Wirklichkeit kann er, wenn die Schwingung einmal erzeugt ist, nicht mehr sterben. Er wird von anderen Menschen in Form des geschriebenen Wortes oder in Form einer Meinung aufgefangen und breitet sich dann wie ein Waldbrand aus. Der ursprüngliche Gedanke mag sich bei seiner Verbreitung von Person zu Person oder von Gruppe zu Gruppe verändern, aber er stirbt nicht. Eine andere Form der Gedankenschwingung nehmen wir als Gefühl wahr. Es ist leicht, ein Gefühl als Furcht, Trauer oder Ärger zu identifizieren. Schwieriger ist es, die feinstoffliche Natur des Gefühls zu verstehen, die ebenfalls Schwingung ist und somit niemals stirbt. Was wir weiter verstehen können, ist, dass es höhere Gefühle gibt wie zum Beispiel Sehnsucht, die eigentlich überhaupt nicht zu verstehen ist. Auch das höhere Streben der Seele im Gebet, die Sehnsucht nach Freiheit, kann nicht sterben. Außerdem gibt es noch andere Arten höherer Schwingungen, aus denen wir unablässig entstehen.

Das wahre Erbe der Seele ist Freiheit.

Wenn diese Schwingungen also nicht sterben, was passiert dann mit ihnen? Dies ist der goldene Schlüssel zur Frage, wie es einen alternativen Lebensweg innerhalb der Gesellschaft geben kann. Wir können sagen, sie gehen ein in das kollektive Unbewusste, sie gehen in den Äther oder ins All, und jedes dieser Wörter ist richtig, stellt einen Versuch dar, dieses eigenartige Phänomen zu erklären. Doch wo immer sie auch hingehen mögen, eines ist sicher: Gleiche Schwingungen, die aufeinander treffen, vereinigen sich. Gleiches zieht Gleiches an. Manchmal ärgern wir uns über etwas und ziehen damit anderen Ärger aus unserem Umfeld an. Wenn ich auf meinen Freund böse bin, und es ist kein Ärger in ihm, wird er nicht auf mich reagieren. Es ist, als stellte ich eine Stimmgabel an das eine Ende des Raums und eine zweite an das andere Ende. Wenn die zweite Stimmgabel die gleiche Frequenz hat wie die erste, so wird sie in Sympathie mitschwingen. Ist ihr Grundton ein anderer, wird sie das nicht tun. Wie gesagt, wenn mir jemand böse ist und ich habe keinen Ärger in mir, beziehungsweise ich bin frei von dieser Art von Konditionierung und Emotion, dann werde ich nicht reagieren oder das Gleiche empfinden. Ich werde also in meinem eigenen System weder Ärger empfinden noch ihn anziehen.

Was passiert mit diesen Schwingungen, und wie ziehen wir sie an? Den Schlüssel zu dieser Frage finden wir, wenn wir die Bedeutung der psychischen Zentren kennenlernen, die Teile des feinstofflichen Körpers des Menschen sind. Diese Zentren wirken wie Filter. Sie haben die Fähigkeit, die Energien der unsichtbaren Welt so zu verwandeln, dass sie hier, in dieser Welt, angenommen werden können. Wenn wir einmal gelernt haben, die Schwingungen aufzulösen, die uns ständig in unserem konditionierten Zustand erschaffen, können wir damit beginnen, langsam aber sicher unsere Körper mit Hilfe ganz anderer Schwingungen zu erneuern. Das ist die Alternative. Wir können lernen, aus einer ganz anderen Art von Schwingung, aus einer höheren Form des Denkens, der Liebe und des Strebens, unsere Körper zu erneuern, statt weiterhin den niederen Schwingungen, in denen wir jetzt leben, ausgeliefert zu sein. Wir können aufhören, wie Tiere nur zu reagieren, und lernen, auf einer vollständig anderen Ebene zu leben.

Um dieses ganz andere Leben führen zu können, ist es wesentlich, zunächst einmal den Feind zu verstehen. Wenn wir die Beschaffenheit des konditionierten Verstandes nicht verstehen und von dem Bild, das sich uns bietet, nicht wirklich entsetzt sind, werden wir uns kaum um eine andere Art zu leben bemühen. Es war immer das Wesen des Werks, eine neue Lebensweise zu erschaffen, indem man sich selbst durch das Werk verändert. Das beinhaltet, dass wir die Frequenz unserer Schwingung verändern, die Art unseres Denkens und die Art, wie wir auf Umstände reagieren. Es bedeutet aufzusteigen, die dichte Struktur der Erde hinter uns zu lassen, uns zu erheben über die niederen Schwingungen des Tiermenschen und zu wissen, wie man in ganz andere Bereiche des Seins vordringt – die in Wirklichkeit Bereiche reiner Schwingung sind.

Zum Werk gehört die Ausbildung des »Beobachters«, der unser Kompass wird. Wir erkennen, dass dieser Beobachter nicht von uns getrennt, sondern unsere wahre Natur ist. Wir verstehen endlich, dass der Beobachter unser wahres Selbst ist und dass das, was versuchte, das wahre Selbst zu finden, nur unser konditionierter Verstand war. Solange wir noch aus der relativen Welt heraus leben, sind wir in Dualität. Es wird immer den Beobachter und den Beobachteten geben. Erst wenn wir in einem absoluten Zustand aufgehen können, werden wir feststellen, dass die Spaltung zwischen Beobachter und Beobachtetem nach und nach immer geringer wird. Wir werden uns unausweichlich auf die alchimistische Hochzeit zwischen Himmel und Erde zubewegen, zwischen Vergangenheit und Zukunft, zwischen Beobachter und Beobachtetem. Dann wird es zwischen dem Planen einer Erfahrung und der Erfahrung selbst keine Zeit mehr geben. Denken und Handeln werden eins. Dann gibt es selbst im Raum weniger Teilung, als wir dachten. Die Schwingung unseres gesamten Lebens verändert sich. Wir sehen die Dinge nicht mehr außerhalb unserer selbst, sondern erkennen, dass unser wahres Selbst alle Dinge enthält.

Wenn wir nun aber ständig diesen Schwingungen, Gedanken und Emotionen unterworfen sind, die niemals sterben, wie ist es dann möglich, frei zu sein? Wenn das kollektive Unbewusste uns ständig beeinflusst und wir für die negativen Schwingungen und Probleme dieser Welt empfänglich sind, wie können wir dann frei sein? Nun, wenn wir uns über die Staubwolken der relativen Welt erheben, sind wir imstande, den Staub zu sehen. In gewisser Weise sind wir immer noch Teil des Staubs, aber er dringt uns nicht länger in die Nase, behindert nicht mehr unsere Sicht und kann auch die anderen Sinne nicht mehr abstumpfen. Ohne sie zu fliehen, müssen wir lernen, den Bereichen des kollektiven Unbewussten zu entwachsen, die uns so sehr beeinflussen.

Das natürliche Erbe der Seele ist völlige Freiheit. Aber was ist Freiheit? Die meisten Menschen glauben, Freiheit bedeute, von etwas loszukommen oder in etwas anderes verwickelt zu werden. Das ist Freiheit nicht. In dem Augenblick, in dem wir uns vollständig hingeben und uns dem freien Strom des Lebens selbst überlassen können, werden wir wissen, dass wir frei sind.

Wenn wir wissen, wer wir sind, sind wir das, was ist, im ewigen, unaufhörlich sich wandelnden Augenblick. Furcht hat ihre Wurzeln in der Vergangenheit und in dem Versuch, an etwas festzuhalten, was ein Konzept des Verstandes ist. Doch Freiheit existiert vor dem Verstand. Wahres Denken hat seinen Ursprung in der Freiheit. Das bedeutet, nicht nur in »deiner« Freiheit oder »meiner« Freiheit, denn Freiheit ist das Fließen all dessen, was ist. Freiheit findet ihren Ausdruck im Austausch der Energien durch alle Reiche Gottes hindurch. Es gibt in der Welt der Mineralien, der Pflanzen und der Tiere einen Strom, der sich im Menschen selbst fortsetzt. Der Verstand ist ein Geschenk an den Menschen, herangetragen von der Flut der Freiheit, aber der Mensch ließ sich vom Verstand versklaven. Er hat die wahre Freiheit nicht gekostet, denn er wird von der Tyrannei der Verstandesmaterie überwältigt. Elektrische Impulse brechen in seine Bewusstheit ein und lassen ihn seine wahre Identität vergessen. Der Verstand ist ein Geschenk, das uns helfen kann, das Wissen um die Freiheit anzuwenden, das Wissen darum, wer und was wir sind. Der Verstand ist ein Geschenk Gottes, genau wie der Körper und die Gefühle. Die gesamte Elementarwelt ist ein Geschenk für den Menschen, der sich selbst erkannt hat.

Kein Lehrer kann uns zur Freiheit führen. Kein System kann uns lehren, frei zu sein. Lehrer und System sind Konzepte der Wahrheit, die uns an den Rand der Klippe führen können. Dann sind wir allein, voller Angst, und fragen uns, was wohl geschehen würde, wenn wir zu springen wagten – über die Beschränkungen des Verstandes hinauszugehen, einzutauchen in diesen reinen Strom lebendigen Lebens, der für alle Menschen fließt. Das, was wir wirklich sind, ist in dieser perfekten Freiheit jenseits des Verstandes enthalten – in der Quelle des Geistes. Ein neuer Mensch könnte geboren werden, dessen Erbe diese perfekte schöpferische Freiheit ist und der im Wissen um die Ewigkeit selbst ewig sein wird. Das ist die wahre Freiheit.

Zur Haltung der Freiheit gehört es, mehr und mehr von uns selbst aufzugeben, jenseits des Verstandes, jenseits der Konzepte und jenseits all dessen, was wir glauben zu sein, damit wir uns nach und nach öffnen und erwachen können zum Strom des Lebens, der in allen Dingen pulsiert. Mögen wir wach sein für das alles durchdringende Leben im Raum, das reines Fließen ist, außerhalb der Tyrannei der Zeit. Wahre Freiheit ist außerhalb der Zeit, dort, wo die ewige Potenzialität sich in die Manifestationen ergießt und sich wieder auflöst, jenseits der Gültigkeit von Uhren und Kalendern. Freiheit ist immer da, in unserem Inneren. Sie ist der natürliche Zustand der Seele. Was wir sind, ist Freiheit, und was Freiheit ist, sind wir.

Verglichen mit dem, was wir wirklich sind, ist der Verstand recht kümmerlich. Und doch ist auch er ein Instrument, so wie unsere Gefühle und unsere Körper. Der Verstand kann sicher nützlich sein, aber wenn ihr versucht, den Dingen, die ich euch sage, nur mit dem Verstand zuzuhören, werdet ihr sofort in der Welt des Vergleichs sein. Dagegen könnt ihr gar nichts machen. Ein Teil von euch wird sagen: »Das gefällt mir«, ein anderer: »Das gefällt mir nicht«. Das ist der ewige Widerstreit der Gegensätze. Der Verstand allein wird nichts verstehen. Ebenso sind Worte allein wertlos. Ohne Intention werden sie nicht richtig angewendet und ihrem ursprünglichen Zweck nicht gerecht.

Der Verstand hat noch eine andere wichtige Eigenheit. Der Verstand kann Veränderung nicht akzeptieren. Er kann es einfach nicht. Der Verstand hält fest, denn er kann Veränderung nicht verstehen. Jemand sagte einmal über Meditation, sie lasse den Verstand in der Liebe ertrinken, verbrenne ihn im Feuer der Liebe. Wenn wir nur ihn benutzen, wird der Verstand zur Waffe gegen uns selbst. Richtig verstanden aber und bewusst eingesetzt, wird er zum Instrument des Werks Gottes.

Verfügen wir über das unveränderliche Ich, das den Verstand beobachten kann – das den Verstand, die Emotionen, die Gefühle und den Körper nutzen kann, ohne sich von ihnen benutzen zu lassen? Haben wir wirklich so etwas wie dieses sogenannte beständige Ich? Haben wir das überhaupt schon einmal in Betracht gezogen?

Wenn wir weiterkommen wollen, brauchen wir Wissen. Das bedeutet natürlich die Erkenntnis unserer selbst. Es wird gesagt, dass wir, wenn wir uns selbst kennen, alles haben, was wir je brauchen werden. Nach den Sternen zu greifen, ist nicht genug. »Nach dem Alltäglichen« wäre treffender. Viel besser ist es, nach der Erde zu greifen. Wenn jemand die Wahrheit kennt, weiß er, dass *diese* Welt die Auferstehung ist.

Wir sind hier als Treuhänder unseres Planeten. Doch wenn wir nur zerstreut hin- und herrennen, sind wir ziemlich unnütz. Irgendwie müssen wir unsere Gewohnheiten kontrollieren und durch den Tod dessen, was wir zu sein glaubten, zum Leben erwachen. Dann wird uns das Wissen gegeben werden.

Wir müssen in jeder Minute, zu jeder Stunde des Tages Opfer bringen. Wenn wir den Beobachter einschalten, können wir das jeweils notwendige Opfer erkennen. Erinnert euch daran, dass der Verstand Veränderung nicht verstehen kann. Der Verstand sieht nur scheinbare Veränderung. Wir aber wünschen uns gewiss wahre Veränderung, die jetzt so notwendig ist. »Opfer« ist ein großes Wort. Es ist wahrscheinlich auch das, was wir am wenigsten hören wollen.

Es ist möglich, über Konzepte, über den Verstand und schließlich über das Bewusstsein selbst hinauszugehen. Deshalb ist es notwendig, die Leiter des Verzichts emporzusteigen. Jeder Schritt auf dem Weg des Opfers eröffnet uns die Möglichkeit, nach und nach das wahre Wesen des Heilens zu verstehen. Heilen bedeutet »ganz werden«. Wenn wir einen Lehrer oder sonst jemanden haben, dessen Tritt kräftig genug ist, werden wir jeden Tag daran erinnert, dass der Verzicht zur Illusion wird, wenn wir ihn für uns selbst leisten. Wenn wir nur für uns selbst Opfer bringen, spiritualisieren wir am Ende statt des Herzens nur das Ego.

Nun, was können wir also als Opfer tun? Warum sollten wir es überhaupt tun, wenn es nicht für uns selbst ist? Sind wir imstande, einen Garten anzulegen für die nächsten zweihundert Jahre? Nicht für uns, sondern für künftige Generationen? Für den Verstand ist es schwierig, an der Einsicht in die Notwendigkeit des Opfers festzuhalten – selbst des Opfers für unsere Kinder. Das einzige wahre Opfer findet statt, wenn wir keinen Gegenwert erwarten. Alles, was wir als Gegenwert erwarten, ist Illusion. Es ist immer noch ein Konzept und damit Müll.

Gerade wenn wir beginnen zu verstehen, stolpern wir über einen interessanten Plan oder ein Konzept, das verheißt, uns aus dem Schmerz, den wir fühlen, herauszuführen. Wir klammem uns an das, was ich den »letzten Mist« nenne – unsere Vorstellung von Gott. An diesem Punkt besteht größte Gefahr. Der Mensch kann in eine Lage geraten, der er nicht mehr entkommen kann. Er gleicht dann einer Fliege in einem Glas Honig und ist möglicherweise wirklich nicht mehr fähig, sich zu befreien. Wir können von unserem Konzept von Gott in die Falle gelockt werden oder von der Vorstellung, selbst etwas zu wissen, was andere nicht wissen, oder von der Annahme, wir seien im Besitz eines besonderen Geheimnisses, das uns zu dem führen wird, was wir für Gott halten.

Wie oft haben wir das schon in unseren persönlichen Beziehungen so gemacht. Wir hatten ein Konzept von der anderen Person oder davon, wie wir sie haben wollten. Dann holten wir tief Luft und überließen uns dieser Vorstellung. Später haben wir uns gewundert, warum wir so unglücklich waren. Das ist nicht Liebe, sondern eine subtile Projektion des Verstandes. Wenn wir zur Erkenntnis Gottes gelangen wollen, dürfen wir Ihn nicht begrenzen, indem wir eine Vorstellung auf Ihn projizieren und uns diesem Bild dann ausliefern.

Wir werden Gott nur finden, wenn wir uns ernsthaft danach sehnen. Wir können nicht erwarten, dass Er zu uns kommt. »Wenn du einen Schritt auf Gott zugehst, geht Er dir zehn Schritte entgegen.« Wir müssen den ersten Schritt tun. Wir müssen suchen, um zu finden. Und wir müssen wissen, dass die Tür immer geöffnet ist.

In diesem Augenblick ist das Leben der einzige Lehrer. Alles, was wir tun können, ist, Schüler des Lebens zu sein und zu unserem Platz im großen Plan zu erwachen. Methoden tauchen auf, die uns bis ans Ufer drängen können – bis zur Schwelle des Verstehens. Den Wassern des Lebens übergeben können sie uns nicht. Diesen Sprung können die Menschen nur selbst wagen. Alle Systeme, alle Formen der Religionen waren in der Vergangenheit unendlich nützlich, um uns an genau diesen Punkt zu bringen: wo wir endlich bereit sind, all das preiszugeben, was wir zu sein glauben. Dann endlich können wir entdecken, wer oder was wir wirklich sind. Wir gelangen zur Erkenntnis des Selbsts.

Die Suche nach Identität

8

Was also ist der Mensch? Die suche nach Identität auf dem innersten Grund unseres Seins erzeugt ein Paradox. Anfänglich führt alles andere uns von uns selbst weg. Am Ende dann werden wir zu unserem wahren Selbst zurückgeleitet und erkennen, dass unsere wahre Natur eine besondere Ausprägung des Einen ist, der unwandelbaren Essenz allen Lebens. Die Entdeckung unseres essenziellen Selbsts ist das Ergebnis des stetigen Absterbens der Welt der Illusion. Nur das, was wesentlich ist, überlebt. An diesen Punkt des Wissens können wir nur durch bewusstes Leiden gelangen und durch die Preisgabe der Illusionen über uns selbst. Dies erfordert bedingungslose Hingabe an ein Leben des Dienens für Gott und die Menschheit.

Der Mensch hat seinen ganz besonderen Platz im Gesamtbild des Universums. Es heißt: »Was die Pflanze unbewusst tut, muss der Mensch bewusst tun.« Auf der Stufenleiter des Seins hat der Mensch die Wahl, auf einer unbewussten Stufe zu verharren und wie ein Tier zu funktionieren, oder zur Kenntnis des Naturgesetzes zu gelangen. Schließlich kann er daran teilhaben, in Übereinstimmung mit diesem Gesetz einen Impuls zu geben. Auf der höchsten Stufe gibt es nur *ein* Gesetz, *ein* Absolutes Sein. An einem bestimmten Punkt jedoch kann das Gesetz auf der Erde nur durch die Zustimmung des Menschen erfüllt werden. Wir sind als Menschen verpflichtet zu sagen: »Oh Herr, nicht mein, sondern Dein Wille geschehe.« Dies ist der Schlüssel zum Weg des Dienens und der Hingabe. Ohne den Menschen, der sich des Gesetzes und seines Platzes innerhalb der Seinsstufen bewusst ist, kann auf Erden nur ein blasser Abglanz der Vollkommenheit und Herrlichkeit des Gesetzes offenbar werden.

Ein Blick auf unseren heutigen Planeten zeigt deutlich, dass mangelndes Verständnis, gepaart mit Dummheit und Gier, den Menschen zu dessen Vergewaltiger gemacht hat, anstatt ihn – wie es Adam aufgetragen war – Treuhänder der Erde sein zu lassen. Die Erde ist die Mutter, die Frau, die den Samen in ihrem Leib trägt, der wieder dem Licht entgegenwächst. Wir haben die Mutter bestohlen, die klaglos die Plünderungen der Vergangenheit ertragen hat und uns erst jetzt das Resultat unserer Dummheit offenbart. Jetzt ist es für den Menschen an der Zeit, die Frau zu verstehen und die schöpferische weibliche Energie, sodass er lernen kann, die Energie der Erde mit Hilfe kosmischer Kräfte umzuwandeln und so die Geburt eines goldenen Zeitalters einzuleiten – den zweiten Zyklus der Menschheit.

Ich bin davon überzeugt, dass sich die Menschheit heute mit ganzem Herzen dem Weg des Dienens widmen muss. Damit einhergehen muss das Verständnis der weiblichen Energie. Doch wir sollten uns nicht auf den Weg des Dienens begeben, ohne vorher Gleichgewicht und Harmonie hergestellt zu haben zwischen männlicher und weiblicher Energie, zwischen Yin und Yang. Dies würde am Ende nur zu Disharmonie führen, selbst wenn man es an der Oberfläche nicht gleich sieht. Bis jetzt wurde die westliche Welt von der männlichen Kraft bestimmt. Nun übernimmt der Osten die Rolle des Männlichen in der Welt, während der Westen sich der weiblichen Kraft zuwendet. Das geht ähnlich vor sich wie bei unseren Gehirnhälften, die sich ebenfalls in der Dominanz abwechseln. Wir müssen jedoch aufpassen, dass die Frau nicht einfach die Rolle übernimmt, die vorher vom Mann ausgefüllt wurde. Wir brauchen jetzt keinen Rollentausch, sondern eine andere Einstellung zur weiblichen Energie.

Wir können das große Opfer bringen, alles preiszugeben, was wir zu sein glauben, sodass wir endlich entdecken können, wer oder was wir wirklich sind.

Damit meine ich nicht das äußerliche Gleichgewicht zwischen Mann und Frau, sondern die grundlegenden Kräfte, die Mann und Frau, Himmel und Erde gemeinsam sind. Was immer wir in der äußeren Welt sehen, hat seinen Ursprung in dem, was in den inneren Bereichen unendlicher, ineinander verwobener, vibrierender Lichtwelten existiert. Allzu lange haben wir im Westen nur die dominierende männliche Kraft beachtet. Dies führte zu großartigen technologischen Fortschritten, während wir für die Bedürfnisse des Weiblichen, der Erde selbst blind gewesen sind und destruktiv gegenüber diesem wunderbaren Planeten, der unsere Heimat ist.

Vielleicht haben wir die Fähigkeit verloren, zuzuhören und zu empfangen. Wir müssen jetzt lernen, unsere Gefühle mit unserem Handeln in ein Gleichgewicht zu bringen. Wenn wir überhaupt überleben wollen, müssen wir jetzt lernen, auf die Bedürfnisse der Erde zu hören. Wir müssen wissen, dass wir, wenn wir tatsächlich zuhören, erfahren können, was getan werden sollte. Aus der alchimistischen Hochzeit, die bisher noch niemals vollzogen wurde, wird die zweite Geburt hervorgehen, das goldene Zeitalter oder der zweite Zyklus der Menschheit. Die Menschheit selbst ist der Katalysator, der zur notwendigen Transformation beitragen wird.

Um zur ersten Stufe der Verwirklichung zu gelangen, müssen wir die Lebenskraft kennenlernen. Wir müssen anfangen, innerhalb einer Gruppe zu dienen, und wir müssen lernen, in unseren Körpern zu leben, ohne ihnen verhaftet zu sein. Um unsere wahre Identität zu erkennen, müssen wir das Instrument kennen, das uns gegeben wurde, und die Lebenskraft, die Mutter. Dann können wir damit beginnen, mit den drei Welten zusammenzuarbeiten – doch das ist nur möglich, wenn wir wach sind – wach dafür, wer wir sind.

Das Wesen des Menschen ist dreifaltig. Die drei Welten sind in ihm als Mikrokosmos vertreten, und diese Entsprechung ist einzig und allein im Menschen zu finden. Es gibt drei Zentren, die die Aktivitäten des Menschen bestimmen und durch die er wirken kann, wenn er sich seines wahren Wesens wirklich bewusst ist: das Bewegungszentrum, das Gefühlszentrum und das Denkzentrum. Aufgrund der etwas ›ver-rückten‹ Psyche des ›normalen‹ Menschen arbeiten diese Zentren selten in Harmonie miteinander. Ein Zentrum verfügt immer über mehr oder weniger Energie als die anderen, und wir können die verschiedenen Menschentypen danach charakterisieren, durch welches Zentrum ihre Aktivitäten am meisten bestimmt sind.

Eine andere Möglichkeit, die dreigliedrige Natur des Menschen zu betrachten, besteht darin, sich auf drei feinstoffliche Körper zu beziehen: auf den ätherischen Körper, der mit den Empfindungen zu tun hat (nicht mit den Sinnen), auf den Astralkörper, der mit den Gefühlen zu tun hat, und auf den mentalen oder kausalen Körper, der mit dem objektiven Verstand zu tun hat. Das ätherische Lichtnetz umgibt das, was den physischen Körper ausmacht, der aus Feuer, Erde, Luft und Wasser besteht. Die ätherische Substanz kann als kompliziertes Netz gesehen werden, durch das

Energie über die verschiedenen feinstofflichen Zentren aufgenommen wird, um den physischen Körper zu kräftigen. Der Astralkörper ist unser Bindeglied zur Astralebene. Er lädt den physischen Körper mit Gefühlen auf. Der mentale Körper verknüpft uns durch Ideen (nicht durch gewöhnliche Gedanken) mit der Kausalebene. Er verbindet uns mit der Quelle objektiver Vernunft und objektiven Wissens.

Wir alle wissen, dass die physische Form empfänglich ist für Empfindungen, Gedanken und Gefühle beziehungsweise auf diese reagiert, dass sie jedoch nicht die Ursache dieser Reaktionen ist. Der Weg zur Freiheit liegt in der Erkenntnis, dass das essenzielle Selbst zentraler ist, als es irgendein Gedanke, ein Gefühl oder eine Empfindung je sein kann. Lasst uns die drei Körper segnen und sie mit Licht reinigen, voller Dankbarkeit, dass wir sie benutzen dürfen. Lasst uns aber auch erkennen, dass wir mit diesen Körpern nicht identisch sind.

Wenn wir nicht unsere Gedanken, nicht unsere Gefühle und nicht unsere Empfindungen sind, wer oder was sind wir dann? »Suchet zuerst nach dem Reich Gottes« bedeutet, wir sollten uns nach innen wenden und uns von unserer Identifikation mit den Hüllen, die uns umgeben, befreien. Indem wir in uns langsam jede Vorstellung von dem auflösen, was wir denken, fühlen oder empfinden, können wir eines Tages jenen großartigen Augenblick erleben, in dem wir über unsere eigene Identität Gewissheit haben. Dann können wir die *eine* Absolute Existenz bejahen, der alles Leben entspringt. »Sei still und wisse, dass Ich, Gott, in dir bin.«

Falls dem Menschen ein besonderer Platz innerhalb der kosmischen Ordnung zukommt, dann muss es innerhalb dieser Ordnung auch das Wissen geben, wie er seine Mission erfüllen kann. Im absoluten Sinne ist jedes Wesen ein Teil der Umwandlungsarbeit. Aber meistens wird erst im Tod ausreichend Energie für diesen Prozess freigesetzt. Manche Menschen verfügen über besondere Gaben, die gefördert werden können, sodass sie dann bewusst das Wirken dieses Gesetzes unterstützen können. Doch dazu müssen wir verstehen, dass es nur ein Sein gibt. Dann müssen wir herausfinden, wo das Gesetz wirksam ist, und uns darin üben, stark und anpassungsfähig genug zu sein, um bei der Entfaltung dieses Gesetzes mitzuwirken.

Der Pfad der Rückkehr

9

Wenn der Mensch sein Selbstbild ebenso aufgibt wie seine Vorstellung davon, was getan werden sollte, um mit der Ursache aller Schöpfung in Berührung zu sein, dann wird sein kleines »Ich«, sein Konzept von Identität, sich nach und nach auflösen. Er wird in den Strom der Manifestation gestellt, der vom Unsichtbaren zum Sichtbaren, vom Sein zum Werden führt. In dem Maße, wie er von sich selbst gibt, bekommt er das Werkzeug zurück, das er benötigen wird, um beim großen Plan zu helfen. Er bekommt, was er braucht, und das ist, was Gott braucht, um Sein Werk hier auf der Erde zu vollbringen.

Der andere Aspekt dieses Prinzips wurde »der Pfad der Rückkehr« genannt. Vor vielen Jahren war es ein ganz herrliches Gefühl für mich zu wissen, dass ich einen Weg eingeschlagen hatte, der mich zu Gott zurückführen würde. Damals hatte ich von der wahren Natur des Selbsts keine Ahnung. Es schien mir, als würde mein suchendes »Ich« in die Arme des Geliebten zurückkehren. Ich würde eins sein mit Ihm, und alles wäre gut. Einfach ausgedrückt geschieht auch genau das. Niemand kann uns sagen, wer wir sind; doch wenn wir auf dieses Wissen stoßen, bringt der »Pfad der Rückkehr« ein Gefühl der Verantwortung mit sich, das vorher durch das illusionäre Selbst verhüllt war. Dann werden wir vor die Wahl gestellt, entweder in der Totalität allen Lebens zu versinken, oder aber, dem Ruf des Menschseins folgend, bewusst zum Wirken Gottes beizutragen.

Das Gesetz der gegenseitigen Erhaltung des Planeten hat zwei Seiten. Diese beinhalten die zyklische Manifestation eines Prinzips, den nach oben und unten gerichteten Prozess, Evolution und Involution. Im ersten Fall opfert der Mensch alles, was er zu sein glaubt, im Gebet und in der vollständigen Unterwerfung unter den Willen Gottes. Im zweiten Fall dient er als Kanal, durch den dieser Wille auf der Erde manifestiert werden kann. Was opfert der Mensch im Gebet? Oder anders: Was kehrt durch das Gebet des Menschen zurück? Kehren alle Kreaturen Gottes zu Ihm zurück, indem der Mensch seinen persönlichen Willen aufgibt? Könnte es sein, dass alles Leben nur durch den Menschen den Weg der Rückkehr gehen darf? Das kann, wie wir wissen, kein einseitiger Prozess sein.

Einheit ist nicht das eigentliche Wunder. Das Wunder besteht darin, dass da das »Viele« sein kann, oder »jedes«, und innerhalb des »Einen« oder »von allem« erscheinen kann. So wie das Viele danach verlangt, sich zu manifestieren, so sucht es auch, wenn es einmal manifest geworden ist, die Wiedervereinigung mit dem Einen oder mit »allem«. Der Mensch ist der Mittler zwischen dem Einen und dem Vielen. Als solcher wirkt er als Ventil, das den Dingen den Eintritt in die Schöpfung ermöglicht, indem er sagt: »Ich will«, und das ihnen ebenfalls ermöglicht, sich mit dem Einen wieder zu vereinigen. Der Mensch ist für Gott, was die Pupille für das Auge ist. Durch den Menschen, den vollkommenen Menschen, schaut Gott auf seine Kreaturen, erbarmt Sich ihrer und erfüllt sie mit Dasein.

Der Mensch ist der Mittler zwischen dem Einen und den Vielen.

Die Antwort auf die Frage nach der Rolle des Menschen beim Pfad der Rückkehr kam mir bei diesem Satz: »Bitte erinnere dich, sie wissen nicht, dass du sie erkennen kannst.« Das bedeutet, dass keines der Geschöpfe Gottes weiß, dass Er sie sehen kann, dass Er sie kennt und ihnen Sein Sein verleiht durch den Menschen, der sie erkennt. Doch was kann der Mensch in anderen Kreaturen erkennen? »Erkennen« meint nicht nur die äußere Form, den sichtbaren Aspekt, sondern die inneren Qualitäten der Kreatur. Ein Baum weiß nicht, dass wir seinen Wert erkennen können, ebenso wenig wie ein Fisch, ein Tier oder ein Vogel. Wissen die verschiedenen unsichtbaren Wesen, die unseren Körper, unsere Gefühle, unseren Verstand formen, dass wir sie erkennen können? Die Vielen fühlen sich isoliert und von ihrer Quelle getrennt. Sie kämpfen miteinander um ihr Leben oder ignorieren einander. Denkt an die endlosen Kämpfe und Abgrenzungsgefechte in menschlichen Beziehungen, die nur daraus erwachsen, dass wir die inneren Werte anderer Menschen nicht erkennen. Es wäre großartig, wenn wir diese Fähigkeit, die Einheit allen Lebens zu erkennen, kultivieren könnten. Nur durch das Erwachen der schlummernden Aspekte der Einheit können wir den Schmerz und die Qual des Vielen auflösen, das in seiner Illusion der Getrenntheit und seinem Gefühl der Zurückweisung gefangen ist. Das Viele ist wie Dornröschen. Es sehnt sich danach, durch den »Kuss« des Prinzen, des Menschen, geweckt zu werden, sodass es den Pfad der Rückkehr antreten kann. Wenn in einem Menschen ein echtes Licht brennt, werden alle Geschöpfe zu ihm kommen, wie die Falter zur Flamme. Nur durch das Licht des Wissens um den Einen können die Geschöpfe zu ihrer Quelle und wahren Heimat zurückkehren.

Einmal, während ich einen Vortrag hielt, landete ein riesiger orangefarbener Schmetterling auf meiner linken Hand. Plötzlich war sehr viel Liebe in der Gruppe, und wir sagten dem Einen Dank für dieses Zeichen. Der Schmetterling flog in der Gruppe herum, kam zu mir zurück und landete auf meinem Knie. Er kam auch noch ein drittes Mal, als sei er voller Freude. Schließlich schraubte er sich langsam immer höher in den Himmel, bis wir ihn über dem Hudson aus den Augen verloren. Ein wenig später, als ich in Aspen, Colorado, einen Freund besuchte, erklärte ich gerade das gleiche Konzept. Plötzlich waren wir von Vögeln umgeben, die aus ihren Bäumen herabzukommen schienen, um an dem großen Augenblick teilzuhaben, da wir zur Erkenntnis der Reiche Gottes gelangten. Dann kamen kleine Tiere aus den Felsen, und wir standen dort, lobten und priesen die Wunder der Gottesreiche, jener immateriellen, schimmernden Essenz allen Lebens, die alles durchdringt und erfüllt. Der Schlüssel liegt in dem Wort »Erkenntnis« – der Erkenntnis, dass wir schon immer mit dem Göttlichen eins waren, es aber im Laufe der Äonen vergessen haben und aus diesem Grund daran arbeiten müssen, uns wieder zu erinnern, wer wir waren, sind und in Ewigkeit sein werden. Wir sind dafür verantwortlich, das in uns Liegende zu schulen, damit es für diese Erkenntnis empfänglich wird.

Der Mensch hat seine Verantwortung gegenüber der Lebenskraft, der weiblichen Energie, vergessen. Er hat den »Geist der Materie« eingeschläfert und ihm den Pfad der Rückkehr versperrt. Erst jetzt beginnt er, das Ergebnis seiner Vergesslichkeit zu sehen, jetzt, da die Erde dem Tod nahe ist. Das fehlende Gleichgewicht der Energien – wenn der Mensch das doch nur sehen könnte – zwingt uns zu großer Eile bei den für die Rettung des Planeten notwendigen Maßnahmen. Wenn der Mensch zu seiner wahren Identität erwachen kann, wird er wissen, dass er selbst der Prinz ist, und wird sich der schlafenden Prinzessin erinnern – vielleicht noch rechtzeitig, um sie ins Leben zurückzuküssen, auf den Pfad der Rückkehr.

Die Welt der Natur ist eine Kraft, mit der wir rechnen müssen, denn durch die Vergesslichkeit des Menschen gegenüber seiner Verantwortung wurde sie blockiert. Da der Mensch seine Identität vergessen hat, kommt er seiner Aufgabe der gegenseitigen Erhaltung des Planeten nicht nach. Die Kräfte der Elementarwelt versuchen zurückzukehren, auf welchem Wege auch immer, selbst wenn dies bedeuten sollte, sich eines menschlichen Körpers zu bemächtigen. Doch wenn der Mensch imstande ist, wieder zur ureigensten Verantwortung seiner Stellung zu erwachen, wird es ihm auch möglich sein, die Unterstützung der Elementarwelt zu gewinnen. Die Wesen der Elementarwelt sehnen sich danach, nach Hause zurückzukehren! Sie sehnen sich danach, mitzuwirken beim großen Plan, wenn der Mensch sie nur ließe.

Was wir jetzt brauchen, ist ein Verstehen dessen, was man »bewusste Liebe« nennen könnte. Liebe ist die treibende Kraft der gesamten Schöpfung. Sie ist die stärkste und grundlegendste Kraft im Universum. Wir müssen fähig werden, die Kraft der Liebe bewusst zu verankern und einzusetzen. Das ist nur möglich, wenn wir wissen, wer und was wir sind. Wir müssen den Ort in uns aufspüren, der »Seele« genannt wird, jene Substanz, die um unsere essenzielle Einheit mit der einen Quelle weiß.

Liebe – die absolut ist – teilt sich in zwei Aspekte, sobald das Wort »ich« gesprochen wird. »Das Eine teilt sich, um sich zu vereinen«, und diese Teilung ist das Geheimnis der Dreifaltigkeit. Das Eine teilt sich, um die Zwei zu schaffen, die unmittelbar die Drei hervorbringt. Drei Kräfte sind notwendig, um etwas zu manifestieren. Aus der Dreiheit entstehen die Myriaden von Wesen, die innerhalb des Körpers Gottes existieren. Das ist das Reich Gottes. Die Verantwortung des Menschen besteht darin, die Bedeutung des Einen zu kennen oder des Wortes »ich«. In diesem Wissen lässt er seine Rolle als Tier hinter sich, um das unsterbliche Erbe der Seele anzutreten, das vollkommene Freiheit ist und Kenntnis des essenziellen Selbsts.

Wir haben die Verantwortung vergessen, die darin liegt, das Wort »ich« auszusprechen. Wenn wir nur erwachen könnten zur Wahrheit unseres Wesens – die durch den Verstand, so wie wir ihn kennen, nicht begriffen werden kann –, würden wir lernen, vorsichtiger und achtsamer zu sein, wenn wir sagen: »Ich liebe dich«.

Wenn wir diese Worte aussprechen, bringen wir eine Kraft ins Spiel, die vorher nicht da war; eine Kraft, die ihre eigene Aufgabe hat, unabhängig von der unseren. Diese Kraft ist das unsichtbare Reich, das seine Aufgabe auf der Elementarebene fortführt, bis der Mensch zur Umkehr bereit ist. Nur indem wir »ich« sagen, kann sich der Pfad der Rückkehr öffnen.

Es ist nicht schwierig, das Wirken dieser Kraft in unserem täglichen Leben zu beobachten, das größtenteils von »unseren« Begierden bestimmt wird. Wir vermeinen, im Einfluss der Elementarwelt »unsere« Gedanken, »unsere« Gefühle und »unsere« Entscheidungen zu sehen. Wir glauben, wir seien – auf irgendeine Weise – ihre Urheber. Unser Leben läuft nach einer ganzen Reihe von Gewohnheitsmustern ab, die zu durchbrechen wir unfähig scheinen. Wir bringen vielfältige Krankheitssymptome hervor, die sich recht unterschiedlich äußern. Fast immer entspringen sie der gleichen Quelle, dem Mangel an wahrer Identität, aus der heraus wir die Verantwortung übernehmen können, »ich« zu sagen. Solange wir nicht wissen, wer wir sind, folgen wir blindlings den Kräften des Schicksals. Wir sind die Gefangenen einer Art falscher Schwerkraft und werden vielleicht ganz am Ende unseres Lebens aufwachen und erkennen, dass wir in Wirklichkeit nichts getan haben.

Der Ausweg aus dem Dilemma, der Elementarwelt ausgeliefert zu sein, besteht darin, den Weg des Dienens einzuschlagen. Wir alle wissen, dass, wenn wir für das Wohlergehen anderer sorgen, an andere denken, uns selbst hintanstellen, plötzlich etwas anders ist. Da ist ein Gefühl der Befreiung, Freiheit von der Tyrannei der Gedanken und der egozentrischen Gefühle. Sobald wir für den Weg des Dienens offen sind, werden wir sofort von Licht erfüllt und vom Kokon der Gewohnheiten befreit, die unser essenzielles Selbst verhüllen. In dem Maße, in dem wir beginnen, das Gesetz des Dienens zu verstehen, werden wir geboren. Nur durch beharrliche Anstrengung und immer neue Bejahung unserer Bereitschaft können wir auf Dauer von den Gewohnheitsmustern befreit werden, die unser wirkliches Leben verhindern. Wenn wir unser Leben der Arbeit auf dem Pfad des Dienens weihen – und zwar nicht zu unserem eigenen Nutzen –, werden uns unmittelbar Wesen einer ganz anderen Ordnung helfen, deren Aufgabe es ist, dafür zu sorgen, dass die gegenseitige Erhaltung des Planeten stattfinden kann. Aber nur wenn der Mensch ganz bewusst »Ich will« sagt, ist, als Akt der Liebe, die Mitwirkung dieser Kräfte möglich.

Eine Art »Kuppel« trennt den höheren vom niederen Menschen. Diese Trennwand befindet sich im Bereich zwischen Solarplexus und Herz. Verspannungen und Verhärtungen verhindern den Energiefluss durch den Menschen, vom Himmel zur Erde und zurück. Das Lockern dieses Filters, der »Kuppel«, ist ein wichtiger Teil der Arbeit, die ein Mensch leisten muss, um frei zu werden für sein Mitwirken am großen Plan. Dieser Plan kann nur in dem Maße durch ihn verwirklicht werden, in dem seine Widerstände dahingeschmolzen sind.

Die erste Stufe dieses Prozesses, das »Werden des Seins«, ist erreicht, wenn wir durch Arbeit an uns selbst zum ersten Mal die Schwelle überschreiten und darangehen, unseren Schwerpunkt vom Solarplexus ins Herzzentrum zu verlagern. Wird dieser Prozess korrekt durchgeführt und sind alle Zentren im Gleichgewicht, dann eröffnet sich uns ein Seinszustand, in welchem der nicht wertende Beobachter des Wirkens der Naturgesetze innewerden kann. Diese Bewusstheit wird in Gehirn und Nervensystem eine gewisse Art von Energie freisetzen, die in uns schlummernde Kräfte jenseits der normalen sechs Sinne erweckt (der Intellekt wird als Kraft oder Sinn gesehen). Das, was dann plötzlich hervorsprudelt, wird »Einsicht« oder »Offenbarung« genannt. Sie geht einher mit dem Öffnen des Herzens in bewusster Liebe und bewusstem Dienen.

Das Herz kann erst dann geöffnet werden, wenn wir lange genug an uns selbst gearbeitet haben, um von der illusionären Vorherrschaft unserer Tiernatur befreit zu sein. Während dieses Prozesses löst sich die Geometrie unserer gewohnten Muster auf, sodass in unserem Inneren ein nach oben gerichteter Energiefluss entsteht – ein Fluss der Rückkehr.

Es ist offensichtlich, weshalb die alchimistische Hochzeit von Himmel und Erde im Herzen des Menschen stattfinden muss. Solange wir uns nicht ändern, kann nur ein kleiner Teil der Lebensenergie zur Quelle zurückkehren. Wenn wir das verstehen, können wir die Schocks willkommen heißen, die uns verabreicht werden, um uns zu schmelzen und uns durch das Nadelöhr zu treiben. Wir werden erkennen, dass unser bewusstes Leiden für den evolutionären Prozess des Planeten notwendig ist.

Ein altes Sprichwort lautet: »Der Zorn der Hölle ist nicht so schrecklich wie der einer verschmähten Frau.« Und in der Tat gibt es keine unbändigere Wut als die der unverfälschten Lebenskraft, die zurückkehren möchte, aber wieder und wieder durch die Vergesslichkeit des Menschen daran gehindert wird. Was wissen wir denn vom Bewusstsein unseres eigenen Planeten in gerade diesem Augenblick?

Alle Gebete beginnen mit Lobpreisungen, und durch das Gebet wird die Spirale der Evolution in Bewegung gesetzt. Wahre Evolution beginnt und endet mit Lobpreisungen der Schönheit der Schöpfung Gottes und in zutiefst empfundener Dankbarkeit, dass wir bewusst an Seinem Wirken teilhaben können. Mit der Erkenntnis, dass der Mensch das manifestierte Bewusstsein Gottes ist, werden wir uns der Einheit in der Vielfalt bewusst und der Freude, die darin liegt, dass wir, jeder auf seine Weise, mit Gottes Plan zusammenarbeiten können. Wir brechen durch in unbekannte Regionen. Eine neue Welt liegt vor uns, ein goldenes Zeitalter, das aus der Dunkelheit auftaucht. Nur durch den vollendeten Menschen kann das Gesetz manifest werden. »Ich war ein verborgener Schatz und liebte es, erkannt zu werden; so erschuf Ich die Welt, auf dass Ich erkannt werde« (Hadith des Propheten Mohammed; mögen der Frieden und der Segen Gottes mit ihm sein). Von Anfang an wollte Gott Sich selbst in Seinem Diener, der Menschheit, wiedererkennen.

Notwendigkeit des Willens

10

Wenn wir Liebe lernen, werden wir Willen haben. Der Wille ist der Beginn des ersten Schrittes auf der langen Reise vom Glauben zum Wissen. Die Herrschaft über unseren eigenen Willen ist die Pforte, die zum Dienen führt. Wenn wir uns dafür entscheiden können, Gottes Willen in uns geschehen zu lassen, stehen wir in Seinem Dienst.

Wenn wir Willen haben, können wir ihn dafür einsetzen, loszulassen und ein Instrument Gottes zu sein. Wir können (wie ein Auto) gelenkt, statt von äußeren Erscheinungen herumgeschoben und abgeschleppt zu werden.

Der Wille ist die Fähigkeit, unserer Verantwortung und Verpflichtung gerecht zu werden, das heißt, unsere Verantwortung zu kennen und ihr gemäß zu handeln. Es ist die Fähigkeit, keine Zeit mit Fragen oder Nachdenken darüber zu verschwenden, was Verantwortung ist oder sein sollte, sondern vielmehr auf allen inneren Ebenen zu wissen. Willen zu haben, macht es uns möglich, auf die innere Stimme als Autorität zu hören und uns so freizumachen von der chaotischen Dissonanz äußerer Autoritäten oder des sozialen Drucks.

Wenn wir lernen, Willen zu haben, liegt ein wichtiger Faktor darin – zumindest war das bei mir so –, zu verstehen und wahrzunehmen, dass wir geliebt sind. In dem Wissen, dass ich in meiner Essenz geliebt bin, liegt der Schlüssel, der mich von den Ketten meines Selbstmitleids befreien kann, in die ich mich immer wieder verstricke: »Ich bin so arm dran, keiner liebt mich, ich kann gar nichts tun…« Wenn ich weiß, dass ich geliebt bin, weiß ich auch, dass es einen Grund für mein Leiden gibt. Es ist, als sei ich ein schwebender Ballon und als sei der Schmerz, den ich empfinde, der Faden, der mich aus der »Realität«, die eine Illusion der Realität war, wieder herunterzieht. Er erinnert mich daran, dass es mehr gibt als meine kleinen Bedürfnisse, die ich meistens nicht loslassen möchte. Für mich ist die Erkenntnis der Liebe der Beginn des Willens.

Mit dem Willen beginnt das Werden des Seins.

Weshalb zucken so viele Leute zusammen, wenn das Wort »Wille« erwähnt wird, und haben Angst, auch nur daran zu denken? Wie kommt es, dass so viele Menschen auf dem Weg der Verwirklichung die Geschenke Gottes noch immer nicht verstehen? Der Wille ist ein Geschenk, ebenso wie all die anderen Eigenschaften, die warten, erweckt zu werden. Weil wir glauben, bereits »Willen« zu haben, greifen wir gar nicht auf das zurück, was in Wirklichkeit unser Potenzial ist, Willen zu entwickeln. Wenn wir nicht wissen, wer wir sind, können wir nicht sagen, dass wir Willen haben. Die Menschen fürchten sich davor, zu eigen-willig zu sein. Sie beten: »Nicht mein, sondern Dein Wille geschehe« und glauben, dabei keine Verantwortung tragen zu müssen. Aber wenn wir uns daran erinnern, dass es *ein* Absolutes Sein gibt, werden wir erkennen, dass die gesamte Schöpfung ein Ausdruck eines Unendlichen Willens ist.

Lasst uns Willen entwickeln, damit wir wahrhaft dienen können.

Es ist für die Menschheit jetzt an der Zeit, zu erwachen und ihren Willen zu entwickeln. Jedes Individuum ist ein einzigartiges Abbild des einen Seins und dafür verantwortlich, die in seiner Seele angelegten latenten Qualitäten und Eigenschaften ans Licht zu bringen. Wenn jeder Mensch seinen Willen entwickelt, wird er der Absicht gerecht, den Willen Gottes auf der Erde zu verwirklichen. In der Menschheit ist Gottes Wille am freiesten. Gottes Wille ist im Menschen frei, wann immer dieser »Ich will« sagt.

Um Willen zu entwickeln, müssen wir sehr viel tun. Als Erstes muss die Absicht vorhanden sein, Willen zu entwickeln. Viel Arbeit ist notwendig, um die Charakterschwächen in uns zu überwinden, die uns allzu leicht von der Absicht ablenken, die jedem von uns bereits gegeben wurde. Wenn wir beginnen, die Einheit allen Lebens zu verstehen, verändert sich die Qualität unserer Vorsätze. Im gewöhnlichen Leben fassen wir einen eher unklaren Vorsatz, dieses oder jenes zu tun, den Boden zu putzen, Geschirr zu spülen, Geld zu verdienen oder ein Buch zu schreiben – aber all diese Absichten beruhen auf unseren Erfahrungen in der Vergangenheit und unseren Erwartungen für die Zukunft. Die Wahl unserer Ziele basiert auf der Vergangenheit, konditioniert von der Illusion falscher Zeit.

Ein wirklicher Vorsatz wird *außerhalb* der Zeit gefasst. Hierin liegt ein großes Rätsel. Wenn wir Teil dieser Welt sind, bestehen wir aus Zeitlichem; wie können wir dann einen Vorsatz außerhalb der Zeit fassen? Die Antwort ist so einfach, dass der Verstand sie gar nicht verstehen kann! Der Verstand möchte analysieren, programmieren, komplizieren, planen und erklären, aber der wirkliche Vorsatz braucht keine Erklärung, ja kann gar nicht erklärt werden.

Die Sufis sagen, dass der wahre Derwisch für seine Handlungen nicht notwendigerweise verantwortlich ist. Dies scheint dem üblichen Verständnis vom Sinn des spirituellen Weges zu widersprechen, doch wenn wir uns die Beschaffenheit einer außerhalb der Zeit gesetzten Intention vergegenwärtigen, können wir erkennen, dass es uns nicht zukommt, darüber zu urteilen, wie diese Intention manifestiert werden wird. Gott weiß es am besten. Er ist der Richter, nicht wir. Ein wahrer Derwisch also kann für seine Handlungen nicht verantwortlich gemacht werden, aber er ist verantwortlich für seine Intentionen. Handlung findet im Leben statt, innerhalb der Zeit, und ist den Gesetzen der Welt unterworfen.

Der Derwisch setzt seine Intention außerhalb von Zeit und gibt dann seinen Willen auf, sodass die Intention durch ihn vollzogen werden kann. Solange die Welt noch nicht frei ist, wird es weiterhin sehr viele Einflüsse geben, die der Verwirklichung der Intention entgegenstehen. Wie ein Blatt im Herbstwind wird die Absicht hierhin und dorthin geweht, sodass niemand genau vorhersehen kann, wo und wie sie landen wird. Der Derwisch weiß, dass das Blatt dorthin geweht wird, wo es hingehört.

Das Blatt mag einem alten Mann im Park in den Schoß fallen, einen Hund überraschen oder ein küssendes Liebespaar am Strand an der Nase kitzeln. Vielleicht wird es an eine dreckige Straßenecke geweht, um ein wenig Farbe auf den schmutzigen Zement zu bringen. Oder spiralförmig aufgewirbelt, um sich zu anderen Blättern zu gesellen. Möglicherweise recht ein Mann es zusammen für Kompost, der dem Wachstum und Weiterbestehen des Reiches Gottes dienen wird. Oder aber es flattert vielleicht ganz allein vom Baum und wird in Humus verwandelt.

Der Derwisch ist gleichzeitig hier und nicht hier. Sein Vorsatz, mit Gott eins zu sein, wird außerhalb der Zeit gefasst, bedingungslos. Er erkennt seine Einheit mit dem Leben, das alle Dinge durchdringt und erfüllt. Jeder Schlag seines Herzens ist ein Pulsschlag des Lebens. Mit dem Schlag seines Herzens entspringen Blätter ins Universum, brechen die Wellen sich im Meer, wechseln die Jahreszeiten, kreist der kosmische Tanz der Sterne, dreht sich die Erde. Er steht, als Bindeglied zwischen Himmel und Erde, im ruhenden Pol der sich drehenden Welt, an der Nahtstelle zwischen Zeit und Zeitlosem, wo der Tanz stattfindet.

An diesem Pol gesellen wir uns dem Derwisch zu mit der richtigen Haltung zum Willen. Im Wissen um die Einheit des einen Willens drückt der Derwisch die Bereitschaft aus, bewusst an der harmonischen Entfaltung der drei Welten mitzuwirken. Nur durch die Zustimmung des Menschen wird diese Entfaltung möglich. Gottes Wille, des Menschen Wille. Wenn der Mensch den Vorsatz fasst, Gott uneingeschränkt zu dienen, findet diese Intention jenseits aller zeitlichen Begrenzungen statt. Das ist der vollendete Mensch; das ist der Mensch, der Gott so vollkommen kennt und liebt, dass jede einzelne seiner Handlungen ein Ausdruck des Willens Gottes ist.

Das Einüben des Willens wirkt als Brücke zwischen dem Ewigen und dem Zeitlichen. Diese Brücke ist die wahre Natur des

Menschen. Sie ist so zerbrechlich, dass wir uns in einem vollkommenen Zustand der Bewusstheit befinden müssen, bevor wir sie überqueren dürfen. Unter der Brücke fließt ein tosender, reißender Strom, der uns hinwegfegen würde in die Bewusstlosigkeit. In diesem Stadium müssen wir uns vollkommen klar sein über unsere Entscheidung, den Willen Gottes zu verkörpern und uns auf das Leben einzulassen. Dies ist der Punkt, an dem wir unseren Willen an den Willen Gottes ausliefern, der Punkt, an den Jesus im Garten Gethsemane gelangte. Dies ist das Stadium, in dem wir ein Gelübde ablegen. Wir geloben feierlich, weiter in der Welt zu arbeiten, um anderen zu helfen, frei zu werden.

Entscheidung

II

Gefahr gibt es überall. Seit dem Sündenfall ist die größte Versuchung immer vorhanden. Jeder einzelne Schritt, den wir tun, bringt irgendeine Gefahr mit sich. Dem können wir nicht entgehen. Wenn wir für einen Augenblick den Fuß heben, stehen wir nur noch auf einem Bein, und das ist gefährlich. Wenn wir nur für den Bruchteil einer Sekunde unsere Augen von der Wahrheit abwenden, springt der Widersacher der Wahrheit – denn er kann nicht anders – sofort in die Bresche.

Wir sollten der Gefahr nicht ausweichen; aber ebensowenig sollten wir das Schicksal herausfordern. Tun wir es doch, wird es uns eines Tages ereilen. Der Grund hierfür mag auf den ersten Blick nicht so einleuchten, aber er ist sehr einfach. Das Schicksal ist ein Aspekt der Ganzheit, der auf eine ganz besondere Weise anerkannt werden möchte. Es kann von sich aus nicht wissen, dass es erkannt ist. Aber tief in seinem Inneren gibt es etwas, das weiß, dies aber vergessen hat oder es nicht annehmen will.

Das Schicksal gleicht einer großen Flutwelle. Überlässt man sie ihrem eigenen Rhythmus, wird sie langsam abebben, und alles wird wieder in Ordnung sein. Aber es wäre Selbstmord, auf einer Flutwelle surfen zu wollen! Es wäre wirklich verrückt, aber genau das tun wir so oft. Wir fordern das Schicksal heraus durch die Art und Weise, wie wir unsere Autos fahren, wie wir mit unserer Verantwortung dem Leben gegenüber umgehen, wie wir unsere Umwelt behandeln, die Erde, die uns Unterhalt gewährt! Aber wir haben es lange genug herausgefordert! Wenn die Entwicklung so weitergeht, wird es nicht mehr lange dauern, bis das Schicksal uns die Verantwortung abnimmt. Die Erde wird sprechen – mit einer Stimme, die lauter sein wird als alle Worte.

Doch wir dürfen der Gefahr nicht ausweichen. Was heißt das? Gefahr entsteht automatisch als Resultat des Entscheidungsprozesses. Es ist unmöglich, eine wirkliche Entscheidung zu treffen, ohne dass Gefahr im Spiel wäre. Wir können nicht einmal entscheiden, mit der Familie und ein paar Freunden zum Essen auszugehen und vielleicht fünfzehn Kilometer bis zu unserem Lieblingsrestaurant zu fahren, ohne dass Gefahr damit verbunden wäre. Das ist einfach nicht möglich. Der durchschnittliche, schlafwandelnde Mensch sieht das aber nicht, und wenn er einen Autounfall hat, das Essen schrecklich ist, das Kind seine Finger in der Suppe verbrennt oder die Batterie seines Autos leer wird, während er mit seinen Freunden isst, dann gibt er der Situation die Schuld. Er gibt sogar unbeseelten Objekten die Schuld, als ob ein lebloser Gegenstand für irgendetwas verantwortlich sein könnte! Die Verantwortung wird überall gesucht, nur nicht im eigenen Inneren. Er hat sich geweigert, die Gefahr zu akzeptieren, die jede Entscheidung mit sich bringt. Denn jede Entscheidung, die irgendeine Handlung herbeiführt, beinhaltet ungezählte Gefahren.

Die beste Art, Angst zu bezwingen, ist, eine Entscheidung zu treffen.

Doch lasst uns das nicht so negativ sehen. Schauen wir uns die Schlussfolgerungen an. Wir sind nicht Mineral, nicht Pflanze, und eines Tages, wenn alles gut geht (!), werden wir auch keine Tiere mehr sein. Was sind wir also, um alles in der Welt? Wir haben Instinkte, Gefühle, Emotionen, aber das ist nicht das, was wir sind. Wenn wir all das nicht sind, müssen wir uns wieder fragen, was wir denn eigentlich sind und worin der Sinn unseres Daseins auf der Erde liegt. Wenn es unsere wahre Bestimmung ist, bewusste menschliche Wesen zu werden, *Hu-manas* – das bedeutet *Hu* (Gott) und *manas* (Geist) – oder Gottbewusste Wesen, dann sind wir im wahrsten Sinne dieses Wortes nicht nur fähig, selbständig Entscheidungen zu treffen, sondern auch zu wissen, wie die Entscheidung und die möglichen Ergebnisse aussehen sollten. Wir sind fähig, Freude zu empfinden, freudig zu leben – etwas, das nur dem Menschen eigen ist. Und kann es denn eine größere Freude geben, als die, die eine bewusst getroffene Entscheidung mit sich bringt?

Freude ist nicht identisch mit dem, was wir »Glück« nennen. Freude ist die Verschmelzung von Wissen und Gefühl, die als Verstehen überströmt. Doch Wissen macht Entscheidung notwendig, und Entscheidung birgt mit Sicherheit Gefahren. »Einem Gnostiker ist es nicht erlaubt, *nicht* zu handeln.«

Heißt die Gefahr willkommen und alles, was sie mit sich bringt! Doch wisst um die Gesetze, die die Gefahr regieren. Verfügt über das Wissen, das aus den Taten der Selbstverleugnung in eurem Leben stammt und aus dem wahren Akt des Dienens. Dann werden euch auch entlang des Weges alle »Helfer« zur Verfügung stehen, um euch heil durch die Gefahr zu leiten.

Gefahr ist, ebenso wie kreative Spannung, notwendig, und zwar so wie die innere Reibung, die die Hitze des Feuers vergrößert. Gefahr öffnet uns. »Das Eine teilt sich, um sich zu vereinen.« Teilung wird uns geschenkt, damit es einen Spiegel gibt, in dem wir uns sehen können, in dem Er Sich selbst in uns sehen kann, in, dem Er Sich selbst erkennt, und durch den wir selbst uns in Ihm erkennen. Also gibt es nur Ihn.

Gefahr lauert an jeder Ecke, wenn jemand eine Entscheidung trifft, die nicht scheinbare, sondern wirkliche Veränderung bedeutet.

Wie bezwingt man Angst?

Die beste Art, Angst zu bezwingen, ist, eine Entscheidung zu treffen. Wenn wir die Angst bekämpfen ohne eine Entscheidung, wird sie nur schlimmer. Angst ist eine Illusion. Auf der niedrigsten Ebene fängt der Verstand an, von einem Ding zum anderen zu rattern, und versucht, sich festzuhalten. Er versucht immer, sich an irgendetwas festzuhalten, und weil er das nicht schafft, empfinden wir Angst. Technisch gesehen kann der Verstand in vierzehn Stufen eingeteilt werden. Wie sie funktionieren, ist nicht wichtig, aber es gibt einen dimensionslosen Energiepunkt, von dem aus der Verstand sich wie eine große Kuppel ausdehnt. Seine einzige Begrenzung liegt darin, dass wir »mein Verstand« oder »dein Verstand« sagen. Das erste Gesetz des esoterischen Weges lautet: »Energie folgt dem Denken.« Daher folgt die Energie, sobald wir »mein

Verstand« sagen, diesem Gedanken. Das ist so, als ließen wir ein bisschen Energie auf einen Punkt des Verstandes strahlen und behaupteten dann, dies sei der Verstand. Leider funktioniert das so nicht, denn ein anderer Teil des Verstandes sagt: »Nein, ich bin hier. Ich bin dort drüben. Ich bin hinter dir.« Als Resultat existiert in unserem Inneren dieser Zustand, den wir »Angst« nennen. Wie andere sogenannte negative Emotionen hat die Angst ihren Sitz im Körper, und zwar im Solarplexus.

Stellt euch vor, auf einer bestimmten Straße sei euch früher einmal etwas zugestoßen und später würdet ihr die gleiche Straße wieder entlangfahren. Wenn das Erinnerungsmuster noch vorhanden wäre, hättet ihr an derselben Stelle Angst, an der der frühere Zwischenfall geschah. Die Angst würde wieder hochkommen. Wenn ihr andererseits eine bewusste Entscheidung getroffen hättet, auf dieser Strecke von hier nach dort zu fahren, dann würdet ihr vielleicht einen leichten Stich spüren, aber einfach weiterfahren.

Entscheidung ist der beste Weg, um Angst zu bezwingen. Wir müssen uns darum bemühen, den Willen im täglichen Leben einzusetzen. Wann immer wir uns in einem Zustand der Angst befinden – der der Ehrfurcht vor Gott genau entgegengesetzt ist –, sind wir verloren, schlafen wir. Sobald wir Angst haben, schlafen wir ein. Da wir alle Menschen sind, kranken wir alle mehr oder weniger daran.

Wir dürfen die Angst nicht fürchten oder uns ihrer schämen, denn wann immer wir uns der Angst schämen, haben wir noch mehr Angst. Zum Beispiel ist da ein Waldbrand, und alle, die hier sind, müssen ihn bekämpfen. Das heißt nicht, dass keine Angst da ist, aber die Angst hindert uns nicht daran, gegen das Feuer vorzugehen. Es gibt etwas zu tun – etwas Wirkliches zu tun. Wir gehen hinaus und handeln, und früher oder später werden wir, indem wir diese Entscheidung treffen, die Angst überwinden.

Wir fangen ganz einfach an: »Was muss getan werden? Wann werde ich es tun? Wie werde ich es tun?« Die Gefahr ist groß, eine Entscheidung zu treffen – wie unbedeutend auch immer – und sie dann nicht auszuführen. Deshalb werden diese Dinge normalerweise nur an Menschen weitergegeben, die bereits einige Zeit an sich gearbeitet haben. Wenn wir eine Entscheidung treffen und sie nicht ausführen, schämen wir uns innerlich. Der Verstand, der Energie ist, möchte etwas zu tun haben. Wenn der Verstand nichts zu tun hat, läuft er Amok. Das führt zu Scham, und diese spielt sich im Bereich des Selbstmitleids ab. Das Resultat ist die Angst, dass ich es jetzt nicht mehr tun kann, Angst, überhaupt nichts mehr tun zu können. Und das alles, weil wir nicht ausgeführt haben, was zu tun wir uns vorgenommen hatten.

Wir können daran arbeiten, jeden Tag eine bewusste Entscheidung zu treffen, und dann wird die Angst sich aufzulösen beginnen. Keiner von uns ist vollkommen, Gott allein ist vollkommen. In uns allen ist die eine oder andere geheime Kleinigkeit versteckt, die uns weitersuchen lässt. Wenn mit uns alles in Ordnung wäre, würden wir nicht mehr suchen. Er fordert uns auf, weiterzusuchen. Er hört unsere Gebete gern. Die höchste Form des Gebets ist der Zustand der Erkenntnis. Erst wenn wir Gott vollständig erkennen, gibt es keine Angst mehr. Es wird gesagt, die Furcht des Herrn sei der Beginn der Weisheit, doch »Wer sich selbst kennt, kennt seinen Herrn.« Die höchste Ebene ist die Erkenntnis Gottes. Je mehr wir lernen und je mehr wir daran arbeiten, Ihn zu kennen, desto weniger Angst wird es geben.

Jede Entscheidung verursacht einen gewissen Grad kreativer Spannung. Innerhalb dieser kreativen Spannung kann Gnade einfließen. Wenn wir uns vom Schicksal benutzen und lenken lassen, gibt es keine kreative Spannung. Das Schicksal übernimmt das Ruder, und wir fühlen uns entweder »gut« oder »nicht gut«. Es mag scheinen, als würde dieses Aufeinanderprallen gegensätzlicher Zustände die notwendige Spannung erzeugen, aber dem ist nicht so. Das ist nur niedere Arbeit, die mit dem emotionalen Körper zu tun hat.

Kreative Spannung sieht anders aus. Sie entsteht aus dem Treffen einer bewussten Entscheidung, und diese Entscheidung ist unwiderruflich. Wir können eine bewusst getroffene Entscheidung nicht zurücknehmen. Wenn wir es dennoch tun, verlieren wir an Willen. Wille und Geist gehören zusammen, und ohne sie sind wir nichts. Wir sind nur Tiere, die Menschsein spielen. Die kreative Spannung gleicht eher einem Hund, der seinem Herrn sehr nahe ist, sich danach sehnt, ihm zu dienen, von ihm anerkannt zu werden, der jedoch nur die Aufgaben erfüllen kann, die man ihm zuweist, sei es als Beschützer oder als Verbündeter.

Deshalb bitte ich jeden von euch, täglich eine bewusste Entscheidung zu treffen, und bitte tut es wirklich. Es liegt nur an uns. Kein anderer kann es für uns tun. Zwar können uns die Methoden aufgezeigt werden, und damit auch eine Möglichkeit zu leben, für die Zukunft unserer Kinder und die gesamte Menschheit – aber kein anderer, ich wiederhole: niemand kann es für uns tun.

Willen entwickeln

12

Wenn wir keinen Willen haben, wie können wir ihn dann entwickeln?

Wenn wir einmal erkannt haben, dass wir keinen Willen haben, neigen wir dazu, uns ganz erbärmlich zu fühlen, weil wir überhaupt nichts tun können. Lasst uns schauen, was »tun« eigentlich heißt. In Wirklichkeit ist es so, dass nur Gewohnheit alle unsere Bewegungen verursacht. Zum Beispiel essen wir, wenn wir hungrig sind, und dann spülen wir das Geschirr. Aber nur sehr selten treffen wir eine bewusste Entscheidung, uns an den Tisch zu setzen, zu essen, aufzustehen und zu spülen. Normalerweise tun wir das einfach aus Gewohnheit. Wir glauben, wir täten tatsächlich etwas. Unsere Kiefer mahlen, wir verleiben uns die Nahrung ein, irgendein Verdauungsprozess findet statt und wir machen weiter.

Lasst uns einmal annehmen, wir seien Architekten. Scheinbar ergreifen Architekten »aus dem Nichts«, aus der visionären Welt, die Möglichkeit, irgendein großes Haus oder Gebäude zu erbauen. Etwas zu tun, bedeutet, Ordnung in die Welt zu bringen. Aber es gibt viele Architekten, die einfach Häuser in die Gegend stellen, ohne jeden Bezug zu anderen Häusern. Das hat nichts mit Kreativität zu tun. Zwar stehen die Häuser nebeneinander, aber untereinander verbindet sie nichts. Die Bauten mögen kreativ sein, aber in Wirklichkeit ist nichts getan worden. Sie haben lediglich dazu gedient, jemandes Ego zu füttern. Dieses Beispiel gilt auch für alle anderen Berufe. Es scheint, als würde etwas getan, aber in Wirklichkeit geschieht nichts. Tun bedeutet, aus Chaos Ordnung zu machen. Die Antwort lautet ganz einfach: Seid wach für Ordnung.

Im Leben eines jeden von uns kommt eines Tages der entscheidende Augenblick, da wir helfen möchten, Ordnung in eine wartende Welt zu bringen. Dies können wir nur tun, wenn wir uns klar darüber werden, dass wir keinen Willen haben. Solange wir nicht einmal etwas so Einfaches wie eine Entscheidung zustande bringen, wo ist da Wille?

Die Gefahr ist groß, in eine negative Haltung zu verfallen, weil »wir keinen Willen haben.« Es gibt zwei Möglichkeiten. Die erste ist: »In mir kommt gerade etwas hoch, und das muss ich durcharbeiten.« Die zweite Haltung hat damit zu tun, »wie ich aufgewachsen bin oder wie ich meine eigenen Kinder erziehe.« Ich persönlich bin der Meinung: Wenn etwas hochkommt, tut man am besten daran, in seiner normalen Tätigkeit weiterzumachen. Es wird hochkommen und verschwinden. Sobald man anfängt, darüber nachzudenken, wird es nur schlimmer. Man sollte Leuten in diesem Zustand einen Pinsel in die Hand drücken und sie auffordern, etwas zu malen. Denkt nicht über Negativität nach. Ihr könnt damit viele Jahre zubringen. Die Lösung liegt darin, weiterzumachen und aufzuhören, sich zu beklagen. Wenn wir jammern, dass wir die Berge nicht sehen können, Gottes Schönheit, oder sonst etwas, dann *ist* es nicht möglich, und wir werden niemals sehen, was getan werden muss. Wenn wir Willen haben, sehen wir, was zu tun ist, und führen es aus. Durch das Jammern lenken wir Aufmerksamkeit auf unsere Illusionen. Wir müssen uns keine Sorgen über Dinge machen, die hochkommen oder herauskommen, wenn wir uns wahrhaft der Arbeit verschreiben, die »ein Leben des Dienens« genannt wird.

Wille hat etwas mit Vollbringen zu tun. Ich habe mich immer gefragt, weshalb Menschen keinen Willen entwickeln wollen. Leider muss ich sagen, dass wir an einen Punkt gelangen können – wenn wir unserer Verantwortung als menschliche Wesen nicht gerecht werden –, wo der Wille, der auf der Erde gebraucht wird, nicht mehr verfügbar sein wird. Es kann darauf hinauslaufen, dass wir von einer bestimmten feinstofflichen Energie so viel verlieren, dass die Möglichkeit, das wahre Potenzial unseres Lebens auf der Erde wiederzuerlangen, nicht mehr existiert. Je früher wir damit beginnen, uns mit dem Wert des Willens vertraut zu machen, desto besser. Wenn wir Menschen vor ihrem achten Lebensjahr von der Bedeutsamkeit der Möglichkeit des Willens überzeugen können, werden sie später nicht in die starren Muster zurückfallen, die sich durch den ursprünglichen Schock festgesetzt haben, der in der Regel ihre Entwicklung beendet. Besonders während der ersten (und auch noch während der zweiten) sieben Lebensjahre können wir Kindern beibringen, dass Wille sich lohnt.

Wie fassen wir den Entschluss, Willen haben zu wollen? Um Willen zu bekommen, muss man ihn wollen. Doch warum wollen wir ihn? Wir wollen helfen beim Aufbau einer besseren Welt. Ohne Willen werden wir wahrscheinlich immer wieder die Gewohnheitsmuster der Vergangenheit reproduzieren. Wille, wach zu sein für Ordnung. Wille zu dienen. Wenn wir schlafen, können wir nicht dienen.

Wenn wir für einen Augenblick innehalten und uns einmal ganz aufrichtig anschauen, wie wir unser Leben gelebt haben, werden wir entdecken, dass wir den Großteil der Zeit in einem ständigen Kampf verbracht haben. Dieser innere Krieg findet seinen Ausdruck in der äußeren Welt im Ringen um die Erfüllung unserer Aufgaben. Hier ist eine einfache Analogie: Stellt euch jemanden im Büro vor, der normalerweise ein ungeheures Arbeitspensum hat. Am Ende des Tages muss er sich dem stellen, was er sich morgens zu tun vorgenommen hat, und wie viel davon immer noch zu erledigen ist. Ein Büro funktioniert nur dann effizient, wenn das, was zu tun vereinbart wurde, auch getan wird. Aber unsere Kapazitäten sind begrenzt. Wenn wir versuchen, mehr zu schaffen, weitet der Kampf sich aus. Wir sehen, dass wir nicht in der Lage sind, all das zu erledigen, was wir eigentlich tun wollten. Auf unserem Schreibtisch stapeln sich bald die unerledigten Vorgänge. Das zerrüttet unsere Nerven und wir wissen gar nicht mehr, wo wir anfangen sollen. Und wenn es ganz schlimm kommt, geht das Geschäft in Konkurs.

Ohne Willen werden wir wahrscheinlich immer wieder die Gewohnheitsmuster der Vergangenheit reproduzieren.

Hier kommt das Wort »Demut« ins Spiel. Wir brauchen genügend Demut, um unsere eigenen Grenzen zu akzeptieren, und dürfen niemals versuchen, mehr zu schaffen, als wir wirklich jeweils bewältigen können. Dies gilt im täglichen Leben überall. Manche Menschen sind tüchtiger; einige sind sogar imstande, bewusst an mehrere Dinge gleichzeitig zu denken, ohne alles durcheinanderzubringen, andere sind nicht so befähigt. Wir müssen uns genau überlegen, was wir wirklich schaffen können, und dann erledigen, was wir uns ursprünglich vorgenommen haben.

Aber es gibt hier noch viel mehr, das wir uns anschauen können. Als Erstes müssen wir erkennen, dass wir, solange wir uns nicht dem Werk angeschlossen haben, und zwar angeschlossen mit unserem ganzen Wesen, kaum je etwas bewusst »tun«. Vielmehr stolpern wir in Situationen, über die wir wenig oder keine Kontrolle haben, und wundern uns dann, weshalb wir am Ende eines Tages nicht zufrieden sind. Aber Erfüllung finden wir nur dann, wenn wir uns bewusst entscheiden, etwas zu tun, und das dann auch erledigen.

»Bewusstsein« beinhaltet, dass wir bewusst sind. Bewusst zu sein, bedeutet, wach zu sein, eingestimmt auf den Augenblick und willens zu tun, was immer uns aufgegeben wird. Wenn wir dazu nicht willens sind, werden wir über alles verstimmt sein, was wir in Angriff nehmen. Dieser Ärger mag recht unbewusst sein, aber er ist dennoch vorhanden. Der elementarste Groll, tief in unserer Psyche verborgen, entstammt unserer mangelnden Bereitschaft, überhaupt hier zu sein, auf diesem Planeten, zu dieser Zeit. Wenn wir sagen »willens« oder »gewillt«, beziehen wir eine weitere Dimension ein. So wie das Wort »Bewusstsein« in sich schließt, dass wir bewusst sind, beinhalten die Ausdrücke »willens« oder »gewillt« sein, dass wir irgendeine Art von Willen besitzen.

Ich möchte nicht hart erscheinen, aber Wille ist notwendig, wenn wir einen bewusst begonnenen Zyklus vollenden wollen. Ohne Willen sind wir nichts, und nichts wird getan. Wenn wir uns einmal unser Leben anschauen und wirklich ehrlich mit uns selbst sind, werden wir vielleicht entdecken, wie wenig Willen wir haben. Leider betonen nur sehr wenige Lehrer die Notwendigkeit von Willen und Disziplin. Wille und innere Disziplin sind wie zwei Hände an einem Körper.

Da Gott uns alles gibt, möchten wir Ihm etwas zurückgeben. Es heißt, dass es nur zwei Dinge gibt, die wir Ihm geben sollten, in Dankbarkeit für alles, was Er uns schenkt: Dienen und Vertrauen.

Was bedeuten diese beiden Wörter? Vertrauen meint, bereitwillig unsere vollständige Abhängigkeit zu akzeptieren, von Ihm, dem einzigen Ernährer, Ihm, dem einzigen Führer, Ihm, dem Allwissenden.

Vollständig willens zu sein, das zu akzeptieren, ist sehr schwer, nicht wahr? »Wir« haben so oft den Eindruck, dass wir auf die eine oder andere Weise dies oder jenes allein tun können. Wenn wir vergessen, dass wir vollständig auf Seinen ewigen Großmut angewiesen sind, wird das, was wir zu »tun« glauben, nur die Wiederholung einer Illusion sein und unsere niedere Natur oder unseren Egoismus nähren.

In dem Maße, wie wir der niederen Natur Vorschub leisten, wächst auch die Trennung. Und mit dem Maß unseres Abgetrenntseins verstärkt sich der innere Schmerz. Denn da Er es ist, Der für das Gesetz und dessen Regeln Sorge trägt, wird natürlich der Schmerz der Trennung stärker werden, wenn wir Seine Gebote und unsere Verantwortung missachten. Wenn wir an diese Dinge erinnert werden, wird unsere Sehnsucht größer! Dies darf jedoch keine Entschuldigung sein, unsere Verpflichtungen nicht zu erfüllen! Wenn wir willens sind, uns unsere Abhängigkeit zu vergegenwärtigen, verstehen wir wieder, wie wichtig es ist, wach zu sein, voller Respekt und wahrlich des Gesetzes bewusst.

Unser Weg ist der Weg der Liebe, des Mitgefühls und des Dienens. Es ist wahr, dass wir unsere Verpflichtungen in dieser Welt und auch im täglichen Leben nur erfüllen, wenn wir willige Diener Gottes sind. Einem Gnostiker ist es nicht erlaubt, nicht zu handeln.

Wir haben das Wort »Wille« nun immer wieder betont. Vielleicht verstehen wir jetzt, was gesagt wurde: dass wir nicht viel Willen haben, bevor wir lernen, ihn zu entwickeln. Der Wille wartet in unserem Inneren darauf, dass wir ihn »zur Welt« bringen.

Erstens stellt sich die Frage, wie wir Willen entwickeln können; zweitens, wie wir ihn im täglichen Leben anwenden; und drittens, was der Zweck des Willens ist. In diesen drei Fragen liegt die Antwort auf: »Was ist der Sinn des Lebens auf der Erde?«

Es gibt viele Übungen, die uns helfen, diese Dinge zu verstehen sowie der Verpflichtung gerecht zu werden, die unsere Geburt auf diesem Planeten mit sich bringt. Wenn wir willens sind zu lernen, werden wir achten, was wir bekommen, und unsere Aufgabe erfüllen. Aus diesem »Gewilltsein« kann sich der wahre innere Wille entwickeln. Wenn wir den wahren Willen haben, besitzen wir etwas sehr Reales, das wir Gott zurückgeben können.

Wir sprechen so oft vom Willen Gottes. Manchmal sind wir demütig genug zu fragen: Was ist eigentlich der Wille Gottes? Ohne eigenen Willen ist es nicht möglich zu verstehen, was Gottes Wille ist. Wenn unser Wille stärker geworden ist und wir diesen Willen in den größeren Willen Gottes übergeben, gibt es nur Willen. So erfüllt sich das erste alchimistische Gesetz: »Wie oben, so unten.« Hat Jesus nicht gesagt: »Dein Wille geschehe, wie im Himmel, also auch auf Erden«?

Die Sufis sagen: »Gott braucht den Menschen.« Durch den Menschen (den vervollkommneten Menschen, der Gott vollkommen kennt und liebt) kann die Liebe, die die treibende Kraft aller Schöpfung ist, in diese Welt fließen. Das Gebet eines bewussten Menschen: »Dein Reich komme, Dein Wille geschehe, wie im Himmel, also auch auf Erden« lässt ein Gesetz wirksam werden, vollkommen in der Essenz, das nur darauf wartet, sich zu manifestieren. Es offenbart sich uns zunächst als Gedanke, den wir als ein Wesen betrachten könnten. Dieser Gedanke möchte sich manifestieren. Er schließt sich der Welt der Gefühle an, damit der Mensch wünscht, der Gedanke möge sein. So wird er mit Leben erfüllt und nimmt schließlich Gestalt an, nachdem er alle drei Welten durchlaufen hat.

Wir können das Wirken dieses Gesetzes in jedem Schöpfungsakt erkennen. Schauen wir uns einmal die Herstellung eines Stuhls an. Wenn alle auf dem kalten und feuchten Steinboden säßen, würde eines Tages jemand sagen: »Wir brauchen Stühle.« Ob sie dieses Wort benutzten oder nicht, sie hätten dennoch eine Vorstellung davon, was es bräuchte, sie vom Boden fernzuhalten. Diese Idee entstammt dem Archetyp all dieser Gegenstände mit Eigenschaften, die man »Stuhlheit« nennen könnte. In diesem Fall wäre damit ein Produkt gemeint, das Rückenlehne, Sitz und Beine hat, um die gewünschte Funktion zu erfüllen. Der Archetyp möchte sich in der Welt ausdrücken, denn es existiert ein bestimmtes Wissen darüber, dass er nützlich und notwendig wäre. Doch wenn der Archetyp »Stuhlheit« nur eine Vorstellung in irgendeinem Kopf bleibt, während wir alle weiter auf dem Steinboden sitzen und die archetypische Idee »Stuhl« haben, ist noch nichts geschehen. Erst wenn jemand zu dieser Idee »Ich will« sagt, aufsteht und anfängt, einen Stuhl zu bauen, geschieht überhaupt etwas.

Sobald jemand »ich will« zur Herstellung eines Stuhls gesagt hat, müssen Zeichnungen angefertigt, Material und Werkzeuge gesammelt und Zeit und Raum gefunden werden, um zu arbeiten. Erst dann besteht überhaupt eine reale Möglichkeit, einen Stuhl Gestalt annehmen zu lassen. Damit dieser Prozess sich entfalten kann, müssen bestimmte Vorbedingungen erfüllt sein: Wir brauchen einen klaren Vorsatz, den Stuhl zu bauen, genügend Energie und Zielstrebigkeit, um diese Absicht zu verwirklichen, und das

Wissen um die verschiedenen Etappen der Arbeit. Dazu gehört auch die Kenntnis der Punkte, wo besondere Anstrengungen notwendig werden, damit der schöpferische Strom nicht stagniert.

Ein guter Diener oder eine gute Dienerin muss Willen haben, um die Funktion zu erfüllen, die er oder sie zugewiesen bekommen hat. Erfüllung kommt in der Tat aus der Freude zu wissen, was es bedeutet, ein guter Diener zu sein.

Alle Frauen der Welt tragen in sich die Sehnsucht, jeder Mann möge Willen besitzen und den Geist manifestieren. Ich spreche hier nicht nur von der Frau in ihrer physischen Form, sondern ich schließe die Göttliche Mutter mit ein. Es gibt kein einziges Fleckchen Erde, das nicht bereit wäre, den Geist zu empfangen. Es steht geschrieben: »Wo immer ihr steht, ist heiliger Boden.« Dies bedeutet, im Willen dazustehen, sodass der Geist Gottes sich auf der Erde manifestieren kann. Und in der Tat ist es so, dass jeder Ort, an dem wir stehen, heilig ist, wenn wir Willen besitzen. »Heilig« bedeutet »heil«, das heißt, wenn der Geist Gottes sich in die wartende Welt ergießt, wird diese heil und ist vollendet.

Wir können die Anwendung des Willens im täglichen Leben als Akt des Dienens betrachten – jedoch nur, wenn wir bereit sind, die Verantwortung zu akzeptieren. Es ist schwierig, über den Gebrauch des Willens zu sprechen, wenn wir noch keinen haben. »Anwenden« bedeutet, dass wir etwas, das wir haben, weitergeben an etwas, das bereit ist zu empfangen. Dies ist im täglichen Leben nur möglich, wenn wir uns der Wahrheit öffnen, dass der Augenblick darauf wartet, den Geist zu empfangen.

Ich erinnere mich der Zeit, als ich bei den Druiden war. Der oberste Druide sagte zu mir: »Im Grunde ist die Welt in zwei Lager geteilt: in jene, die die Welt für einen guten Ort halten, um zu leben und zu dienen, und in jene, die dies nicht tun. Ich gehöre zu den Ersteren. Und ich bete, auch du mögest zu denen gehören, die Gott dienen, indem sie dem Planeten dienen – der Heimat, die Er uns geschenkt hat, in der und durch die wir Ihn erkennen können.«

Ich wiederhole an dieser Stelle die Worte des Druiden: Ich bete, dass wir Ihn erkennen, indem wir Ihm dienen. Er hat uns diese wunderbare Welt geschenkt, die wir in einen heiligen Ort verwandeln können, wenn wir Willen haben. Wenn wir hart genug arbeiten und uns danach sehnen, gute Diener zu sein in der Erkenntnis unserer vollständigen Abhängigkeit von Ihm, Der alles Leben schenkt, dann haben wir begonnen, der Verantwortung gerecht zu werden, die aus unserem Vorrecht erwächst, als Mann und Frau geboren zu sein.

Entwickeln wir Willen, damit wir wahrhaft dienen können. Mögen wir niemals – nicht für einen Augenblick – so selbstzufrieden sein zu glauben, wir könnten irgendetwas bewirken. Das ist erst möglich, wenn wir bereitwillig das Wissen akzeptiert haben, das uns zur Verfügung steht, wenn wir nur darum bitten. »Suchet, so werdet ihr finden; klopfet an, so wird euch aufgetan.« Amen.

Einstimmung

13

Es heißt: »Der ganze Himmel nimmt teil an unserem Tanz.« Wann immer wir einen Ton anschlagen – und ich meine nicht nur einen Ton auf dem Klavier –, hat sofort »der ganze Himmel teil an unserem Tanz«. Wir könnten sagen, die Engel seien die Harmonik. Wenn wir einen Ton anschlagen, antwortet seine Harmonik. Schlagen wir auf dem Klavier eine Note an, so antwortet die Harmonik unmittelbar. In der Sufi-Tradition heißt es: »Mache einen Schritt auf Gott zu, und Er kommt dir zehn Schritte entgegen.« In dem Augenblick, wo wir uns dieser Verantwortung stellen – der Wahrheit, Gott, einen Schritt entgegenzugehen –, wird unmittelbar alle Hilfe vorhanden sein, die wir jemals brauchen werden. Alles, was wir benötigen, ist da; wie lange es dauert, bis es sich manifestiert, ist eine andere Sache. Ich wiederhole: Sobald wir diesen Schritt auf Gott hin vollziehen, diese Umkehr, bekommen wir alle Unterstützung, die wir brauchen. Deshalb »drehen« wir in unserer Tradition – nicht für uns selbst, sondern für die Welt; deshalb meditieren wir in unserer Tradition – nicht für uns selbst, sondern für die Welt.

Seit Anbeginn der Zeit hat der Mensch danach gestrebt, sich auf die formative Welt einzustimmen, auf eine Welt von Licht und Klang. In seinem Schrei nach der Heimkehr zur einen Quelle allen Lebens hat er sich bemüht, dem Klang des Universums Ausdruck zu verleihen – von Plato »Sphärenmusik« genannt –, und zwar in

Musik, bildender Kunst, sakraler Architektur und Geometrie. Tief im Inneren der Seele existiert das Wissen, dass, um eine bessere Welt zu schaffen, das im Herzen des Universums Liegende sich hier in der relativen Welt manifestieren muss. Dieses Wissen kann Wegweiser sein für alle Geschöpfe Gottes, die Sehnsucht haben, durch die Mutter in eine Welt des reinen Lichts zurückzukehren, deren Ausdruck jener Klang tief im Innersten der Seele ist.

Damit wir »hören« und »sehen«, müssen das innere Ohr und das innere Auge geöffnet werden. Paradoxerweise sind »wir« nicht imstande, dies zu tun. Auge und Ohr werden geöffnet in einem Akt der Gnade, der ausschließlich vom Ausmaß unserer Arbeit an uns selbst abhängt – zu der wir verpflichtet sind, um die Bestimmung des Lebens auf der Erde zu erfüllen. Arbeit an uns selbst bedeutet Arbeit an unseren *nafs* oder unserer »niederen Natur«, auch »Tierseele« genannt, die anfangs weder sehen noch hören möchte.

Unser Leben hier auf der Erde wird aufrechterhalten durch die Umwandlung feinstofflicher Energien. Dies ist eine Art von Alchimie: Durch diesen Prozess und in ihm werden höhere und niedere Welten letztendlich ineinanderfließen. An genau diesem Schmelzpunkt werden das innere Auge und das innere Ohr geöffnet. Manchmal dürfen wir unterwegs kurze Blicke in die andere Welt werfen. Das soll ein Vorgeschmack sein, den die Gnade uns schenkt, um uns zu zeigen, dass wir uns tatsächlich auf dem Weg der Liebe, des Mitgefühls und des Dienens befinden. Der gerade Weg führt zum ewigen Leben; nicht zum ewigen Leben »danach«, sondern innerhalb dieses ewigen Augenblicks, des einzigen Augenblicks, den es gibt.

Was wir zurückbekommen, hängt von der Qualität des Tons ab, den wir anschlagen.

In der Sufi-Tradition sprechen wir oft von »Regen«. Wir sagen, dass es eine andere Welt gibt, mit einer anderen Sonne und einem anderen Himmel. Der Regen aus jener Welt ist der Regen der Gnade, der die Transformation des Menschen hervorruft. Blicken wir nur auf unsere alltägliche Welt, so werden wir nicht offen sein, um diese Gnade zu empfangen. Doch auch wenn wir noch nicht erkennen, dass dieser Regen aus der anderen Welt hier notwendig ist, um das neue Zeitalter zu erschaffen – genannt »der zweite Zyklus der Menschheit« –, vollbringen wir nur eine Hälfte des *opus magnum* oder »großen Werks«, von dem die Alchimisten gesprochen haben. Der Regen fällt aus dem Licht und führt den ersten Ton mit sich. Er manifestiert sich in der Musik und im Ausdruck von Musik als Geometrie. Es mag anfangs schwierig sein, Musik mit Geometrie in Verbindung zu bringen. So wie jede Note, ausgehend von einem Punkt – der ersten Note –, über eine bestimmte Schwingung und Wellenlänge verfügt, so beginnt auch jegliche Geometrie an einem Punkt und setzt sich, Licht erschaffend, fort zu einem anderen Punkt, bis die Geometrie des vollkommenen Kristalls in ihrer ganze Pracht erstrahlt.

Wir sprechen über Klang und die Möglichkeit, uns so einzustimmen, dass wir offen sein können für diesen Regen aus der anderen Welt. Es heißt: »Gehe einen Schritt auf Gott zu, und Er kommt dir zehn Schritte entgegen.« Obwohl Er uns alles gibt, müssen wir doch den ersten Schritt tun auf dem Pfad der Rückkehr. Wir müssen den ersten Ton anschlagen. Was wir zurückbekommen, hängt von der Qualität des Tons ab, den wir anschlagen.

Seit Tausenden von Jahren haben die Menschen über Engel und Erzengel gesprochen. Man hat uns beigebracht, dass die Engel – gemäß der Engelskunde – »Helfer« sind auf dem Weg zur Erkenntnis der Einheit. Diese in Vergessenheit geratene Wissenschaft beinhaltet Wissen über die Musik, da die Engel in Wirklichkeit die Harmonik der Musiknoten sind.

Offensichtlich wird dies schwer zu verstehen sein, wenn wir versuchen, uns der Bedeutung der Engel aus einem sentimentalen oder kindlichen Blickwinkel zu nähern. Wenn wir nur zuhören könnten, würden wir lernen, die unmittelbar zurückkehrende Harmonik und die Obertöne aller Noten zu hören, gleichgültig, ob diese auf einem Musikinstrument angeschlagen werden, mit der menschlichen Stimme oder durch unsere Gedanken, Gefühle und Gesten. Gott hat keinen Mund außer unserem Mund. Gott hat keine Stimme außer unserer Stimme. Wenn wir in unserem brennenden Verlangen nach Wahrheit den ersten Schritt auf Gott zugehen, ist es in der Tat Seine Stimme, die in den Noten, die wir singen, widerhallt. Und sofort kommen die Engel ins Spiel, die »Helfer«, die Harmonik des ersten angeschlagenen Tons.

Das Problem (ein Problem ist nichts anderes als eine unerledigte Angelegenheit) liegt darin, dass wir so identifiziert sind mit dem, was wir zu sein glauben, dass wir uns nicht öffnen, um auf die Antwort zu hören. Fast immer im Leben wollen wir von der Wahrheit nichts wissen. Stattdessen wünschen wir uns Zustimmung für unsere niedere Natur. Endlose Debatten finden zwischen unseren niederen Naturen statt und erzeugen nur Verwirrung. Aber hier liegt ein anderes Paradox. Ganz ohne unser Zutun, ob wir wach sind oder schlafen, kommt bei jedem angeschlagenen Ton die Harmonik ins Spiel. Die Obertöne, die Engel, haben nur einen Wunsch im Leben (so wie Gedankenformen im Leben nur einen Wunsch haben). Sie möchten sich durch den Menschen manifestieren – als Weg zurück zur einen Quelle allen Lebens. Können wir uns das Durcheinander an Tönen vorstellen, das entsteht, wenn die Harmonien aufeinanderprallen bei ihrem Versuch, durch eine Gruppe von Menschen zurückzukehren, die nur diskutieren und die Illusion ihrer eigenen Getrenntheit von Gott aufrechterhalten möchten?

Wenn wir preisgeben, wer oder was wir zu sein glauben, wird ein so vollkommener Grad an Einstimmung möglich, dass jeder in uns angeschlagene Ton ein immerwährendes Beispiel des ersten Tons ist, des ersten Klangs, von dem jegliche Musik ausgeht. Hazrat Inayat Khan sagte: »Lass Deinen Wunsch mein Verlangen werden.« Und Johann Sebastian Bach: »Wenn die richtigen Noten zur richtigen Zeit gespielt werden, spielt das Instrument sich selbst.« Wir sind die Instrumente Gottes. Wenn wir wirklich dienen wollen, dürfen wir das niemals vergessen. Wir könnten auch sagen: »Gott hat kein Abbild außer dem, das Er im Menschen findet« (Rafi Zabor).

Die Frage lautet: »Wie können wir uns denn einstimmen?« Offensichtlich werden wir einem Musikinstrument, das wir besitzen, nur dann etwas Gutes entlocken können, wenn es richtig gestimmt ist. Wir verfügen über die Saiten und das Gehäuse, und in unserem Inneren liegt das Wissen um das Stimmen des Instruments. Ist es einmal richtig gestimmt, können wir nicht nur die Gesetze erfahren, die unser Dasein auf der Erde bestimmen, sondern sehr wahrscheinlich werden wir uns bemühen, »gestimmt« zu bleiben.

Was heißt stimmen? Da gibt es verschiedene Methoden. Wir können Klang benutzen (mit Worten oder schweigend), den Atem und Meditation (was immer man unter diesem Wort verstehen mag, das in unserer Zeit mit Bedeutungen so überfrachtet ist). Wir benutzen vorwiegend den Atem und Stille, innere Stille und Einstimmung, sodass wir die Antwort wirklich hören können. Solange wir nicht innerlich hören können, werden wir die Antwort nicht erhalten. Ein Großteil meiner Arbeit besteht darin, den Menschen zu helfen, in ihre Körper zu kommen. Dies gilt besonders für junge Leute. Sie hausen sozusagen in ihren Köpfen. Wenn man sie ins Bein kneift, sagen sie zwar »Au!« als physische Reaktion, aber sie wissen nicht, wo man sie berührt hat. Der Durchschnittsmensch befindet sich einfach nicht in seinem Körper. Wir müssen lernen, Aufmerksamkeit und Energie in Teilbereiche des Körpers zu lenken, um ihn tatsächlich zu bewohnen.

Da die Antwort hier ist, sind wir nur in dem Maße für sie empfänglich, wie auch wir hier sind. Normalerweise denkt der Verstand: »Die Antwort könnte kommen.« Und gerade wenn wir beginnen, uns zu langweilen, *könnte* die Antwort kommen. Der Verstand spielt meistens Spielchen, wandert hierhin und dorthin. Es ist notwendig, dass wir unseren Körper bewohnen, denn die einzigen Ohren, die Gott hat, sind unsere Ohren, und der einzige Mund, den Gott hat, ist unser Mund. Gott schuf den Menschen nach Seinem Bilde. Wir wissen, wie schwierig es ist, hier zu sein, wach zu sein, im gegenwärtigen Augenblick zu sein. Gerade junge Leute sind meist nicht fest in ihrem Körper verankert. Doch ich weiß, dass sie die Antwort nicht bekommen werden, wenn sie nicht hier sind. Sie werden nur den Teil hören, von dem sie meinen, sie bräuchten ihn. Der Verstand wird sich ein kleines Stück abschneiden und sagen: »Das ist es. Für heute vielen Dank.« Sie werden jedoch niemals in der Lage sein zu handeln. Sie können die Antwort nicht umsetzen, denn die Tat bedarf der physischen Form. Sie ist keine Sache des Verstandes. Das ist etwas, das wir alle beachten sollten. Wir werden die wirkliche Antwort niemals bekommen, wenn wir nicht lernen, wach zu sein für unseren eigenen gegenwärtigen Augenblick.

Jegliche große Kunst erfordert eine Lehrzeit in der betreffenden Disziplin. In dieser Welt braucht es Zeit und Übung, um etwas zu »vollenden«. Selbst wenn uns unterwegs der eine oder andere Vorgeschmack gewährt wird, so müssen wir uns vielleicht ein Leben lang bemühen, einen vollkommenen Ton anzuschlagen, ehe alle Engel das Gloria singen können. Wenn die Engel Gott lobpreisen, lobpreisen sie Gott im Menschen. Das Universum ist für den Menschen geschaffen, und es gibt keinen Gott außer Gott!

Der erste Schritt, um dieses Instrument, das wir »Mensch« nennen, zu stimmen, besteht darin, uns in einen so aufnahmefähigen

Zustand zu versetzen, dass wir dann »bereit« sind, jenen ersten Ton anzuschlagen. Um das Wunder des Lebens zu sehen und zu verstehen, müssen wir Veränderung zulassen. Auch hier liegt der Schlüssel darin, empfänglich zu sein, uns zu öffnen, zuzulassen, »gesehen« zu werden und keine Angst zu haben, der Wahrheit preisgegeben zu sein. Wir sind gebeten, offen zu sein, gewahr zu sein, den Geliebten mit einer Leidenschaft zu lieben, die alle Vernunft übersteigt. Der Verstand ist machtlos angesichts der Liebe. Die Augen des Herzens, die das diskursive Denken zerschmettern, sind die Musik des Lebens, sind der Regen, der aus der anderen Welt herabfließt, hier und jetzt, wenn wir nur zuhören, wenn wir nur aufnahmebereit und wach sind.

14 Demut und das Wirken der Liebe

Der erste Schritt zu vollkommener Liebe ist wahres Dienen, wo immer wir uns befinden, und in jedem Augenblick. So verstehen und fördern wir die Manifestationen der Schönheit Gottes. Selbst wenn wir es noch nicht wissen, können wir uns darauf verlassen, dass es nur *ein* Absolutes Sein gibt, dem wir dienen können. Er hat uns die Gesetze, nach denen wir leben sollten, bereits gegeben.

Maulānā Dschalāl-ad Dīn Rūmī sagte: »Er erschafft Gut und Böse, aber nimmt nur das Gute.« Das Böse verursacht den unangenehmen Zustand der Trennung, sodass wir durch diesen Schmerz vielleicht endlich zur Umkehr bewogen werden. Der Sufismus wird »der Pfad der Rückkehr« genannt. Auf diesem Weg fangen wir an, zu lieben, sodass wir schlussendlich sagen können: »Wohin du dich auch wendest, findest du das Angesicht Gottes.« Wenn wir diesen Weg einmal betreten haben – selbst wenn wir nur einen Zeh in diesen Fluss halten, während gerade niemand hinschaut –, sind wir plötzlich Gesetzen unterworfen, die sich von denen des Durchschnittsmenschen unterscheiden. Um vollkommene Liebe zu erreichen, müssen wir diesen neuen Gesetzen gehorchen, die nicht

Form sind, sondern das innere Muster für Gottes Werk. Es gibt einfache Gesetze, zum Beispiel: ein Treffen pünktlich zu beginnen und rechtzeitig zu tun, was wir uns vorgenommen haben. Wer spricht wirklich in uns, wenn wir etwas versprechen? Wer ist es, der sagt: »Ich will«? Wir werden feststellen, dass jedes Mal, wenn wir nicht tun, was wir uns vorgenommen haben, alles schiefläuft. Statt potenziell in Liebe und Licht enden wir im Chaos. In diesem Zustand zu lieben, ist schwierig. Es gibt grundlegende Gesetze, die wir verstehen und nach denen wir leben müssen, um vollkommen zu lieben. Ein Aspekt der Liebe ist Ordnung oder Unterwerfung unter das Gesetz.

Wir beten: »Führe uns den geraden Pfad, den Pfad derer, denen Du gnädig bist, nicht derer, von denen Du Dein Antlitz abgewendet hast, und nicht der Irrenden.« Bedingungslos zu lieben, ist der einzige Grund, auf dem Weg zu sein, denn dies ist ein Pfad der Liebe. Wer oder was hat uns eigentlich hierher geführt? Gott selbst sagt (in einem Hadith): »Ich war ein verborgener Schatz und liebte es, erkannt zu werden; so erschuf Ich die Welt, auf dass Ich erkannt werde.«

Um bedingungslos zu lieben, müssen wir zwei Dinge beachten: Demut und Zeit. Demut macht uns empfänglich und weich gegenüber dem Wirken der Liebe. Dann gilt es, den richtigen Zeitpunkt abzuwarten. Aber das Warten geschieht nicht in der Zeit, sondern im ewigen Jetzt, ohne Erwartung. »Erwartung ist der rote Tod.« Uns wird eine sofortige Entscheidung abverlangt; die Entscheidung, demütig zu sein und das Wirken der Liebe in jenem Augenblick zu erkennen. Wir werden in einer Person, der wir helfen wollen, keine Erwartungen wecken. Wenn wir etwas erwarten, neigen wir dazu, Erkältungen oder Ähnliches auf uns zu ziehen. Es ist, als würden wir am Bug eines Segelbootes sitzen, statt das Ruder in der Hand zu halten. Ganz am Anfang ist Erwartung nützlich. Denn tatsächlich ziehen die meisten spirituellen Schulen Leute an, die alle möglichen Erwartungen mitbringen. Wir vertrauen darauf, die objektive Hoffnung kennenzulernen, jenseits aller Erwartungen, um herauszufinden, wo in einer Situation die wirkliche Hoffnung liegt.

Das Streben nach Ergebnissen ist eine Falle. Man sagt: »Wenn ich das tue, wird das Ergebnis gut sein; und wenn ich es nicht tue, wird das Ergebnis schlecht sein.« Das sind Erwartungen, »der rote Tod«. Selbst Heilen kann eine Falle sein. Angenommen, eine bestimmte Behandlung wird durchgeführt, und es geschieht etwas. Dann wird noch eine Behandlung durchgeführt, und bald baut sich ein Zustand dauernder Erwartung auf. So geht es immer weiter. Niemals stellt man sich dem gegenwärtigen Augenblick.

Um bedingungslos zu lieben, müssen wir im gegenwärtigen Augenblick sein, denn es gibt nichts anderes als diesen einen Augenblick. Führt eine Entscheidung sofort herbei. Zögert nicht, seid mutig. Ohne diese Entscheidung wird Erwartung genährt. Wo kein Wissen ist, ist keine Schuld. Die großen Lehrer im Nahen Osten, in England und Amerika, die zu treffen ich das Privileg hatte, waren deshalb außergewöhnlich, weil sie niemals eine Erwartungshaltung erzeugten. Deshalb gab es keinen spirituellen Ehrgeiz. Spiritueller Ehrgeiz beruht auf mangelndem Wissen, und davon gibt es wahrlich genug.

Um bedingungslos zu lieben, müssen wir zwei Dinge beachten: Demut und Zeit.

Ein anderer Aspekt der Liebe ist Loyalität im mystischen Sinn des Wortes. Man kann gegenüber der Wahrheit und dem Wissen loyal sein. Wissen und Wahrheit führen unausweichlich zur Liebe. Wenn wir die Schale aufbrechen und den Kern finden, werden wir fähig, spirituelle Botschaften zu empfangen. Wissen wird gegeben; es kann nicht erworben werden. Wir können jedoch »an uns arbeiten«, um die Schale zu zerbrechen, sodass uns das Wissen geschenkt werden kann, das zur Liebe führt. Dann werden wir den Kern finden und vernehmen, was er uns zu sagen hat. Um die Schale zu durchbrechen, ist es erforderlich, die richtigen Motive zu entwickeln, jenseits unserer gewohnten Verhaltensmuster. Sobald Motiv und Absicht stimmen, wird der Akt der Entscheidung selbst die Schale der Konditionierung zerbrechen und dem unverfälschten Kern erlauben, da zu sein. Das ist kein stufenweiser Prozess. Loyalität hat zu tun mit Gesetz, Entscheidung und Vorsatz. Sie ist ein Akt des Willens jenseits unserer Person und lässt die Schale bersten. Auf diese Weise erwacht unsere innere Wahrnehmung: Wir beginnen, die Stimme des Kerns und seinen Geschmack wahrzunehmen. »Ginge es nicht um die Süße des Kerns, würde niemand auf die rasselnden Stimmen der Walnussschalen hören.«

Die Schale ist eine Form, die noch fortbesteht, damit wir uns in Stille dem Kern nähern können. Wenn wir versuchen, etwas zu tun, rasselt er nur in der Schale. Wenn wir zur Liebe gelangen wollen, müssen wir uns in eine tiefere Ebene unserer selbst hineinsinken lassen, ins Innere aller Schalen, jenseits der Schalen. Wenn wir zulassen, dass die Schale so zerbrochen wird, dass wir nicht mit zerbrechen, dürfen wir entspannen; wir werden weich oder schmelzen, sodass die Schale sich leichter entfernen lässt. Lasst es zu, bitte, lasst es zu.

Der Tag, an dem wir die Liebe kennen, wird der Tag der Erkenntnis sein. Er wurde auch »Jüngster Tag« oder »Tag des Gerichts« genannt, der Tag »von Blut und des Donner«. Diesen Tag nennen wir jetzt »Tag der Erkenntnis«, des »Wieder-Erkennens« oder »Wieder-Wissens«. Wenn wir nicht bereits wüssten, wären wir nicht unterwegs zu diesem Ziel. Wissen ist die essenzielle Substanz der Seele. Unsere Seele weiß, wohin die Reise geht. Doch wir müssen sie finden, denn das Wissen, das unweigerlich zur Liebe führt, ist der Stoff, aus dem sie gemacht ist. Und um die Seele zu finden, müssen wir zulassen, dass unsere Schale zerbrochen wird.

Nahrung

15

Ich möchte, dass wir verstehen, dass der Mensch die zusammengesetzte Manifestation eines Augenblicks ist; nicht mehr und nicht weniger. Wenn wir für diesen Augenblick nicht wach sind, werden wir in einem Zustand des Chaos über das gesamte Universum zerstreut. Dann erfüllen wir die Funktion nicht, in die wir als Mann und Frau hineingeboren wurden. Wenn wir wach sind, wenn wir frei sind, werden wir schließlich der Notwendigkeit des Augenblicks Gestalt verleihen, weil es gar nicht anders geht.

Die meisten Menschen wollen nicht wach sein. Sie glauben, sie wollten es, aber in Wirklichkeit wollen sie es nicht. Sie glauben, ein Lehrer würde ihnen etwas geben. Tatsächlich wurde alles, was notwendig ist, bereits gegeben; es muss sich nur noch entfalten.

Ein Lehrer kann uns durchaus mit einer bestimmten Art von Nahrung versorgen. Da gibt es einmal die physische Nahrung, die wir essen, und zum anderen die Nahrung der Eindrücke, die wir durch Bewusstheit empfangen. Wenn wir eine Karotte essen, bekommen wir durch sie viel mehr, wenn wir wach sind für die Farbe der Karotte und für viele andere Dinge. Eine andere Art von Nahrung empfangen wir durch das Wort. Im Wort und in jedem Augenblick ist die gesamte Wahrheit enthalten. Seine Eigenschaften sind zahllos, und jede Eigenschaft zeigt sich in Seinem Namen; jedes Wort ist Sein Name. Jedes Wort, jeder Name, jeder Satz kann wesentlich für das Verstehen sein. Die Menschen glauben, die Wahrheit intuitiv zu kennen, aber wir wissen nichts in dieser Welt, wenn man es uns nicht sagt. Wir können manches in unserem Inneren erfahren, doch wissen werden wir es erst, wenn jemand es uns in dieser Welt bestätigt. Deshalb sollten wir keine Gelegenheit zum Zusammensein verpassen, denn das wäre eine ungeheure Verschwendung.

Der Durchschnittsmensch stopft an einem Ende Nahrung in sich hinein und scheidet sie am anderen wieder aus. Mehr als das tut er nicht, und es erhält ihn am Leben. Möglicherweise hat er aber auch einen Eindruck. Er könnte schweigend essen und fühlen, wie dieser Eindruck ihn erreicht. In einem Zustand der Liebe wird er vielleicht erkennen, dass er erlöst, was er isst. In dem Maße, in dem er wach ist für Eindrücke, für seinen Atem und andere Dinge, wird er auch eine andere Art der Nahrung zu sich nehmen.

Nur durch den Menschen kann jede Art von Nahrung erlöst, verwandelt und in Geist überführt werden.

Diese andere Art der Nahrung wird uns erst dann erreichen können, wenn wir wach sind für die Worte, die von einem Menschen und durch einen Menschen zu uns gesprochen werden, der den Zustand der Freiheit erreicht hat und das manifestiert, was notwendig und wahr ist. Dann eröffnet sich die Möglichkeit für Ganzheit, für ein heiles menschliches Wesen. Wenn wir das Leben verstehen und wirklich Sehnsucht bekommen – was wollen wir dann? Wir wollen das Wort der Wahrheit. Wir wollen die Bestätigung der in uns liegenden Wahrheit.

Wir müssen lernen, richtig zu essen. Wir müssen auch die *nafs*, das falsche Ego, läutern. Das geschieht nicht, indem wir es mit Negativem bekämpfen, sondern indem wir mit dem Positiven arbeiten. Nach und nach werden wir zu klaren Leitungen für das, was in der Sufi-Tradition das »Licht der reinen Intelligenz« genannt wird. Es fließt in uns ein, wenn wir unsere Nahrung in Liebe essen. Nur so können wir dessen teilhaftig werden, was durch das Wort zu uns gelangt. Sonst bleibt es leeres Geplapper und bedeutet nicht das Geringste. Das im Wort Enthaltene kann potenziell das Allerwichtigste in der Welt sein. Es wird in jedem von uns in unterschiedlicher Weise zum Ausdruck kommen, im einzigartigen Aspekt Gottes als einem innerhalb des Einen.

Die Nahrung, die wir zu uns nehmen, ist so wichtig. Ich kann das nicht oft genug betonen. Wenn wir unseren Körper ernähren, müssen wir wach sein für das Wissen, dass wir das, was wir essen, erlösen – durch die Liebe, indem wir lieben und wegen der Liebe. Eine Karotte kann unterschiedlich reagieren. Sie kann schreien: »Das tut weh!«, oder sie kann rufen: »Gott sei Dank!« Ebenso gibt es bei euch zwei Schreie, wenn ich versuche, euch zu heilen. Entweder: »Verschone mich!«, oder aber: »Gott sei Dank, endlich!« In jedem Augenblick unseres Lebens haben wir zwei Möglichkeiten zu schreien. Die eine führt uns zur Erlösung und schließlich zur Auferstehung. Wo fruchtbarer Boden für sein Wachstum vorhanden ist, kann ein Samenkorn gesät werden. Der andere Schrei ist ein Schrei des Schmerzes und all der Begleiterscheinungen, die daraus erwachsen, dass wir nicht loslassen, uns nicht hingeben und nicht für die Notwendigkeit des Augenblicks wach sein wollen.

Eindrücke sind lebende Wesen; ihr Bewusstsein reicht jedoch nicht aus, um zu wissen, was notwendig ist. Nur durch den Menschen kann jede Art von Nahrung erlöst, verwandelt und in Geist überführt werden. Wenn dies nicht geschieht, setzt sich die unendlich Geschichte des anhaltenden, schmerzhaften Schreiens fort. Was wir durch das Wort zu uns nehmen, ist die Nahrung, die das Samenkorn in uns für sein Wachstum braucht. Ohne das Wort wird der Keimling nicht wachsen. Er kann nicht wachsen ohne das, was durch das Wort zu uns gelangt.

Erkenntnis der Wahrheit

16

Unser Bemühen um Erkenntnis ist nichts Intellektuelles, obwohl es ohne den Intellekt nicht denkbar ist. Der Beweggrund ist Liebe – die Liebe zu der einen Wahrheit, die sich selbst erkennen möchte. Wir können sagen, dass nur die Wahrheit es liebt, die Wahrheit zu erkennen. An der Schönheit erkennt die Wahrheit sich selbst. Es ist die Schönheit der Vollendung, die sich offenbart, wenn das Gesuchte und das Suchende sich als ein und dasselbe herausstellen.

Nehmen wir ein sehr einfaches Beispiel: Wenn wir erkennen, dass eine Form, eine Blume etwa, schön ist, dann ist es die innerste Essenz unseres Wesens – unsere Wahrheit –, die die innerste Essenz der Blume – deren Wahrheit – als essenziell gleiche Wahrheit erkennt. Diese Erkenntnis findet mittels der Form der Blume statt. Wir könnten sagen: Die Wahrheit hat sich selbst erkannt. Schönheit war ihr Maßstab und die Form der Blume ihr Spiegel.

Dies weist uns auf eine einfache Tatsache hin: Damit unser innerstes Wesen die Wahrheit erkennen kann, brauchen wir einen Spiegel. Oder, anders ausgedrückt: Die Essenz entdeckt sich selbst im Spiegel der Form. Doch das Gegenteil ist ebenso wahr – ein Paradox, über das nachzudenken sich lohnt und das uns einen weiteren Zugang, eine weitere Einsicht eröffnet. Wir als getrennte Form bedürfen der Wahrheit jenseits der Form, um eine andere getrennte Form, zum Beispiel eine Blume, erkennen zu können. Die Wahrheit selbst ist der Spiegel, in dem wir sie erkennen können. Andernfalls würde sie nicht existieren. Wir wissen vielleicht nicht, dass dieser Spiegel da ist, doch könnte ohne ihn keine Form erscheinen.

Damit unser innerstes Wesen die Wahrheit erkennen kann, brauchen wir einen Spiegel.

Das heißt, wenn wir die Wahrheit jenseits der Begrenzungen der Form erforschen, brauchen wir einen Spiegel, der sie reflektiert und mittels dessen wir sie erkennen können. Wenn wir umgekehrt diese Form untersuchen, die die Wahrheit widerspiegelt, entdecken wir, dass sie aufgrund der Wahrheit jenseits der Form existiert.

Wenn ein Schüler auf einen Weg spiritueller Entwicklung geführt wird, wird das, was ihn führt, zum Spiegel, in dem er sein eigenes, essenzielles Selbst erkennen kann. Er wird schließlich das, was ihn führt, als Form erkennen, die die essenzielle Wahrheit widerspiegelt und von ihr geprägt wird.

Ein solcher Führer kann eine Person sein, eine Lebenssituation oder das geschriebene Wort. Wenn wir uns mit den Worten eines Mystikers beschäftigen, der die essenzielle Wahrheit erkannt hat und dessen Schriften aus dieser Quelle stammen, kann natürlich sowohl der Mystiker unser Führer sein als auch das, was ihn geführt hat. Verschiedene Aspekte werden miteinander verbunden – eine essenzielle Spiegelung der Wahrheit, die Situation, in der wir uns während des Studierens befinden, und die Schriften, die wir studieren – und dienen gemeinsam als Spiegel, in dem die Wahrheit sich selbst erkennt. Wenn wir uns ihm aus Liebe widmen, wird unser Studium ernsthaft und aufrichtig sein.

Gott sagt: »Ich war ein verborgener Schatz und liebte es, erkannt zu werden; so erschuf Ich die Welt, auf dass Ich erkannt werde« (Hadith des Propheten Mohammed; mögen der Frieden und der Segen Gottes mit ihm sein). Wenn die Form der Welt sich so verändert, dass Gott Sich selbst darin nicht mehr erkennen kann, hört diese Form auf zu bestehen. Es wird immer offensichtlicher, dass einzig jene Form nicht zum Untergang verdammt sein wird, die dem Menschen ein universelles Verstehen ermöglicht, basierend auf wahrem Wissen, das aus der Liebe kommt.

Die Göttliche Essenz, empfangen jenseits des immanenten Aspekts, kann nur durch die Essenz selbst erkannt werden. In diesem Sinne sagt Gott: »Ich war ein verborgener Schatz und liebte es, erkannt zu werden; so erschuf Ich die Welt, auf dass Ich erkannt werde.« Dem gewöhnlichen Menschen bleibt die Göttliche Essenz in jeder Form des Universums – einschließlich seiner selbst – verborgen. Zwar kann er Gott als transzendentes Wesen verehren, außerhalb seiner selbst und außerhalb der Formen der Welt, aber er wird Ihn nicht erkennen als die Einheit aller immanenten und transzendenten Aspekte seiner selbst und aller Dinge. Jede Form im Universum ist fähig, die Göttliche Essenz, die sie schuf, zu offenbaren, und jeder Teil des Ganzen ist fähig, das Ganze zu offenbaren. Aber nur ein Gnostiker ist imstande, das Offenbarte zu sehen und zu erkennen. Von diesem Blickwinkel aus gesehen kann Gott als rationales Prinzip und allwissende Essenz betrachtet werden. Der Mensch, als Teil des Ganzen, verfügt in seiner Essenz über das gleiche rationale Prinzip, das ihn erschuf und durch das er sich selbst erkennen kann. Wenn der Mensch sich also selbst erkannt hat, erkennt die Einheit sich selbst, und Gott kann zu dem Menschen, der sich selbst kennt, zum vollkommenen Menschen, sagen: »Deinetwegen erschuf Ich die Welten.« In diesem Sinne wird der vollkommene Mensch »der Hüter der Welt« genannt.

Daher kann der Mensch als das Bindeglied zwischen den immanenten und transzendenten Aspekten Gottes gesehen werden. Er steht zwischen Himmel und Erde und hat die Möglichkeit, beide zu kennen. Dies setzt jedoch voraus, dass er Gott in all Seinen Aspekten liebt, den immanenten und transzendenten, innerhalb und außerhalb seiner selbst. Anders ausgedrückt: Die Einheit liebt und erkennt sich selbst, jenseits aller Aspekte, durch den vollkommenen Menschen, der diese Einheit verkörpert.

Der einzige Zweck der Liebe ist Schönheit

17

Wir sind immer sehr schnell dabei, Vergleiche anzustellen. Wir vergleichen das Gestern mit dem Heute oder das Gestern mit dem, was wir uns von der Zukunft erhoffen. Wir vergleichen fast alles miteinander. »Schönheit liegt in den Augen des Betrachters.« Was für eine Person schön ist, ist es für eine andere vielleicht nicht. Es ist möglich zu erkennen, dass der »Betrachter« in Wirklichkeit der Göttliche Betrachter ist. Das bedeutet, dass wir zum Werkzeug Seiner Gnade werden; wir bringen die latente Schönheit zum Vorschein, die überall verborgen liegt, indem wir sie bejahen. Schließlich weiß das Mineral nicht, dass es schön ist, auch der wunderbare Baum oder die Rosenhecke wissen es nicht; und ein Löwe kann die Schönheit eines Mannes oder einer Frau nicht begreifen. Der Mensch allein ist imstande, die latente Schönheit in allen Dingen hervorzubringen, doch wie selten tut er es! Er mag in den Zoo gehen und die Majestät der Tiere und Vögel sehen. Er mag Kunstbücher betrachten. Er mag aus seinem Fenster in den Garten hinausschauen und sich an der Schönheit eines Frühlingstages freuen. Doch all das ist sinnlos, wenn er die Schönheit nicht ans Licht bringt, die in jedem menschlichen Wesen darauf wartet, erweckt zu werden. Denn hier fließen alle Reiche zusammen: das Mineralreich, das Pflanzenreich und das Tierreich. Sie alle warten darauf, durch unser Erkennen in eine wunderschöne Welt freigesetzt zu werden.

Wenn wir uns in einem Zustand des Vergleichens befinden, können wir die essenzielle Schönheit nicht sehen. Wie können wir behaupten, ein Van Gogh sei schöner als ein Breughel, oder ein Stück von Mozart schöner als eines von Ravel? Wir können durchaus feststellen, dass wir aus irgendwelchen Gründen das eine dem anderen vorziehen. Das ist vernünftig. Wir können eine Wahl treffen, im Hinblick darauf, was wir tun, welcher Straße wir folgen und mit wem wir reisen möchten. Doch wenn wir zu vergleichen beginnen, verbringen wir damit vielleicht den Rest unseres Lebens, ohne jemals zu wissen, wohin wir gehen und was wir tun wollen oder was wir als schön empfinden.

Ich werde euch jetzt drei Hilfsmittel vorstellen, die uns helfen können, unserer möglichen Verwirrung Herr zu werden. Erstens: einen Zyklus oder eine Oktave mit anderen vergleichen zu wollen, ist töricht. Die Oktave zum Beispiel, die mit dem mittleren C beginnt, mag ähnlich klingen wie eine andere Oktave, die mit einem höheren C beginnt; gleich sind sie nicht. Jede dient anderen Zwecken. Wie können wir eine Moll- mit einer Dur-Tonleiter vergleichen? Das ist einfach nicht möglich. Zweitens: Erinnert euch bitte daran, dass eine Pyramide von oben nach unten gebaut wird. Nur diejenigen, die hoch über uns stehen, können von ihrem besonderen Platz auf dem Gipfel aus den ganzen Bergabhang überblicken und die Menschen sehen, die hinauf- und hinuntersteigen. Sie erkennen, dass die nach oben Strebenden und die Zurückkommenden gleichermaßen wichtig sind. Drittens: Wir werden zwar gebeten, uns zu erinnern, dass in der relativen Welt alles seine Zeit braucht. Aber die Zeit, die wir brauchen werden, wird bestimmt einerseits von der Mühe, die wir uns bei all unseren Verrichtungen geben, und zum anderen vom Ausmaß unserer Geduld und Ausdauer. Geduld ist kein passiver, sondern eher ein aktiv empfangender Zustand.

Wie können wir die Schönheit des Lebens erkennen? Wir strecken unsere Hand aus nach einer Rose und hören auf das, was sie uns sagt. Wir lauschen in unserem Inneren auf ihre Wirkung und urteilen nicht. Wir spüren in unserem Inneren nach, wie es ist, der Rose begegnet zu sein. Wir bringen alle unsere Sinne ins Spiel und werden sehr feinfühlig gegenüber der Rose. Eine solche Aufmerksamkeit kann eine Form von Energie freisetzen, die über den Zustand hinausgeht, in dem es nur die Rose gibt und den, der sie betrachtet.

Sobald wir den Energiestrom umkehren und auf das lauschen, was die Rose uns sagt, nehmen wir plötzlich auch unsere Umgebung wahr. Versucht es. Wenn wir unsere Perspektive umkehren und in unserem Inneren auf das hören, was die Rose uns zu sagen hat, scheint sich unser Blickwinkel zu erweitern. Wir werden des Raums gewahr, in dem die Rose und wir uns gemeinsam befinden. Wir beginnen, Gott in der Rose und in uns zu hören, zu sehen, zu fühlen, zu schmecken und zu berühren. Obwohl auf dieser Stufe Dualität immer noch vorhanden ist – ganz bestimmt sogar –, eröffnen sich uns neue Dimensionen des Sehens.

Der Beobachter und das Beobachtete werden eins.

Wenn wir des Energieflusses zwischen der Rose und uns gewahr werden, haben wir das nächste Stadium der Bewusstheit erreicht. Jetzt führen wir die dritte Kraft ein, den Beobachter. Es gibt in uns eine Instanz, die immer imstande ist, zu beobachten. Hier identifizieren wir uns nicht im Geringsten mit der Rose. Wir sehen sie in all ihrer Schönheit. Wir beurteilen sie nicht mit unserem konditionierten Verstand und sagen auch nicht, sie sei so oder so. Wir sehen sie einfach so, wie sie ist, und beobachten unser eigenes Gewahrsein. Plötzlich eröffnet sich uns nicht nur der Raum, sondern es kommt noch etwas anderes hinzu.

Welch eine schöne Rose! Wie viel Neues hat sich plötzlich in unserem Leben offenbart! Waren wir uns jemals der Beschaffenheit der Blütenblätter mehr bewusst? Haben wir jemals gesehen, wie jedes einzelne in sich gebogen ist? Waren wir uns jemals der Tatsache mehr bewusst, dass jene Instanz, die Gott in der Rose erkennt, die gleiche ist, durch die die Rose imstande ist, Gott zu spüren? Und nun wird die Rose buchstäblich noch schöner, denn wir schenken ihr die liebende Aufmerksamkeit, die sie verdient, ohne sie zu beurteilen und damit zu demütigen.

Das vierte Stadium der Bewusstheit haben wir erreicht, wenn wir uns der Tatsache bewusst sind, dass wir die Rose beobachten, und gleichzeitig wahrnehmen, was sie uns zu sagen hat, und dass zwischen ihr und uns ein Energiestrom fließt. Jetzt sind wir uns der gesamten Geschichte der Rose bewusst. Wenn wir ein Blütenblatt betrachten, betrachten wir das gesamte Wesen der Rose von ihrem Ursprung bis zur Knospe, ihr Wachstum, Werden und Erblühen. Unser Bewusstseinsgrad wird außerordentlich erhöht.

Im fünften Stadium werden der Beobachter und das Beobachtete eins. Ich weiß ohne jeden Zweifel, dass ich Rose bin, Blume, Mineral, Tier; dass ich vom Wind verweht werde, dass ich der Wind, die Sterne und der Mond am Himmel bin. Jede Form ist mein Sehen Gottes; jeder Klang ist mein Hören Gottes. Gott sieht durch mich, hört durch mich, berührt durch mich. »Möge Dein Wort meine Rede sein, Geliebter, und Deine Liebe mein Glaubensbekenntnis.«

Wenn wir nun selbst diesen Zustand hinter uns gelassen haben, in dem wir erkannt haben, dass Gott in uns ist, und in dem wir uns nicht mehr identifizieren, gelangen wir zur sechsten Stufe der Bewusstheit. Dies ist die Stufe der Schöpfung. Schöpfung findet jenseits der relativen Welt statt. Vielleicht verstehen wir jetzt eher, weshalb so viel Wert auf das Gewahrsein gelegt wird. Wenn wir die Straße entlanggehen, wird uns jetzt vielleicht klar, dass wir nur schlafwandeln. Und wie ist es, wenn wir einander lieben? Wie, wenn wir scheinbar in einem Zustand der Ekstase sind? Sind wir wirklich bewusst, oder sind wir identifiziert?

Wenn ein Derwisch einen anderen Derwisch begrüßt, sagt er nicht: »Wie geht es dir?« Der Derwisch verbeugt sich und sagt: »Wie wunderbar zu sehen, wie Gott Sich in deinen Augen offenbart.« Vielleicht antwortet dann der zweite Derwisch: »Wäre die Liebe nicht in deinem Herzen, wärest du nicht imstande, Gott in meinen Augen zu sehen.« Der erste Derwisch darauf: »Würde die Göttliche Liebe sich nicht durch dich offenbaren, könntest du nicht sagen, weshalb Liebe sich in meinem Herzen zeigt.« Der zweite Derwisch: »Gäbe es die Göttliche Gegenwart nicht, könnten wir einander nicht erkennen.« Dann würden sie sich umarmen und ihrer Wege gehen. Die Göttliche Gegenwart ist gleichzeitig überall und immer. Sie war immer. Sie wird immer sein. Nichts geht im Absoluten verloren. Es ist immer da. Wenn wir bewusst sind, lieben wir.

Zuerst werden wir das Leben durch die Rose lieben lernen, den Baum oder die Pflanze. Dann werden wir vielleicht durch die

Menschen Gott lieben lernen. Schließlich werden wir Gott lieben lernen, indem wir uns des Lebens selbst bewusst sind. Wir rufen den Himmeln zu: »Ich liebe, ich liebe. Oh, ich liebe so sehr, denn in jedem Augenblick meines Lebens bin ich mir Gottes bewusst; in jeder Sekunde meines Lebens sehe ich Ihn. Ich sehe Ihn in den Bäumen. Ich sehe Ihn in den Pflanzen. Ich sehe Ihn in allem. Ich spüre Ihn in allem. Ich berühre Ihn in allem. Ich schmecke Ihn in allem. Ich höre Ihn in allem. Wie könnte ich da nicht lieben?«

Wenn das Leid kommt, sage ich nicht, dass ich es bin, der leidet. Ich sage: »Nein, Gott leidet, weil Sein Rosenstrauch beschnitten werden muss, sodass eine Rose wachsen kann, eine wunderschöne Rose.« Um bewusst zu sein, müssen wir an uns arbeiten. Einen einfachen Weg gibt es nicht. Sicher mag ein Augenblick der Bewusstheit die Haltung eines Menschen verändern, aber er wird ihn nicht lehren, immer bewusst zu sein. Das muss er sich erarbeiten. Ein Aufleuchten der Liebe lehrt ihn noch nichts über das Wesen der Begierden, die ihn daran hindern, für die Erfordernisse des gegenwärtigen Augenblicks wach zu sein. Wir müssen arbeiten und horchen, was das Leben uns sagt. Statt nach außen zu projizieren, hören wir nach innen. Wir müssen lernen, in jedem Augenblick unseres Lebens aufzuwachen.

Haben wir uns je darüber Gedanken gemacht, wie es wäre, in unserem Inneren auf das zu hören, was scheinbar außen von jemandem gesagt wird? Schauen wir es uns an. Wenn wir in ein Bach-Konzert gehen, macht es wenig Sinn, nur in den Orchestergraben zu starren und von außen zuzuhören. Lasst die Schönheit Bachs in eurem Inneren erklingen. Wie wäre es, wenn das, was die Welt uns zu sagen hat, immer in unserem Inneren widerklänge, seien es die Worte eines Menschen, das Heulen des Windes in den Bäumen oder das Lächeln eines Babys? Lauscht in eurem Inneren auf das, was gesagt wird, und die Wahrheit wird sich euch offenbaren. Wir kehren unsere Sinne um, denn wir finden die Wahrheit in unserem Inneren.

Es gibt zwei Arten von Raum. Die eine bezeichne ich als »zentrischen Raum«. Das Symbol dafür ist ein Kreis mit einem Punkt in der Mitte und Linien, die vom Zentrum zur Peripherie strahlen. Das Zentrum sagt »ich«, und die Antwort lautet »ich«. Neunundneunzig Prozent aller Menschen leben in diesem Raum und glauben, dass sie die Ursache von etwas sein können. Der noch nicht erwachte Mensch sagt: »Ich tue dies. Ich tue das nicht. Ich glaube, das ist gut. Ich glaube, das ist nicht gut. Das begreife ich. Ich höre dir zu, Reshad.« Das bedeutet, aus dem zentrischen Raum heraus zu urteilen, dem Blickwinkel, der meist unser Leben bestimmt.

Der andere Blickwinkel, »peripherer Raum« genannt, wird durch eine Spirale symbolisiert, die zum Zentrum führt. Wäre es uns möglich, uns ganz schnell in diesen Raum zu versetzen, könnten wir mehr lernen. Um zu hören, müssen wir den Raum umkehren. Dann wissen wir, dass wir von Gott abhängig sind und völlig außerstande, irgendetwas zu verursachen.

Wir sind die zusammengesetzte Manifestation eines Augenblicks. Aus dem Sein werden wir. Wir können das universelle Gedächtnis nur erschließen, indem wir erkennen, dass wir gehört werden. Im peripheren Raum sagen wir nicht mehr: »Ich sehe, höre, höre zu, berühre, rieche.« Wir sagen: »Ich werde gehört, werde berührt« und so weiter. In diesem Zustand sind wir vollkommen demütig. Wenn wir wissen, dass wir gehört werden, sind wir imstande zu hören. Wenn ich sage: »Sprecht nur, wenn durch euch gesprochen wird«, dann meine ich damit, ihr solltet im peripheren Raum sein. Was durch uns mitgeteilt werden soll, sind Antworten auf ausgesprochene und unausgesprochene Fragen, die gestellt wurden. Dieser Raum bedeutet nicht: »Ich schaue einen Baum an«, sondern: »Der Baum sieht mich.« Nicht: »Ich höre dir zu«, sondern: »Ich werde gehört.« Ein schönes Sufi-Wort lautet: »Es gibt keine Schöpfung in der relativen Welt; es gibt nur das Werden des Seins.«

Im peripheren Raum beginnt alles, sich zu verändern. Wenn wir zum Beispiel im Wald spazierengehen, behutsam und in Schönheit, können uns die verschiedenen Grüntöne entsprechend des Ausmaßes unserer Liebe durchdringen. Dies ist eine völlig andere Art zu leben. Sie führt zur Erkenntnis, dass es in Wahrheit nur die Einheit gibt. Wir müssen zur Einheit zurückkehren. Lasst uns nicht vergessen, dass wir uns – trotz der Nützlichkeit aller Heiltechniken – schon nach einem kurzen Wegstück den Berg hinauf verirren können, wenn wir Gottes und der Einheit nicht gedenken.

Das Ziel der Reise ist die Vereinigung dieser beiden Blickwinkel. Dies ist der Schlüssel. Das Ganze sieht aus wie ein Spinnennetz. Die Spirale führt ins Zentrum, und die Strahlen führen wieder nach außen. In diesem Raum können wir wirklich sagen, dass es nur Ihn gibt. Hier gibt es nur Gott. Nur Werden aus dem Sein.

Den Bruchteil des Augenblicks zwischen der Knospe und der entfalteten Rose kennen nur jene, die bereits Rosen geworden sind.

18

Bewusstes Leiden

Auf dem Weg wird uns Schmerz begegnen. Da ist Schmerz, weil wir »Ich will« gesagt haben. Doch in Wirklichkeit ist dieser Schmerz eine Illusion, denn Gott wollte niemals, dass wir leiden. Das ist überhaupt nicht notwendig. Er selbst ist reine Freude, ebenso wie die Erfahrung der Größe und der Herrlichkeit Gottes. Durch unseren Eigensinn und unseren Hochmut verursachen wir den Schmerz, den wir einander nicht wünschen und den auch Er uns nicht wünscht. Freude ist wie eine Mutter. Ein Kind zu bekommen, ist schmerzhaft, doch aus diesem Gebären entsteht die außerordentliche Freude der Geburt. Im Grunde sind wir aufgefordert, unser wahres Selbst zu gebären. Durch den Akt der Hingabe kann jeder von uns entdecken, wer und was er ist.

Wenn wir wirklich wissen, wer wir sind, entsteht plötzlich ein ganzes galaktisches System. Dabei handelt es sich nicht um etwas Neues, denn die gesamte Schöpfung findet in einem Augenblick statt. Wir vollenden lediglich etwas, das zu Anbeginn der Zeit in Gang gesetzt wurde, als Gott das erste Wort sprach. Wir sollten uns keine falschen Vorstellungen über den Schmerz machen; Gott zu finden, muss nicht schwer sein. Es ist nicht notwendig, sich ständig zu fragen: »Tue ich auch das Richtige?« Es geht vielmehr darum, unsere Sehnsucht zu wecken. Die Entfernung zwischen uns weckt unsere Sehnsucht nach Berührung. Auf welcher Ebene auch immer: Unsere Entfernung voneinander und von der einen Quelle allen Lebens erweckt in uns die Sehnsucht, zu sterben und einzugehen in die Göttliche Gegenwart. Unser Schmerz kann sich sehr leicht in Freude verwandeln. Der Schmerz, den jeder Einzelne von uns empfindet, ist der Schmerz der Trennung. Wir waren niemals getrennt und werden es niemals sein. Wir waren stets eins mit Ihm. Dieses Wissen ist alles, was wir brauchen. Das Erste, das uns

Not tut, ist Erkenntnis – Kenntnis unserer selbst. Dafür ist eine bestimmte Arbeit erforderlich. Und im Verlaufe dieser Arbeit begegnet uns die Idee des bewussten Leidens.

Bewusstes Leiden ist eine der größten Freuden dieser Welt. Es ist nicht schmerzhaft. Wir sind die Werkzeuge, die Mittler, durch die Er sieht und hört. Wir sind die Mittler, durch die Transformation möglich wird. Diese Art des Leidens ist etwas ganz anderes.

Ich möchte hauptsächlich auf eines hinaus: Wenn wir uns unmittelbar der einen Ursache allen Lebens zuwenden, so wie die Rose sich der Sonne zuwendet, können wir plötzlich das Beschneiden, Bluten und Leiden als integralen Bestandteil des Ganzen verstehen. Diese Leiden sind nur vorübergehend, aber der Verstand kann diese Vorstellung nicht fassen. Er ist wirklich nicht imstande, die Tatsache zu akzeptieren, dass das augenblickliche Leiden nicht andauern muss.

Während unserer gemeinsamen Arbeit wird es Zeiten der Hochspannung geben, aber es wird keine negative Spannung sein. Solche spannungsgeladenen Zustände tauchen einfach auf, heute bei dieser, morgen bei jener Person, und zeitweilig in der gesamten Gruppe. Wenn wir das wirklich in unseren Kopf hineinbekommen, können wir weitermachen. Wir können mit der Arbeit fortfahren auf das Ziel hin, dass ein jeder von uns eines Tages tausend Menschen Halt zu geben vermag. Und was einer allein nicht schafft, können vielleicht vier oder fünf zusammen. Wie wichtig dies ist, wird uns vielleicht erst dann klar werden, wenn wir beginnen, die Konsequenzen unseres Tuns zu begreifen, und erkennen, dass wir nur so wenige sind.

Untersuchen wir doch einmal genau, was Schmerz und bewusstes Leiden während unserer täglichen Arbeit bedeuten. Wenn ihr einem Menschen begegnet, der sich in einem Zustand des Schmerzes oder der Verwirrung befindet, dann haltet seine Hand. Wir brauchen einander, nicht wahr? Er braucht uns, wir brauchen einander. Ignoriert diese Person nicht, aber identifiziert euch auch nicht. Manchmal genügt es, in der Liebe Gottes einen Arm um eine Schulter zu legen oder eine Hand zu halten. Erlaubt diesem Augenblick, sich aufzulösen. Lasst zu, dass etwas hindurchfließt. Wir sollten uns nicht absondern oder gegeneinander abgrenzen. Wenn wir dies tun, grenzen wir uns von Ihm ab, denn es gibt nur Ihn. Wir sollten der Trennung auch nicht für einen Augenblick Vorschub leisten oder es soweit kommen lassen, dass wir der Situation nicht gewachsen sind. Wenn wir einem Menschen begegnen, der ihr nicht gewachsen ist, sollten wir zu ihm gehen und ihm Liebe, Bejahung und Verständnis entgegenbringen. In diesem Augenblick ist er nicht fähig loszulassen.

Jedesmal, wenn wir urteilen, sind wir voneinander getrennt. In jedem einzelnen Augenblick, in dem wir uns zum Richter erheben, auf welcher Ebene auch immer, sind wir getrennt. Und jedesmal müssen wir die Konsequenzen tragen.

Der nächste Schritt ist von allen der schwerste. Sind wir imstande zu verzeihen? Geht jetzt einmal zu den Anfängen zurück, zu eurer Familie, euren Freunden, den unzähligen Dingen, zu all dem Schmerz. Würdet ihr nicht leiden, dann wäret ihr nicht hier. Das ist eure Visitenkarte für die Wahrheit. Können wir uns diesem ganzen Mist zuwenden, den wir bislang für negativ hielten – diesem ganzen Schmerz, diesem ganzen Leiden? Es ist nicht notwendig zu sagen: »Ich verzeihe.« Wir müssen nur wissen, dass Vergebung da ist: für die Welt, für all die Bomben, für all die Übel, denen ihr in eurem Leben ausgesetzt wart, für den Schmerz, den wir alle kennen. Vergebt. Jesus hat uns gesagt: »Vater, vergib ihnen, denn sie wissen nicht, was sie tun.« Könnten wir die Demut haben, nur für einen Augenblick, wie Jesus zu sein? Als seien wir Kinder – aber intelligente Kinder: »Vater, vergib ihnen, denn sie wissen nicht, was sie tun.« Denkt an die Vergewaltigung der Erde, die Zerstörung ganzer Landstriche, die Verschmutzung der Meere, der Flüsse und der Luft. Vergebt all jenen, die sich so falsch verhalten, denn erst wenn wir gelernt haben, ihnen zu vergeben, kann eine neue Welt entstehen. Dies weiß ich gewiss, und ich sage es ganz bewusst. Eine neue Welt wird es erst geben, wenn wir verziehen haben. Wenn wir uns selbst verzeihen. All den Blödsinn verzeihen, den wir jeden Tag verzapfen. Wenn wir aufhören zu urteilen. Wenn wir aufhören, auf dem Richterstuhl zu sitzen und zu glauben, wir hätten irgendeine Bedeutung.

Wenn wir unser Leben dem Dienen widmen, ist bewusstes Leiden unvermeidlich.

Lernen wir, zu vergeben und zu lieben. Sind wir eigentlich fähig zu lieben? Liebe dich selbst – jedoch nicht losgelöst von Ihm. Dann können wir einander begegnen, nicht als Tiere, sondern als menschliche Wesen. Zu welchem Ergebnis unsere Arbeit führt, wird bestimmt vom Ausmaß unserer Erkenntnis und unserer Hingabe. In dem Maße, wie wir uns hingeben, wird uns Erkenntnis zuteil. Erkenntnis erwächst aus der Hingabe.

Wir sind keine Richter. »Die Furcht des Herrn ist der Beginn der Weisheit.« Erst wenn wir wissen, dass wir nichts wissen, haben wir die Möglichkeit, überhaupt etwas zu wissen. Es hat keinen Sinn, dass wir uns immer mehr Informationen aneignen. Wir können dadurch nur noch mehr Schmerz und Verwirrung erzeugen. Stattdessen sollten wir zulassen, in völlige Ratlosigkeit und Bestürzung geführt zu werden. Dann gibt es jenen Sekundenbruchteil zwischen der Knospe und der entfalteten Rose, und etwas kann entstehen.

Heilen heißt lieben, und das ist durchaus möglich – möglich in dieser Welt. Welches Seiner wunderbaren Reiche wir auch immer heilen, wir bringen damit die Ganzheit eines Menschen zur vollen Entfaltung.

Schmerz und Schwermut entstammen unserer Weigerung, tatsächlich hier zu sein, jetzt. Um nichts anderes geht es: um unsere Weigerung, jetzt hier zu sein. Wer möchte wirklich hier sein? Vielleicht denke ich, ich wolle jetzt hier sein, weil ich mir etwas davon verspreche. Wenn wir vollständig im Hier und Jetzt sind, muss für uns überhaupt nichts dabei herausspringen. Das Einzige, was wir verlieren, ist die Illusion, die schon in dieser Annahme enthalten war. Wenn wir im Hier und Jetzt leben, gibt es keinen Schmerz – nur Freude. Dann gibt es nur die Sehnsucht, das Leben weitergehen und sich entfalten zu lassen. Wir können im Alltag andere auf ihrem Weg zu dieser Erkenntnis unterstützen, doch das eigentliche Verstehen des bewussten Leidens findet jenseits des Bewusstseins statt. Kein Verstand kann es interpretieren; keiner Meinung wird es gelingen, daraus Formen zu erschaffen. Es liegt jenseits all dieser Dinge.

Bewusstes Leiden ist vielleicht mit das Schönste, was wir auf der Welt tun können, denn es stellt unseren Beitrag dar für die gegenseitige Erhaltung des Planeten und die Zukunft der Menschheit. Es ist wirklich das Einzige, was irgendeinen Sinn ergibt. Es ist der Beitrag aus dem Wissen für das Wissen. Das ist es, was in Wirklichkeit von Anfang an von uns verlangt wurde: Ihn zu erkennen. Dazu brauchen wir Unterscheidungsvermögen.

Es wird gesagt: »Steht in dieser Welt, doch verbeugt euch in der anderen.« Diese Worte können uns lehren, in dieser Welt nicht zu urteilen, und uns vermitteln, dass wahre Unterscheidungsfähigkeit dadurch entsteht, dass wir annehmen, was von höheren Welten für uns vorgesehen ist. Manchmal heißt es, ein wahrer Derwisch sei für seine Handlungen nicht verantwortlich, denn er sei weder von den höheren Welten noch von dieser Welt getrennt. Er urteilt nicht in dieser Welt, aber er ist fähig zu unterscheiden. Seine Handlungen mögen unlogisch erscheinen, aber sie kommen aus einer ganz anderen Welt als der unseren, die nur auf dem Vergleich beruht, auf unseren Urteilen über das, was wir für richtig oder falsch halten.

Wenn wir beginnen zu verstehen, dass wir machtlos sind im Angesicht Gottes, haben wir vielleicht Angst, Verantwortung zu übernehmen. Wie können wir denn die Entscheidung treffen, etwas Verantwortliches zu tun? Wenn wir das Wort »Verantwortung« betrachten, sehen wir, dass dessen Wurzel das Wort »Antwort« ist. Wir haben die Möglichkeit, auf zweierlei zu antworten: auf Notwendigkeit oder auf Verlangen. Das Verlangen ist der relative Aspekt der Liebe. Gott ist Liebe. Wie um Himmels willen könnte Er irgendetwas durch uns manifestieren, wenn wir kein Verlangen hätten? Dies ist jedoch eines der großen Paradoxe. Einerseits lehren wir die Menschen, sich von ihren persönlichen Wünschen zu befreien – und das ist auch ganz richtig. Andererseits sagen wir, dass nichts möglich wäre, wenn wir keine Wünsche hätten. Wir würden uns nur im Kreise drehen. Unser Verlangen sollte Seinen Wunsch widerspiegeln, sodass es keine Trennung gibt.

Wenn wir für eine Handlung die Verantwortung übernehmen, übernehmen wir auch die Verantwortung für uns selbst. Es heißt: »Wer sich selbst kennt, kennt seinen Herrn«, und: »Gesagt, getan.« Wir müssen für jedes unserer Worte, für alle unsere Handlungen, Verantwortung übernehmen. Nichts existiert außerhalb dieses Raumes. Die gesamte Welt, die sichtbare und die unsichtbare, ist hier. Deshalb muss ich verantwortlich sein. Doch unsere niedere Natur möchte keine Verantwortung übernehmen – besonders dann nicht, wenn sie glaubt, dies sei schmerzhaft.

Ich werde oft gefragt, ob wir den Schmerz erst kennen müssen, bevor wir ihn als Opfer darbringen können. Das ist nicht notwendig. Wenn wir an Christus glauben, stellt sich diese Frage nicht. Wie wir wissen, ist Christus der Erlöser der Welt. Wir brauchen unseren eigenen Schmerz nicht zu sehen, aber wir können zulassen, dass er gesehen wird. Alle Formen der Psychotherapie, in denen die Aufmerksamkeit auf unsere Verletzungen gelenkt wird, beruhen auf einem Mangel an Glauben. Wenn wir zulassen, gesehen zu werden, erlauben wir Gott, uns zu lieben. Dass wir geliebt sind, ist eine Tatsache. Es mag hilfreich sein, sich hinzusetzen und sich die Dinge anzuschauen. Doch am Schmerz festzuhalten, hilft uns überhaupt nicht weiter. Wir sind aufgefordert zuzulassen, dass wir geliebt sind, dass wir erlöst werden. Es geht dabei nicht um das Zerstören der Illusion, denn es gibt nur Ihn. Es geht darum, dass das Falsche in das Wahre verwandelt wird.

Wenn ich als Heiler arbeite, kommen die Leute und sagen: »Das und das fehlt mir«, worauf ich antworte: »Blödsinn! Du glaubst nur, dass es das ist.« Dann sagen sie: »Oh, ich weiß, es ist psychisch, das habe ich von meinen Eltern geerbt...« Und meine Antwort lautet: »Nein, dies ist nur das Symptom eines tiefer liegenden Musters.«

Erkennen geschieht jenseits der Form, jenseits von Worten. Wo Erkennen ist, kann – sofern wir es zulassen – Erlösung stattfinden. Einige von uns mögen in der Lage sein, die Ursache hinter der Ursache zu sehen, doch diese Sicht kann nicht erzwungen werden. Es ist nicht weiter notwendig, den Schmerz zu erkennen, denn wir würden damit nur wieder ins Urteilen verfallen. Unser Leben in dieser Welt ist ein fortwährender und weitgehend unbewusster Leidenszustand – bis zu jener Zeit, da uns das Wissen um den Sinn des Lebens auf der Erde gewährt wird. Dann kann aus unserem, wie gesagt, weitgehend unbewussten Leiden ein bewusstes werden.

Was Menschen zu mir führt, sind Schmerz und Leid. Die äußeren Erscheinungsformen des Leidens zu lindern, ist ziemlich leicht. Viel schwieriger ist es, die Leute dazu zu bringen, den Sinn ihres Leidens zu erkennen, und ihnen zu zeigen, wie sie durch bewusstes Leiden beginnen können, ihren Pflichten gerecht zu werden.

Wenn der Schmerz der Trennung die Ursache für das Leiden ist und wenn wir uns der Realität Gottes stellen und sie akzeptieren können, dann hat die Illusion des Getrenntseins einen Sinn. Wenn wir schlafen, können wir nicht sehen, dass das Leben einen Sinn hat, geschweige denn das Leiden.

Wenn wir unser Leben dem Dienen widmen, ist bewusstes Leiden unvermeidlich. Sobald wir nicht mehr für uns selbst arbeiten, sondern der vollständigen Evolution des Planeten dienen – wir könnten es auch Göttlichen Plan oder Göttlichen Willen nennen –, werden zwangsläufig Ereignisse eintreten, die in unserer Welt das scheinbare Gegenteil bewirken. Wenn wir unser Leben wahrhaft dem Dienen weihen, dürfen wir das, was unweigerlich aus dieser einen großen Verpflichtung für Gott erwächst, nicht ablehnen. Das Verstehen der Natur der verschiedenen Gesetze, die unser Schicksal auf der Erde bestimmen, wird uns erst dann geschenkt, wenn wir unser Leben hingegeben und gleichzeitig die unvermeidlichen Konsequenzen akzeptiert haben.

Wir sollten uns jetzt einmal anschauen, ob wir darauf vorbereitet sind, diesen großen Schritt ins Ungewisse zu wagen, ob wir bereits so bedingungslos gewillt sind, unser Leben preiszugeben. Wenn wir unser Leben hingeben, verlieren wir nichts. Vielmehr wird uns endlich etwas gewährt. Es bedeutet, dass wir aufgefordert sind herauszufinden, wie wir als Akt des Dienens unser Wissen in Seinem Namen weitergeben können.

Vielen von uns wird diese Vorstellung des bewussten Leidens völlig neu sein. Was würde bewusstes Leiden bedeuten? Es würde bedeuten, für einen anderen zu leiden – obwohl es nur Ihn gibt, das *eine* Absolute Sein. Können wir lernen, für Gott zu leiden? Wie können wir uns diese Möglichkeit erschließen – nicht im Sinne eines sogenannten negativen Weges, dem Werk des Lebens auf der Erde zu begegnen, sondern als wahrhaft positive Annäherung an Seinen Willen?

Wissen ist der Schlüssel, denn Liebe ohne Wissen ist nicht genug. Die Erfahrung der Energie der Liebe kann uns zu vielen Bewusstseinszuständen führen, doch ohne das Wissen um den Sinn des Lebens auf der Erde wird nicht sehr viel dabei herauskommen. Ein Gefühl der Desillusionierung mag sich breitmachen, wenn wir erkennen, dass wir die gleichen Verhaltensmuster endlos wiederholen, solange wir unserer Verpflichtung, in die wir als Mann und Frau hineingeboren sind, nicht gerecht werden. Diese Verpflichtung beginnt mit dem seltsamen Wort »Wissen«.

Wissen wird gegeben, es kann nicht erworben werden. Es wird uns erst gegeben, wenn wir an uns selbst gearbeitet haben, sodass wir uns völlig öffnen für einen Vorgeschmack davon, worum es in unserem Leben eigentlich geht. Bei dieser Arbeit merken wir allmählich, dass uns diese Ausrichtung auf uns selbst, unsere eigene Entwicklung und unser Wachstum, nicht völlig befriedigt.

Kehren wir noch einmal zur Analogie des Babys im Mutterleib zurück. Nachdem das Kind geboren und die Nabelschnur durchschnitten ist, wollen die Eltern, wenn es wirkliche Eltern sind, nur

Freiheit für das Kind – eine Freiheit, die ihnen selbst vielleicht noch nicht gewährt wurde. So machen sie sich an die Arbeit, um ihrem Kind das zu bieten, was so oft ein »besseres Leben« genannt wird. Dafür sind viele Opfer notwendig – auf jeder Ebene, von der physischen bis zur spirituellen. Die Eltern bemühen sich um die bestmögliche Erziehung für das Kind, um die Förderung seiner Anlagen. Wenn wir uns über die hohe Opferbereitschaft klar werden könnten, die Eltern brauchen, damit ihre Kinder die Chance bekommen, eine bessere Welt zu schaffen, würden wir ein bisschen von dem verstehen, was mit bewusstem Leiden gemeint ist. Die Eltern arbeiten jetzt nicht nur für sich selbst, sondern für ein neu auf die Welt gekommenes Wesen. Nur durch das Opfer seiner Eltern wird dieses Wesen die Erfahrung machen können, dass es von dem *einen* Absoluten Sein keine Trennung gibt.

Wir sind die Eltern eines neuen Zeitalters. In jedem Augenblick unseres Lebens, mit jedem Atemzug, ist uns die unendliche Möglichkeit gegeben, die Wahrheit zu erkennen. Wenn wir wach sind, wenn wir bewusst und wissend sind, werden wir den Erfordernissen des Augenblicks unendlichen Respekt erweisen.

Paradoxerweise gibt es für bewusstes Leiden keine »Belohnung«. Was wir heute säen, wird geerntet werden, wenn die Zeit dafür reif ist. Wir selbst werden das Ergebnis vielleicht niemals zu Gesicht bekommen. Doch darauf kommt es nicht an. Wenn es uns etwas ausmacht, dann entstammt unser Handeln nur den Projektionen der niederen Natur, die stets Resultate sehen möchte.

Martin Buber, der das Buch *Ich und Du* geschrieben hat, erklärte einmal, dass unser Leben, wenn wir diesen großen Schritt einmal gewagt haben, diese Verpflichtung eingegangen sind, nicht leichter, sondern schwerer wird – schwerer an Bedeutung. Sobald einer von uns diese Verpflichtung eingegangen ist, eröffnet sich ihm eine neue Welt. Innerhalb dieser Welt regieren andere Gesetze als die, denen der gewöhnliche Mensch ohne Verpflichtung unterworfen ist. Es ist notwendig, dass wir lernen, diese Gesetze zu verstehen und nach ihnen zu leben. Wenn wir dies nicht tun, kann bewusstes Leiden gefährlich sein.

Der Atem

19

Wir können den großen Göttlichen Plan unterstützen, indem wir lernen, in jedem Augenblick unseres Lebens bewusst zu atmen. Wenn wir lernen, unseren Atem zu kontrollieren, können wir zum Rhythmus der Mutter zurückfinden, zur weiblichen Schöpferkraft, aus der wir gekommen sind und durch die wir zur einen Quelle allen Lebens zurückkehren. Wenn wir um die Liebe zwischen der Mutter und dem Vater aller Schöpfung wissen, wird aus bewusstem Leiden ein Akt der Freude.

Betrachten wir alles bisher Gesagte noch einmal, so bleibt doch die Frage: Sind wir bereit, uns ganz und gar einem Leben des Dienens zu weihen? Solange wir diese Verpflichtung noch nicht eingegangen sind, bleibt alles, was danach kommt, reine Spekulation. Wir müssen den ersten Schritt tun. In dem Maße, wie wir vollkommen ehrlich sind und den Mut haben, jedem Augenblick zu begegnen, werden uns die darauf folgenden Schritte gegeben werden.

An diesem Punkt ist die Verbindung zum Atem sehr wichtig. Wenn wir uns selbst gegenüber völlig ehrlich sind (und Ehrlichkeit gehört zu den Grundvoraussetzungen für jene, die die Bedeutung des Weges der Liebe verstehen möchten), wissen wir, dass wir mit dem Atem ins Leben kommen und das, was wir »Leben« nennen, mit dem Atem wieder verlassen.

Denken wir an die Geburt eines Kindes. Während der Zeit im Mutterleib ist der Atem der Mutter der Atem des Kindes. Erst wenn die Nabelschnur durchschnitten wird, atmet das Kind selbstständig. Können wir uns den Schock vorstellen, den dies mit sich bringt? Können wir uns vielleicht auch vorstellen, welche Bedeutung diesem eigenständigen Atem zukommt, der dem Kind im Moment der Trennung von seiner Mutter gegeben wird? Dann wären wir vielleicht imstande, die Trennung vom Mutterleib und den Atem der Mutter in unserem eigenen Leben zu erkennen.

In jedem Augenblick gibt es zwei Arten des Atems: den natürlichen Atem der Göttlichen Mutter und den Atem, den wir – in unserer Illusion der Getrenntheit – versuchen, dem Leben aufzuzwingen. Wenn wir zum Atem der Mutter zurückfinden können – diesem natürlichen Rhythmus, der in jedem Augenblick vorhanden ist –, haben wir die Möglichkeit, in den Schoß der Göttlichen Mutter zurückzukehren, aus dem wir wiedergeboren werden können. Dies nennen wir »die zweite Geburt«. Wenn wir über dieses Wissen verfügen, sind wir mit jedem Atemzug, den wir tun, ewig gegenwärtig und werden ewig wiedergeboren.

Wenn eine Frau auf natürliche Weise entbinden will, muss sie lernen zu atmen. Wenn wir die Eltern eines neuen Zeitalters sind, das heißt aufgrund einer alchimistischen Verschmelzung auch die Mutter eines neuen Zeitalters, müssen wir die Kunst des Atmens ebenfalls erlernen. Physisch gesehen ist die Geburt eines Kindes sicherlich schmerzhaft. Doch wenn wir völlig bewusst atmen, identifizieren wir uns nicht mit dem Schmerz, und das Kind, das geboren wird, weiß – selbst in dem Augenblick, da die Nabelschnur durchtrennt wird – tief im Inneren seiner Seele, dass es in Wahrheit keine Trennung gibt.

Dies ist unsere Herausforderung und auch unsere Verantwortung: das Kind zu gebären, das wir »New Age« nennen. Dabei gilt es, zwei Dinge zu erkennen. Erstens geben wir mit unserem Wissen um den Atem dem Kind eine Chance, die es vorher nicht hatte. Zweitens können wir diesem Kind durch eine völlig selbstlose Haltung und durch unser bewusstes Leiden zur Erfüllung verhelfen. Dann gibt es kein Zurück mehr. Der Verstand ist nichtfähig, die Wirkung all dieser Dinge zu begreifen. Wie Maulānā Dschalāl-ad Dīn Rūmī sagt:

> Der Verstand ist machtlos angesichts der Liebe.
> Liebe allein ist imstande, die Wahrheit der Liebe und
> des Liebenden zu enthüllen.
> Der Weg unserer Propheten ist der Weg der Wahrheit.
> Wenn du leben willst, stirb in Liebe.
> Stirb in Liebe, wenn du am Leben bleiben willst.

Wir können bewusst geboren werden, bewusst lieben und bewusst sterben. Alle drei Möglichkeiten hängen einzig und allein vom Atem ab. Ein Tier (auch das Tier in uns) ist nicht fähig, bewusst zu atmen. Sein Instinkt bestimmt seine Atemfrequenz. Männern und Frauen jedoch ist es möglich, bewusst zu atmen. An jedem Tag unseres Lebens haben wir buchstäblich die Chance, uns des Atems bewusst zu werden und damit zu arbeiten. Ja, mehr noch: Wenn und solange wir dies nicht tun, sind wir nicht bewusst. Erscheinungen auf der physischen, mentalen, emotionalen oder psychischen Ebene können uns so sehr in die Irre führen, dass wir nicht imstande sind zu atmen. Damit unser Atmen nicht mehr rein instinktiv, sondern bewusst erfolgt, müssen wir den Beobachter einschalten.

Wir können bewusst geboren werden, bewusst lieben und bewusst sterben. Alle drei Möglichkeiten hängen einzig und allein vom Atem ab.

Alles, was wir lernen, all die unzähligen Techniken, Übungen, Wunschbilder und Pläne – all unsere Anstrengungen werden ohne den Atem nicht ins Sein gelangen. Das ist einfach nicht möglich. Stellt euch ein Kind vor, das sanft zur Welt gekommen ist. Es ›atmet‹ bereits im Mutterschoß, im Herzschlag des Augenblicks, im Schoß des Augenblicks. Dies ist genau unsere Lage. In diesem Augenblick gibt es den Herzschlag der Göttlichen Mutter. Und wir werden geatmet, obwohl wir vergessen haben, was das bedeutet.

Der Tod ist ein Tyrann. Doch wir müssen uns des Todes ständig erinnern. Obwohl wir viel zu erdulden haben, ist dies nichts im Vergleich zum Sterben. Wir werden mit dem Atem geboren, und offenbar sterben wir mit dem Atem. Wenn wir beim Atmen schlafen, werden wir schlafend sterben. Doch wenn wir wach sind, so heißt es, werden wir zum ewigen Leben geboren. Wozu sind wir hier? Um verantwortungsbewusste Wesen zu sein. Nichts anderes ist von Bedeutung. Im Atem können wir bewusst sterben. Wenn wir einatmen, ist absolut alles in diesem Augenblick enthalten; und wenn wir ausatmen, kommt absolut alles an seinem Platz zur Ruhe, weil wir wissen, wo es hingehört. Unser Leben hat nur in dem Maße Bedeutung, in dem wir Gott gegenüber verantwortlich sind – und allem, was dies mit sich bringt. Ohne den Atem werden wir nichts lernen.

Wir haben die Möglichkeit, die Beschaffenheit der Luft, die wir atmen, zu wählen. Deren Qualität hängt ausschließlich vom Grad unserer Bewusstheit ab. Es muss einen Atemrhythmus geben, denn es gibt den Rhythmus des Universums. Jeder von uns ist ein kosmischer Apparat zur Umwandlung feinstofflicher Energien. Das sind wir und das müssen wir lernen zu sein, indem wir mit dem Atem arbeiten.

Wenn wir bewusst atmen, nehmen wir die Energien in uns auf, die Gott uns in jedem Augenblick unseres Lebens zur Verfügung stellt. Wenn wir nicht bewusst Atem holen, ist es nicht verwunderlich, dass wir nicht die Kraft haben, eine Verpflichtung einzugehen. Wenn Gott den Menschen nach Seinem Bilde schuf, dann ist der Mensch fähig, bewusst aus allen sechs Richtungen Atem zu holen und dabei alle Gottesreiche einzuschließen. Wenn wir von allen Seiten Atem holen und annehmen, was Gott uns zur Verfügung stellt, haben wir die Kraft, uns zu verpflichten. Wenn nicht, wird die Verpflichtung, die wir eingehen, in vielen Fällen nur eine scheinbare sein. Sie ist keine wahre Verpflichtung und wird vielleicht nicht verankert werden.

Verpflichtung kann nicht wirklich echt sein ohne den Atem, bei dem Ein- und Ausatmen im Gleichgewicht sind. Die meisten von uns atmen überhaupt nicht aus: Wir atmen ein (»Toll!«) oder verstricken uns in der Welt der Verlockungen (inneres Seufzen: »Ach!«). Wir hören auf zu atmen, nicht wahr? Der Atem stockt. Das müssen wir lernen auszugleichen, indem wir auch ausatmen. Es ist wichtig zu wissen, wann wir einatmen und wann wir ausatmen sollten – auf vielen verschiedenen Ebenen.

Wir sagen oft, wir werden etwas tun, führen es aber nie aus. Das Leben müssen wir vollenden, denn im Leben gab Gott uns die Möglichkeit der Vollendung. Wie können wir denn anderen Menschen helfen, wenn wir ihnen nicht – nach unserem besten Vermögen – den Weg zur Vollendung zeigen?

Wichtig ist hier die Aufmerksamkeit für den Atem. Versucht, euch jeden Tag etwas Zeit zu nehmen, um bewusst zu atmen. Wir sollten uns niemals darauf verlassen, dass unser Atem uns ständig weiter zur Verfügung steht, denn eines Tages wird er uns genommen werden. Bewusstes Atmen ist ganz entscheidend, wenn wir Heiler werden wollen. Im Zuge der inneren Arbeit werden unser Herzschlag und unser Atem sich verändern. Wir sollten uns also jeden Tag ein wenig Zeit nehmen, um auf den Atem zu achten.

Lieben

20

Wir haben die Möglichkeit, unsere Sensibilität so zu erhöhen, dass sie der Äolsharfe gleicht, die, vollendet gestimmt und auf einem Berggipfel aufgestellt, in vollkommener Harmonie erklingt, wenn der Wind sie spielt. Es ist eine wunderbare Herausforderung, unser ganzes Wesen zum Klingen zu bringen, indem wir uns auf den Allerhöchsten einstimmen und mit Ihm schwingen. Wir verwechseln oft Bewusstsein mit Sensibilität. Sensibilität ist etwas uns Eigenes, doch Bewusstsein gehört zu den Energieformen, die in sich selbst bereits vollendet sind. Wir können das Bewusstsein nicht »erweitern«, denn es gehört uns nicht. Bewusst zu werden, heißt, wach zu werden. Nach der besten Definition, die ich kenne, ist Bewusstsein die Reaktion von aktiver Intelligenz auf Muster. Wir erwecken Intelligenz durch den Willen, indem wir unseren Willen zur richtigen Zeit und am richtigen Ort einsetzen.

Ich möchte noch einmal wiederholen, dass Bewusstsein eine Form von Energie ist. Damit ist nicht Sensibilität gegenüber uns selbst oder anderen gemeint, sondern die Bewusstheit, bewusst zu sein. Wenn wir das Wesen dessen entdecken, wer und was wir sind, erschließen wir uns diese Bewusstseinsenergie, die jenseits des Verstandes liegt. Dadurch geben wir der schöpferischen Energie die Möglichkeit einzufließen – jener Quelle der Kraft, aus der Leben entsteht. In ihr ist die sexuelle Energie enthalten, über die wir so viel diskutieren und uns so viel Sorgen machen. Wüssten wir, wer und was wir sind, würden wir erkennen, dass die Kraft der Sexualität etwas ganz anderes ist, als wir annehmen. Sie liegt jenseits der Sensibilität und jenseits des Bewusstseins. Das Schöpferische beinhaltet die einende Kraft, die in Wahrheit der Erlösergeist Gottes ist. Diese Kraft führt uns zur transzendenten Kraft, die wir »Göttlichen Willen« nennen können. Dort ist das, was jenseits von allem liegt.

Wenn wir einander begegnen, könnte man sagen, wir lieben einander. Wir teilen Zeit und Raum miteinander. Etwas wird geboren. Etwas wird jetzt geboren, durch Bejahung, durch unsere

Liebe, durch unsere Sehnsucht, mehr zu lieben und mehr zu wissen. Etwas wird geboren, das die Form der zukünftigen Welt bestimmt. Einander zu lieben und dies zu bedenken, wird etwas ganz anderes sein, als das, was wir für gewöhnlich tun.

Ein Kind der Liebe ist aus einem besonderen Stoff gemacht, den wir »Substanz« nennen und der durch die Arbeit an uns selbst erzeugt wird. Wir sagen, dass »die Seele von Mann und Frau eine wissende Substanz ist.« Sie weiß tatsächlich. Diese Linie, die ich jetzt scheinbar in die Luft zeichne, besteht aus einer Substanz, die da sein wird, solange ich atme. Wenn wir fähig werden, dies zu verstehen, werden wir einander wirklich begegnen können, sei es in unseren Beziehungen zu unseren Partnern oder in der Gemeinschaft. Wir werden Liebe miteinander teilen, und etwas kann geschehen. Es mag lange dauern, bis wir es erkennen, aber das, was aus diesem Augenblick geboren wird, gleicht einem Kind, das zu seinen Eltern aufschaut wie zu Gott. Bitte, versucht zu hören, was ich euch jetzt sage, denn es ist wirklich wert, betrachtet zu werden. Für ein Kind sind seine Eltern Gott gleich, und es muss sehr sorgfältig und regelmäßig ernährt werden. Wenn es größer wird, braucht es andere Arten von Fürsorge. Dieses Wesen, von dem ich spreche, wird in dem Maße wachsen, wie für ihn oder sie gesorgt wird. Wenn wir bejahen, was jetzt in diesem Raum geschieht, und uns der Liebe erinnern, die wir teilen, nähren wir die Zukunft.

Einander zu lieben, ist die heiligste Handlung auf der Erde. Es gibt nichts Heiligeres. Nichts. Wenn wir einander lieben, verwirklichen wir, in jenem Augenblick und als unsere ureigenste Willensäußerung, die Göttliche Gegenwart. Was bedeutet es, wenn wir einander lieben? Es bedeutet, Gott zu erlauben, dass Er in uns liebt. Dann geschieht Transfiguration. Wenn wir akzeptieren, dass wir lieben, wenn wir zusammen sind, werden wir einander verwandelt zurücklassen. Wir machen Liebe möglich. Wir machen es Gott möglich, in uns zu lieben.

Nehmen wir einmal das Wort »Geliebter«. Wir sagen: »Geliebter Herr, allmächtiger Gott.« »Geliebter« bedeutet »sei geliebt«. Wir lassen zu, von der Liebe durchdrungen, umgestaltet und verwandelt zu werden.

Wir fragen uns, was wir mit der Energie anfangen sollen, die uns plötzlich geschenkt wird. Viele Menschen haben unendlich viel Energie bekommen und wissen nicht; wie sie damit umgehen sollen. Aber das Problem ist nicht, diese Energie bekommen zu haben. Wir sind jetzt aufgefordert, unser Leben ganz und gar aufzugeben für ein Leben des Dienens. Wenn wir dies tun, wird das Problem nicht auftauchen. Ich will damit nicht sagen, dass nicht ungeheuer viel Energie da sein wird, mit der wir nicht immer etwas anzufangen wissen. Aber es wird dann möglich sein, einfach weiterzumachen und zu tun, was wir tun müssen. Es gibt ein altes Sprichwort: »Kümmert euch um die kleinen Dinge; die großen kümmern sich dann um sich selbst.« Wir können uns um die kleinen Dinge des Lebens kümmern. Zum Beispiel putzen wir jeden Tag die Treppe unseres Hauses, denn wir sind aufgefordert, die Schwelle zu überschreiten und die Vergangenheit hinter uns zu lassen. Wir können uns um das Mineralreich kümmern, das Pflanzenreich und das Tierreich. Die großen Dinge entwickeln sich von selbst. Wenn wir dies tun, wird die Frage sich überhaupt nicht stellen.

Am Himmel ist ein Drache. In uns ist ein Drache. Der heilige Georg hat den Drachen getötet. Ihr aber braucht ihn nicht mehr zu töten. Ihr müsst nur genug lieben, damit der Drache euer Freund wird. Den Drachen umzubringen, ist nicht mehr notwendig. Der Drache ist unser Freund. Der Drache ist die Elementarwelt, die vierfach aus der Erde aufsteigt: Feuer, Erde, Luft und Wasser. Der Äther ist das, was ihn trägt. Bis zu diesem Tag – bedingt durch die Art der Beziehungen zwischen Mann und Frau – war es notwendig, den Drachen zu töten. Es war notwendig. Jetzt ist es nicht mehr erforderlich. Wir können sagen: Die Lanze des heiligen Georg ist sein eigenes Rückgrat.

Jetzt ist die Zeit der Frau gekommen, der Frau in Gott. Wir Männer müssen das sehr, sehr genau verstehen. Wenn wir das tun, gewinnt Sexualität eine völlig neue Dimension. Es geht nicht darum, mit dem Körper zu experimentieren. Es geht nicht darum, uns frei zu fühlen, weil wir uns erlauben können, den Körper anzuschauen. Um all diese Dinge geht es überhaupt nicht. Es geht um ein inneres Wissen, eine unendliche Achtung, ein unendliches Verstehen der Frau. Achtung und Verstehen der Frau werden Sexualität zu einer der drei schöpferischen Handlungen machen, die wirkliche Veränderung bewirken können – im Gegensatz zu scheinbarer Veränderung. Nur wenn wir

In unserem Leben geht es darum zu lieben, das heißt, Liebe auf der Erde möglich zu machen.

das verstehen, wird all dies möglich. Nutzen wir die Energie, die uns geschenkt wurde, um zu lieben. Sie ist ein Geschenk Gottes. Maulānā Dschalāl-ad Dīn Rūmī sagt: »Liebe kann selbst Kupfer in Gold verwandeln.« Das Kupfer ist die Venus – das Liebesspiel der Venus. Liebe kann selbst Kupfer in Gold verwandeln.

In unserer Tradition heißt es: »Umwirb den Herrn, so wie du deinen Geliebten umwerben würdest.« Lass den Geliebten niemals deinen Augen entschwinden, deiner Berührung, deinem Geschmack, deinem Atem – keinem Teil der Gaben, die du empfangen hast. Lass es niemals zu. Umwirb den Geliebten. Diese Zeit des Werbens ist großartig. Doch wozu werben? Die Zeit des Werbens ist die Zeit vor der Hochzeit. Der Herr ist der Geliebte. Er ist weder männlich noch weiblich. Er ist nichts dergleichen. Werben heißt, uns selbst zu verschenken aus der inneren Erkenntnis und dem Verstehen heraus, dass »Geliebter« (*Beloved*) geliebt werden (*be loved*) bedeutet. Erst wenn wir unser Werben vollendet haben, können wir geliebt werden. Jede Frau weiß das. Es gibt keine Frau, die das nicht weiß. Aber nur sehr wenige Männer wissen es. Macht dem Geliebten, der für immer formlos ist, den Hof. Und was wird das Ergebnis sein, wenn der Geliebte in uns seine Liebe kundgetan hat? Dann werden wir formlos sein, denn nach der Verschmelzung wird nur übrigbleiben, was der Geliebte uns schenkt. Auf dieser Ebene solltet ihr die Dinge verstehen. Auf dieser Ebene müssen wir Geduld lernen. Auf dieser Ebene müssen wir lernen, das Wenige weiterzugeben, das wir über diese Dinge wissen.

Eines Tages wird dieser Planet in den Körper der Sonne zurückkehren. Eines Tages wird Mutter Erde im Vater (nicht mit ihm) verschmelzen. Eines Tages wird das Experiment des Lebens auf der Erde abgeschlossen sein. Obwohl ich von unseren Kindern und Kindeskindern spreche, will ich damit nicht sagen, dass wir dies jetzt noch nicht wissen können. Wenn wir lieben, werden wir es wissen. Wenn wir jetzt lieben, werden wir es jetzt wissen. Wenn wir lieben, werden wir im Wissen um die Liebe Gottes verwandelt werden. Der Drache am Himmel ist ein blauer Funke der unsichtbaren Welt. Wenn wir diese Welt in Liebe erkennen, kann sie zu unserem Freund werden. Wenn wir dies nicht tun, kann sie, im relativen Sinne, zu unserem Feind werden. Wenn wir einander lieben, manifestiert sich der Drache. Die Zeit, den Drachen zu töten, ist vorbei. Es ist jetzt an der Zeit zu erkennen, dass der Drache unser Freund ist.

In unserem Leben geht es darum zu lieben, das heißt, Liebe auf der Erde möglich zu machen. Die gesamte Struktur unseres Körpers verändert sich, wenn wir lieben, wenn wir »in Liebe« sind. Jede einzelne Zelle ist sich dessen ein bisschen bewusst und wird sich verändern. Alles verändert sich, wenn wir lieben. Der Planet, unsere geliebte Erde, verändert sich, wenn wir lieben. Allein kann sie es nicht. *Wir* müssen es tun. Wir haben die Möglichkeit zu lieben. Lasst uns jeden Tag lieben, ob wir einen Geliebten haben oder nicht. Es geht nicht darum, ob wir einen Geliebten haben. Es geht darum, dass, wenn wir lieben, heiliger Boden ist, wo immer wir stehen, sitzen oder gehen.

Verlangen

21

Es ist in der spirituellen Arbeit erforderlich, die Natur von Liebe und Verlangen näher zu untersuchen. Das Überwinden der Begierden gehört zu den ersten Lektionen in fast allen Schulen. Doch was ist Begierde? Was meinen wir, wenn wir sagen: »Ich begehre«? Was ist überhaupt dieses »Ich«, das imstande ist zu begehren? Das Verlangen ist in Wahrheit nichts Einschichtiges. In der relativen Welt setzt es sich aus sieben verschiedenen Aspekten zusammen.

Verlangen hat mit den sieben Zentren (oder Chakren, Energierädern) zu tun. Diese psychischen Zentren haben ihre Entsprechungen in der physischen Form des menschlichen Körpers und in den feinstofflichen Körpern des Menschen – die man auch »die feinstoffliche Anatomie« des Körpers Gottes nennen könnte. Jedes hat eine positive und eine negative Seite. Jedem einzelnen wird eine bestimmte Farbe zugeordnet, eine Zahl und eine Note der musikalischen Oktave. Und ein jedes hat in bestimmter Weise mit der Natur des Verlangens zu tun.

Im *Wurzelzentrum,* das am unteren Ende der Wirbelsäule liegt und Träger des niedrigsten Elementes des animalischen Menschen ist, sehen wir die erste Stufe des Verlangens. Zweck dieses Zentrums ist das Erschaffen von Form. Um etwas zu erschaffen, müssen drei Kräfte zusammenwirken: die passive, die aktive und die zulassende Kraft. Die Zahl dieses Zentrums ist Drei. In der relativen Welt äußert sich das Verlangen nach Form im Wunsch nach großen Häusern, Reichtum oder Gegenständen. Unbewusst versuchen wir durch den Wunsch nach diesen Dingen zu beweisen, dass wir existieren. Das wahre »Ich« aber benötigt keinen Beweis seiner Existenz als sich selbst. Im Verlangen nach Form, im Gewicht der Schwerkraft und in der Bedeutung, die wir der materiellen Welt zuschreiben, wird Verlangen aus dem untersten Zentrum sichtbar. Ohne dieses Verlangen gäbe es kein Erschaffen von Formen, keine Kontinuität und keine Manifestation auf der physischen Ebene. Wir können also nicht sagen, es sei falsch. Aber wir können etwas für Gott erschaffen statt für uns selbst.

Die Farbe dieser Form des Verlangens ist Rot. Es hat mit dem Planeten Mars zu tun, dem Gott des Krieges. Ich habe das Verlangen, einem anderen Land Geld wegzunehmen und auf diese Weise mein eigenes Land zu bereichern. Dies ist ein Versuch, meine Existenz durch Macht unter Beweis zu stellen.

Das Wurzelzentrum ist die Körperregion, wo wir ausscheiden oder uns der verbrauchten physischen Energie entledigen. Doch hier, in der Trinität der Zahl Drei, beginnt auch die Schöpfung in der physischen Welt. Wir sehen, dass alles seine sogenannten guten und schlechten Seiten hat und jedes Ding für die Existenz des anderen notwendig ist. Manche Menschen wachsen über dieses Verlangen nach Form niemals hinaus. Ein Beispiel hierfür ist der reiche Geschäftsmann, der auf dieser Ebene stehen bleibt und schließlich nicht einmal mehr an der Liebe interessiert ist. Er denkt nur daran, noch mehr Geld zu verdienen, größere Gebäude zu erreichen, mehr Schiffe zu erwerben und so weiter.

Die nächste Stufe des Verlangens hat mit der Natur der *Sexualität* zu tun, der reproduzierenden Energie. Das ist das, was wir gemeinhin als Verlangen betrachten. Genau genommen dreht sich ein Großteil der westlichen Zivilisation um das sexuelle Verlangen. Die Werbung weiß dies zu nutzen. Die sexuelle Begierde ist eine der bedeutendsten Kräfte, die den Menschen versklaven. Doch andererseits gäbe es auf der Welt keine Kinder, wenn der Mensch nicht das Verlangen hätte, sich fortzupflanzen. Auch dieses Verlangen stellt nur eine andere Variante des Versuchs dar, unsere Existenz zu beweisen.

Wir dürfen die Tatsache niemals aus den Augen verlieren, dass sich Liebe in der relativen Welt durch Verlangen manifestiert. Doch die Liebe zerstört und verliert, was sie begehrt. Was wir gemeinhin mit »Ich liebe dich« meinen, ist, dass wir einander besitzen möchten, um uns nicht selbst begegnen zu müssen. Nur selten sind wir so fortgeschritten zu erkennen, dass wir Gott im anderen lieben. Daher müssen wir auch Gott in uns selbst lieben. Aber die Vereinigung zwischen Menschen, nach der wir in der relativen Welt streben, entspringt meist der sexuellen Begierde.

Liebe ist die bindende Kraft in der relativen Welt und manifestiert sich durch Verlangen.

Dieses Begehren steht in Beziehung zur Zahl Vier. Damit sich zwei Menschen in der relativen Welt fortpflanzen können, müssen zwei physische Formen verdoppelt werden, das heißt, jede physische Form – die Himmel und Erde beinhaltet – muss verdoppelt werden. Wir haben also den Bund zweier Himmel und zweier Erden, damit ein neues Wesen hervorgebracht wird. Die Vier lässt die Drei entstehen oder wir könnten sagen, die Vier bringt die Kraft der Dreieinigkeit ins Dasein.

Orange, die Farbe dieser zweiten Form des Verlangens, ist die Farbe des Schöpfungskeims. Sie ist der Energiespender der Welt und versorgt alle anderen Zentren mit Energie. Auf seiner niedrigsten Stufe ist das Orange gewalttätig, es verbrennt uns. Auf seiner höchsten Stufe erzeugt es das Licht des Feuers. Zünden wir ein Streichholz an, so brennt die Flamme orangefarben, aber in einem verdunkelten Raum manifestiert sie sich als Licht. Wenn das Verlangen der Farbe Orange im Herzen verwandelt wird, strahlt es von dort, vom Herzen her, als Licht aus. Doch geschieht dies nur, wenn es in reine Liebe verwandelt wird.

Die nächste Stufe des Verlangens können wir im *Solarplexus* lokalisieren. Es ist das Verlangen, erkannt zu werden, sei es durch Emotionen oder durch den emotionalen Körper. Seine Farbe ist Gelb. Gelb ist die Farbe zweier Gegensätze: Weisheit und Furcht. Wenn der Mensch das Wesen des emotionalen Körpers versteht oder des feinstofflichen Körpers, der mit Emotion zu tun hat, hat er Weisheit erlangt. Die Zahl ist Fünf – der fünfzackige Stern, das Symbol des Menschen, der, die Füße auf der Erde und die Arme zum Himmel erhoben, von oben her mit Licht durchströmt wird. In der schwarzen Magie wird dieses Symbol auf den Kopf gestellt.

Der Schwarzmagier möchte Menschen durch Furcht an sich fesseln: das Gegenteil von Weisheit.

Uns allen ist diese Form des Verlangens sehr vertraut. Wir kennen diesen Stich im Solarplexus, wenn wir nicht bekommen, was wir wollen. Wir begehren etwas auf der emotionalen Ebene. Zum Beispiel möchte ich mehr als alles andere auf der Welt einen Blumenstrauß haben. Komme ich dann zu dem Geschäft und es ist geschlossen, empfinde ich die bittere Enttäuschung im Solarplexus, nicht haben zu können, was ich möchte.

Betrachten wir das Ganze noch einmal aus dem Blickwinkel der Liebe. Ohne diese Art des Verlangens gäbe es nur einen kleinen Teil der kreativen Arbeit in der relativen Welt. Wir hätten einige der großen Komponisten und Künstler unserer Zeit nicht, wenn es nicht in der Natur des Menschen läge, seine Existenz mittels seines emotionalen Wesens beweisen zu wollen.

Die nächste Stufe des Verlangens ist mit dem *Herzzentrum* verbunden. Es ist das Bedürfnis, bewusst oder unbewusst, andere magnetisch anzuziehen. Die Zahl ist Sechs, die Farbe Grün. Bin ich nicht so attraktiv wie ein anderer, werde ich »grün vor Neid«. Wenn ich andererseits das Wesen des Herzens begreife, weiß ich, dass Grün im Farbspektrum der Katalysator ist. Es ist weder positiv noch negativ; es liegt genau in der Mitte. Grün symbolisiert den Frühlingsanfang und alle Arten von Neubeginn. Wir wurden aufgefordert, das Rot, das Orange und sogar das Gelb der niederen Zentren ins Herz hereinzuholen und dort zu verwandeln. Doch wenn wir das Herzzentrum gut genug verstehen und nutzen, wird es von selbst die niederen Energien an sich ziehen und verwandeln.

Das Herzzentrum ist sehr wichtig. Es ist möglich, die Schwingung dieses Verlangens aus Versehen zu erhöhen und so eine sehr starke Ausstrahlung zu erlangen. Als Beispiel mag ein Mensch dienen, der einen bestimmten Grad spiritueller Erkenntnis erreicht hat, viele Anhänger findet, dann aber von seinem Verlangen oder Magnetismus daran gehindert wird, weitere Fortschritte auf dem Weg zu machen.

Die fünfte Stufe des Verlangens und die letzte, die leicht erkennbar ist, wird mit dem *Kehlkopfzentrum* in Verbindung gebracht und mit der Farbe Blau. Diese Ebene ist schwerer zu verstehen als die anderen, aber für den relativen Menschen noch wahrnehmbar. Es könnte »das Verlangen nach dem Wort« genannt werden, oder »das Verlangen nach Schwingung«. Blau kann in Depression umschlagen, aber seine wahre Bedeutung ist das »Ausatmen der Welt«. Wenn das begrenzte »Ich« etwas mittels Kommunikation bekommen möchte, aber nicht kriegt, was es will – und natürlich wird es schließlich so sein –, schlägt die Farbe um, und das Ergebnis ist Depression.

Diesen besonderen Bereich, dessen Zahl die Sieben ist, nennen wir »das Tor der Seele«. Dies ist ein sehr wichtiges Zentrum. Hier beginnt das Ich, sich in der relativen Welt zu manifestieren. In der Bibel heißt es: »Am Anfang war das Wort, und das Wort war bei Gott.« Wenn wir sagen: »Ich will«, können wir gar nicht umhin, das Ich zu manifestieren. Wir beginnen das, was jenseits des Ichs geschieht, aus den Augen zu verlieren.

Diese fünf Stufen des Verlangens stehen sozusagen in Beziehung zu Gott, Der auf der Erde immanent ist. Sie charakterisieren den Menschen der relativen Welt, der seinen Ursprung vergessen hat. Diese fünf Stufen sind: das Verlangen nach Form; das Verlangen, sich zu reproduzieren; das Verlangen, mittels des Gefühls erkannt zu werden; das Verlangen nach magnetischer Anziehungskraft und das Verlangen nach dem Wort. Wir können uns auf allen Stufen gleichzeitig befinden oder uns auf einer oder mehreren dieser Stufen fesseln lassen. Wir können nur versuchen, uns selbst zu beobachten und zu erkennen, an welcher Stelle wir festsitzen.

Die nächsten Stufen sind genauso wichtig, doch von unserer begrenzten Warte aus werden wir die wahre Bedeutung dieser beiden Ebenen nicht wirklich erfassen können. Das nächste Zentrum wird oft als das *dritte Auge* bezeichnet. Die Zahl dieses Zentrums ist die Acht, so wie im *I Ging* die Zahl der Veränderung, und, liegend geschrieben, das Zeichen für Unendlichkeit. Zeit und Ewigkeit sind Synonyme, die beide in der relativen Welt existieren. Wir müssten uns darüber klar werden, dass Gott, das Absolute, sich in der relativen Welt durch Zeit manifestiert. Zeit existiert nur durch die Natur des Verlangens, denn wie das Verlangen bewegt Zeit sich im Uhrzeigersinn. Mit der Acht beginnt eine neue Oktave der Existenz. Diese Bewusstseinsebene, die wir »die kausale Welt« nennen, entspricht dem, was im Koran steht: »Gott sagte: ›Sei!‹, und alles wurde.« Sie gleicht den Rittern der Artussage, die ihr Knie beugten, Gefolgschaftstreue gelobten und einwilligten, für die Sache des Lichts gegen die Dunkelheit zu kämpfen.

Dieses mit den Regionen des Lichts verbundene Zentrum hat auch seine Kehrseite. Deshalb wird es auch »böser Blick« genannt, wenn seine Macht missbraucht wird. Ist es »der böse Blick« oder »das böse Ich«? Vielleicht beides.* Dies ist das Zentrum, von dem aus der Mensch in die Falle gelockt wird, wenn seine Kraft missbraucht wird. Außerdem ist es das Zentrum der reinen Wahrnehmung, der reinen Sicht und der reinen Klarheit des Verstehens. Durch dieses Zentrum wird der Wille Gottes auf der Erde offenbar. Aber es kann auch mit Verlangen in der relativen Welt zu tun haben. Dies ist das Zentrum der Macht, und der Mensch *hat* das Verlangen nach Macht. Hätte er den Wunsch nach Macht nicht, würden die Räder sich nicht drehen.

Das nächste Zentrum ist mit dem *Kronenchakra* verwandt. Seine Zahl ist die Neun, die Zahl des Heiligen Geistes. Es mag schwierig sein zu verstehen, dass wir nach dem Heiligen Geist verlangen können, aber es ist tatsächlich möglich. Solange wir das Verlangen haben, »Gott zu sehen«, werden wir Ihn niemals finden. Im positiven Aspekt dieser Ebene zeigt uns Gott Seine Teilnahme am Tanz der Planeten. Wenn auch wir uns an diesem Tanz beteiligen, können wir dies verstehen und entdecken, dass in Wirklichkeit Gott durch uns daran teilnimmt. Dies ist eine sehr wichtige Bewusstseinsebene, die das Element des transzendenten Gottes repräsentiert. Ihre Farbe ist Violett die letzte Farbe, die wir mit bloßem Auge wahrnehmen können.

Liebe ist die bindende Kraft in der relativen Welt. Sie manifestiert sich durch Verlangen. Liebe, manifestiert als Verlangen, ist die treibende Kraft in dieser Welt. Liebe dient nur einem einzigen Zweck: der Schönheit. Wir werden jetzt vielleicht erkennen können, dass das Verlangen aufgehen muss in dem Einen, in der Liebe. Gott ist Liebe. Gott muss Sich in der relativen Welt manifestieren, und wir müssen unser Verlangen auf dem Altar Seiner Liebe darbringen.

* Englisches Wortspiel, da *evil eye* und *evil I* genau gleich ausgesprochen werden [Anmerkung der Herausgeber].

Trennung überwinden

22

In der relativen Welt sind wir einem beständigen Prozess des Werdens unterworfen. Es gibt zwei Ebenen, aus denen wir gleichzeitig entstehen: die Konditionierungen unserer Vergangenheit und die höheren Schwingungsformen. Während die Erde zum Himmel wird, senkt der Himmel sich auf die Erde herab.

Unsere erste Grundannahme lautet, dass die gesamte Materie aus der Kristallisation des Lichts hervorgeht. Als Zweites setzen wir voraus, dass im Verstand des Menschen auftauchende Gedanken auf anderen Ebenen entstanden sind, die dem Menschen in seinem gegenwärtigen unerleuchteten Zustand verschlossen sind. Als Drittes gehen wir davon aus, dass selbst die Gefühle des Menschen, die sich anscheinend auf die relative Welt beziehen, überwiegend höheren Erfahrungsebenen entstammen.

Wir sind Teil des Universums, und das Universum ist Teil von uns. Wir erkennen nicht, dass unsere Gefühle den Gezeiten gleichen, die entscheidend von anderen Welten geprägt werden. Wir machen keinen Versuch, nach oben oder nach unten zu schauen, um unseren Ursprung zu erkennen. Der Mensch hat vergessen, dass er Teil des Wachstums des Planeten Erde ist. Er hat die Heiligkeit des Lebens und den Planeten vergessen, aus dem er fortwährend entsteht – ebenso wie er die Natur des Himmels vergessen hat. Eine unserer Aufgaben in diesem neuen Zeitalter besteht darin, den Menschen mittels lebendiger Erfahrung das Wunder des Lebens nahezubringen.

Es gibt eine Reihe von Körpern – Energiekörpern –, die sich gegenseitig durchdringen und nicht voneinander getrennt sind. Damit der Himmel auf die Erde gelangen und die Erde sich in den Himmel verwandeln kann, muss der höhere Mensch – symbolisiert durch ein Dreieck, dessen Spitze nach unten auf das Herz weist – zur Erde herabsteigen. Die Erde, deren Dreiecksspitze nach oben zeigt, muss zum Himmel aufsteigen. So wird der große sechszackige Stern gebildet, das Siegel Salomos.

Die Lösung hierzu könnte in dem Filter zwischen Solarplexus und Herz liegen, den wir »Kuppel« nennen und der aus zahlreichen feinstofflichen Schwingungen und »Schleiern« besteht. Dieser Bereich befindet sich genau über dem niederen Menschen und ist eigentlich da, um den Menschen zu schützen. Doch wozu dieser Schutz? Nun: Woran könnte sich ein Mensch noch halten, würde die gesamte Konditionierung seiner Vergangenheit auf einmal von ihm abgestreift?

Die Möglichkeit, die Schleier zu zerreißen, offenbart sich uns in der Tatsache, dass die Kuppel die Jungfrau darstellt. In diesem Sinne muss die Jungfrau penetriert werden, damit das Kind geboren werden kann. Mit dem Kind meinen wir natürlich das Kind, das im Herzen der Menschheit geboren wird: die zweite Geburt oder Wiederkunft.

Wenn unser Herz offen ist, können wir erkennen, dass Immanenz und Transzendenz eins sind, dass beide Welten eins sind. Dann kann wahrhaft gesagt werden: »Ich sah einen neuen Himmel und eine neue Erde – der alte Himmel und die alte Erde sind vergangen.« Der Schmerz der Trennung wird vergehen, langsam zuerst, dann immer schneller. »Seid wie die Kinder«, sagte Christus. Ich glaube, ein Kind, das geboren wird, hat fast keine Kuppel, nur einen sehr geringen Schutz. Erst wenn wir älter werden, bauen wir durch unser Gefühl von Getrenntheit und die anderen großen Illusionen diesen Filter allmählich auf. Für das Kind gibt es die Trennung zwischen Himmel und Erde nicht. Wenn das neue Kind im Herzen geboren wird, wird der Mensch selbst zum neuen Himmel und zur neuen Erde. Er wird in der Tat zum sich selbst erschaffenden Universum.

Eines Tages müssen wir alle verstehen, dass es uns nur in Harmonie mit dem Göttlichen Prinzip gelingen wird, in einer chaotischen Welt der Unordnung geordnet zu leben. Sobald wir aus der Harmonie herausfallen, finden wir uns in der Wüste wieder, denn alles ist mit allem anderen verbunden. Wir erfahren, dass alles in unaufhörlicher Bewegung dahinfließt. Wir können mit dem Strom schwimmen, statt gegen ihn anzukämpfen. Wir beginnen zu verstehen, dass wir diesen Strom nur durch unser Bemühen um bewusste Wahrnehmung wirklich kennenlernen können: Paradoxerweise entdecken wir, dass wir, wenn wir still sind, mit dem Strom dahinfließen, in Harmonie sein können. Wir haben dann die Chance, jene Wahrheiten kennenzulernen, die unser Dasein auf diesem Planeten bestimmen. Nur in Stille und Wachheit werden wir jemals jene Stimme im Inneren eines jeden von uns hören, die uns auf dem Weg führen kann. Nur wenn wir still werden – und dann lernen –, können wir hoffen, zu höheren Ebenen des Verstehens fortzuschreiten. Ein Lehrer kann uns den Weg weisen, man kann eine Fülle an Informationen in uns hineinstopfen, das wahre Wissen jedoch kann uns erst dann gegeben werden, wenn wir ein bestimmtes Maß an Harmonie in uns selbst erreicht haben.

Nur in Harmonie mit dem Göttlichen Prinzip wird es uns gelingen, in einer chaotischen Welt der Unordnung geordnet zu leben.

Es ist, als wären wir Vögel, die im Wind fliegen. Wir werden aus unserem Käfig befreit und fliegen wie die Brieftaube in die Lüfte, um unsere Reiseroute zu finden. Wir kreisen und kreisen umher. Der Wind treibt uns hierhin und dorthin. Auf einmal haben wir das Gefühl, den Weg, den wir gehen müssen, zu kennen. Wir wissen, dass wir eine Aufgabe haben. Deshalb richten wir unser Leben danach aus und gelangen ans andere Ende. Was die Sache für uns derart schwierig macht, ist der Haufen vorgefasster Meinungen und negativen Denkens, der uns niederhält. Vielleicht haben wir ein Gespür für den Weg, aber unsere Vergangenheit, Angst, Faulheit oder eine unserer vielen anderen Schwächen zieht uns wieder in unser falsches Sicherheitsdenken zurück. Wir haben Angst, mit dem Göttlichen Prinzip in uns zur Harmonie zu gelangen. Der Kampf beginnt – unser Kampf mit dem Göttlichen Prinzip. Der Weg wird hart, aber wir können lernen, täglich zu sterben und all das loszulassen, was uns daran hindert zu verstehen. Nur indem wir sterben, können wir wiedergeboren werden.

Harmonie erfordert einen verfeinerten Sinn für Gleichheit. Das ist das erste Axiom von »Wie oben, so unten«. Dieses Gleichgewicht wird die Integration und Assimilation der wesensverwandten Aspekte unserer selbst erlauben und uns auf das einstimmen, was uns von unserer Umgebung gegeben wird.

Fixieren von Gold im Herzen

23 Die Alchimie ist eine Kunst. Sie ist eine spirituelle Form der Kunst, die auf ihrer höchsten Stufe imstande ist, die vollständige Transformation des Menschen hervorzubringen – in dieser und der nächsten Welt. Auf ihrer niedrigsten Stufe ist sie eine armselige Wissenschaft, ein armseliges Experiment, das nur dazu dient, mit unserer niederen Natur zu arbeiten und das menschliche Ego zu füttern, ohne dass eine Transformation stattfindet.

In Büchern und Inschriften finden wir nur spärliche und oberflächliche Informationen über Alchimie. Das Wissen darüber ist bruchstückhaft. Auch heute noch existieren ein oder zwei wirkliche alchimistische Schulen, aber diese werden äußerst geheim gehalten. Aus einleuchtenden Gründen bleiben die Schüler unter sich und sprechen nicht über die Dinge, die sie lernen.

Es ist wahr, dass das Ziel der Arbeit solcher Schulen die Herstellung reinen Goldes ist. Gleichzeitig aber hat der Schüler sich der inneren Transformation zu unterziehen, die auf der letzten Stufe des Werks das Gewinnen des Goldes erst möglich macht. Diese innere Transformation möchte ich nun beschreiben. Wirkliche Veränderung kann nur durch die innere Transformation geschehen, die »Fixieren von Gold im Herzen« genannt wird. Nur dann wird es ein neues, ein goldenes Zeitalter geben.

Beim alchimistischen Prozess müssen wir als Erstes herausfinden, womit wir eigentlich arbeiten. Dies gilt für die Alchimie des inneren Menschen ebenso wie für die in der äußeren Welt manifestierte Alchimie. Welches sind die Materialien, die uns zur Verfügung stehen, und worin bestehen ihre spezielle Funktionen? Wir können mit der Aufgabe, der wir uns geweiht haben, beginnen, indem wir zunächst betrachten, was uns zur Verfügung steht.

Der zweite Schritt, der gleichzeitig mit dem ersten vollzogen werden muss, besteht darin, uns in unserem tiefsten Inneren zu fragen, ob wir wirklich bereit sind, absolut alles zu opfern, um das Werk zu vollenden, und ob wir, indem wir es vollenden, fähiger werden zu dienen.

Vielleicht haben wir bereits erkannt, dass dieser Körper unser einziges Instrument ist. Aber ist uns auch bewusst, dass dies die einzige Zeit ist, der einzige Tag, den es gibt? Wenn wir dies akzeptieren können, werden wir verstehen, dass alles, was wir benötigen, um mit dem Werk zu beginnen, bereits vorhanden ist.

Wann immer wir – so heißt es in der Alchimie – den Bereich definieren, für den wir verantwortlich sind, wird uns innerhalb dieses Bereiches alles gegeben werden. Es ist, als käme das gesamte Universum herab und setzte sich uns zu Füßen, bereit und voller Erwartung, bei der Erfüllung des Göttlichen Plans auf der Erde behilflich zu sein.

In einem solchen Augenblick ist der Mensch kein Mikrokosmos mehr. Er steht an der Schwelle des größten aller Wunder: dass Gott den Menschen nach Seinem Bilde schuf. Der Mensch ist dann nicht, wie er glaubte, Mikrokosmos, sondern Makrokosmos.

Dieses Instrument, dieser Körper steht uns zur Verfügung – ein ganz außergewöhnliches Wunder, das manchmal »Tempel Gottes« genannt wird. Unser Gehirn ist der leistungsfähigste Computer, den es je gab. Durch unsere Adern fließen Ozeane. Im Mutterschoß ist potenziell die Zukunft der Welt angelegt. In den Spurenelementen unseres Körpers finden wir das Mineralreich wieder. Vielfach destilliert ist das Pflanzenreich in ihm enthalten. Auch das Tierreich (mit dem wir uns so oft identifizieren) ist in ihm enthalten, um für uns zu arbeiten, oder aber, schlimmstenfalls, um uns zu zerstören, bevor das große Werk vollendet ist.

Wirkliche Veränderung kann nur durch die innere Transformation geschehen, die »Fixieren von Gold im Herzen« genannt wird.

Es gibt in unserem Inneren auch eine sehr kostbare Perle: die embryonale Seele oder Essenz des Menschen. Sie ist ein dimensionsloser Punkt, der jedoch alle Dimensionen in sich vereinigt. Auch die weiße Rose ist da, in unserem Inneren, und die rote Rose, das Gold. Denn in der Alchimie kann mit der Herstellung von Gold erst begonnen werden, wenn bereits welches vorhanden ist. Alles ist da, damit der Prozess beginnen kann: das Werkzeug, der Schmelzofen, die Tiegel und die erforderliche Schwingung, um die Struktur des Materials zu verändern.

Hindernisse für die Transformation

24

Was hält uns davon ab, das Werk zu vollenden oder überhaupt zu beginnen? Es muss etwas geben, das uns im Wege steht, denn andernfalls wären wir alle Meister der Alchimie und vollkommen bewusste Wesen.

Wie kommt es, dass wir trotz so vieler Lehrer und Schulen, trotz unseres guten Willens nicht einmal imstande sind, die Anfangsphase des Werks zu vollenden. Ist guter Wille genug?

Ebenso wie es zu Beginn der Reise notwendig ist, uns der Werkzeuge und Materialien bewusst zu werden, die uns zur Verfügung stehen, so notwendig ist auch die Erkenntnis der Dinge, die verhindern, dass das Experiment stattfindet. Dieser schwierigen Aufgabe müssen wir uns stellen. Wenn wir vollkommen ehrlich mit uns selbst sind und den Wunsch haben, zu dieser Reise aufzubrechen, werden wir imstande sein, die Hindernisse zu erkennen.

Wir sagen in unserer Tradition, dass es das Ausmaß unseres Grolls, Neides oder Stolzes ist, das Transformation verhindert. In gewisser Weise wissen wir das alle, aber den meisten von uns müssen diese Dinge auch gesagt werden. Damit wird unser innerer Verdacht bestätigt, dass wir vielleicht – bevor wir nicht an der Transformation und Umwandlung unserer *nafs* gearbeitet haben, unserer Tierseele – noch nicht bereit sind, unsere Reise zur Seele, zur Wahrheit anzutreten. *Niemand außer uns selbst kann es für uns tun!*

Unterwegs können wir Hilfe erhalten. Wir haben vielleicht das Glück, einen guten Führer zu finden, der sein Bestes tun wird, damit wir ohne Umweg ans Ziel gelangen. Doch nur wir selbst können die innere Arbeit leisten, die als das kleinere Opus des großen Werks betrachtet werden kann.

Wir wollen einmal die Natur dieser drei Barrieren – Groll, Neid und Stolz – untersuchen. Sie rufen Gefühle in uns hervor, die uns so oft überfallen: Apathie, Trauer, Furcht und Zorn. Keines dieser Gefühle gehört zu den Eigenschaften Gottes.

Betrachten wir zunächst den Groll. Wie viele von uns können behaupten, frei von Groll zu sein? Wir sind ganz normale Menschen. Hätten wir nicht ein wenig von diesem »Zeug«, diesem Groll in uns, wären wir nicht menschlich. Und doch wären wir weniger als menschlich, würden wir unsere Schwäche nicht erkennen und unser Bestes tun, sie in liebender Übereinstimmung mit Gott verwandeln zu helfen.

Das Ausmaß unseres Grolls, Neides oder Stolzes verhindert den Prozess der Transformation.

Im Wesentlichen lehnen wir die Dinge ab, die wir nicht ändern können. Dies sind Dinge, die für gewöhnlich ihre Wurzeln in unserer sogenannten Vergangenheit haben. In Wirklichkeit aber gibt es weder Vergangenheit noch Zukunft, und Ziel der Reise, des Werks, ist das Entdecken der wirklichen Welt. Wir können also erkennen, dass Groll ebensowenig ein Attribut Gottes sein kann wie Apathie, Trauer, Furcht oder Zorn. Wir mögen unseren Eltern oder Freunden das Gefühl der Zurückweisung verübeln, das wir durch sie erfuhren. Wir sind empört über die Dummheit der Welt oder unserer Mitmenschen, aber wir tun wenig, die innere Ursache zu verändern, die letztlich das, was wir als »außen« ansehen, verwandeln wird.

Groll ist eine unüberwindliche Mauer. Sie wird von wilden Tieren bewacht, und um sie herum ist ein Graben gezogen, der voller Gefahren ist. Auf welchem Weg wir auch immer versuchen, diese Mauer zu bezwingen – wir können nicht entkommen. Irgendwie müssen wir einen völlig neuen Ansatz entdecken, sodass wir eines Tages, so Gott will, aufwachen und die Mauer nicht mehr vorfinden. Die Tiere spielen jetzt, statt die Mauer zu verteidigen, friedlich im Sonnenschein. Sie sind Freunde geworden. Der Graben, zuvor stehendes Gewässer und voller Gefahren, hat sich in einen Fluss verwandelt, der stetig in Richtung des großen Ozeans fließt.

Und wie sieht es mit dem Neid aus? Können wir sagen, wir seien auf nichts neidisch? Vielleicht sind wir ja darüber hinaus, anderen ihren Besitz zu neiden, ihren Job, ihre Freunde. Vielleicht haben wir sogar das Glück, die Dinge in der Welt um uns herum genauso zu akzeptieren, wie sie sind. Doch wie viele von uns sind frei genug, behaupten zu können, sie beneideten niemanden um seine Erfahrungen, seien sie psychischer oder spiritueller Art?

Ich frage mich, wie oft wir schon mit unserem eigenen inneren Hunger im Bett lagen oder in Kontemplation versunken waren und uns nach den Erfahrungen großer Lehrer oder Mystiker sehnten, die die letzten Stufen des Werks bereits vollendet hatten. Neid ist eine weitere hohe, unüberwindliche Mauer, genauso hoch und gefährlich wie die erste. Wenn wir ihn nicht erkennen, werden wir immer gieriger, entweder nach den Dingen dieser Welt oder nach denen der anderen Welt. Dies kann in einer Art »spiritueller Nymphomanie« enden, die niemals Befriedigung finden wird.

Es heißt: »Stolz kommt vor dem Fall.« Im Werk ist Stolz das Herausfallen aus der Gnade Gottes. Stolz ist die Vorstellung, wir allein könnten etwas bewirken. Stolz trennt uns von der ersten Ursache, hält uns von Gott fern.

Stolz hindert uns daran, wirklich etwas zu geben. Er lässt uns glauben, wir allein seien groß und mächtig, wir könnten aus eigener Kraft etwas tun. Er verhindert wirkliche Veränderung. Stolz hindert Gott daran, uns beim Prozess innerer Transformation zu helfen.

»Hochmut kommt vor dem Fall«, dem Fall aus der Gnade, den wir bestimmt schon viele Male erfahren haben. Dieser Fall ist in der Tat sehr schmerzhaft. Wir mögen uns noch so oft aufraffen und versuchen, das Werk fortzusetzen – solange die Mauer des Stolzes noch vorhanden ist, bleibt das Experiment zum Scheitern verurteilt.

Welches ist also der Schlüssel, den wir hier brauchen? Welches ist der Schlüssel zu wirklicher Veränderung – zunächst in uns selbst, dann in der äußeren Welt, die der Veränderung so verzweifelt bedarf? Der Schlüssel heißt Erkenntnis. Wenn wir lernen, unsere Barrieren ehrlich und bewusst zu erkennen – wissend, dass Gott Sich danach sehnt, erkannt zu werden, so wie wir uns danach sehnen, Ihn zu erkennen –, werden Groll, Neid und Stolz, die drei Mauern, nach und nach zerfallen.

Der Schlüssel heißt Erkenntnis. Wenn wir diesen Schlüssel bereitwillig annehmen in dem Wissen, dass wir Gott und der Menschheit nur dienen können, wenn die Mauern fallen, dann werden wir ihn auch benutzen. Wir werden ganz allmählich feststellen, dass wir über den Schmerz hinauswachsen können, den Apathie, Trauer, Furcht und Zorn verursachen. Wir werden entdecken, dass unser Zorn sich in richtige Motivation und richtige Absicht verwandelt, unsere Apathie in ein Fließen, unsere Trauer und unser Selbstmitleid in Freude und unsere Furcht in Ekstase.

Das Werk beginnen

25

Der Mensch ist dafür verantwortlich, an sich selbst zu arbeiten, sodass bestimmte latent in ihm ruhende Qualitäten erweckt werden können und er befähigt wird, zur gegenseitigen Erhaltung des Planeten Gott und den Menschen wahrhaft zu dienen. Der allumfassende Schlüssel ist das Wort »Dienen«. Wir sind nur dann imstande, unseren Verpflichtungen gerecht zu werden, wenn wir den Pfad des Dienens einschlagen. Andernfalls werden wir zutiefst enttäuscht erkennen müssen, dass wir – obwohl unsere eigentliche Suche dem gilt, was wir in Wirklichkeit sind – unser Leben auf der Jagd nach einem Ziel »dort draußen« vergeudet haben, nach irgendeiner Illusion über das Entwickeln eines Selbsts, das wir ja erst entdecken müssen. Der »Weg der Redlichkeit« – im kabbalistischen Lebensbaum jener gerade Weg, der von Yesod, der Basis, zu Tipheret, dem Herzzentrum, dem essenziellen Selbsts führt – ist der Weg des Dienens und der Selbstaufgabe. Wir geben auf diesem Weg all die Meinungen und Konzepte über uns selbst auf, die wir so lieb gewonnen haben und die uns in dieser Welt eine *raison d'être* zu liefern scheinen.

Oberflächlich betrachtet sieht das alles nicht gerade viel versprechend aus. Wir scheinen uns selbst in eine so missliche Lage gebracht zu haben, dass es, falls nicht im Bewusstsein des Durchschnittsmenschen ein radikaler Durchbruch stattfindet, zu spät sein könnte, noch irgendetwas zu tun. Die Verschmutzung unserer Seen und Meere, des Bodens sowie der Denkweise der Menschen vollzieht sich in klar abgegrenzten Etappen und Sprüngen. Wir können über lange Zeit unseren Müll in einen See kippen, ohne allzu großen Schaden anzurichten. Dann aber, ganz plötzlich, ist es zu spät, und wenn der kritische Punkt erreicht ist, erstirbt alles, was Leben ermöglicht, und, wie man so schön sagt, das war's dann.

In jedem Akt der Hingabe wird Energie freigesetzt, sodass das Werk, für das wir ausersehen sind, beginnen kann.

Doch durch genau jene Krise, die wir selbst verursacht haben, wird in uns endlich das so notwendige Bedürfnis nach Kooperation geweckt. Es ist wichtig, dass wir mit all den verschiedenen Gruppen und Zentren, die überall auf der Welt aus dem Boden schießen, zusammenarbeiten – und damit auch mit den unsichtbaren Welten. Das alles durchdringende Leben im Raum wartet darauf, durch unser Erkennen zu erwachen. Es kann uns dann zu unseren Wurzeln zurückführen und zu dem Wissen, mit dem wir unseren Planeten wieder in Ordnung bringen können. Überall taucht mehr und mehr altes Wissen wieder auf. Es ist jetzt an der Zeit, mit Hilfe unseres Wissens um unterschiedliche Energieformen ein System miteinander verbundener Kraftlinien aufzubauen. Durch seine Arbeit an sich selbst hat der Mensch die Fähigkeit zur Umwandlung dieser Energien und kann so seine eigentliche, ihm auf diesem Planeten zugedachte Funktion erfüllen: Er kann wahrhaft zum Bindeglied zwischen Himmel und Erde werden.

Angesichts der so oft missverstandenen Bedeutung der »Selbstentwicklung« oder »Bewusstseinserweiterung« (Ich möchte gerne wissen, wer da eigentlich was erweitern soll!) wird es uns sehr schwer fallen, höchst egoistische Beweggründe zu vermeiden. Während wir auf dem Pfad fortschreiten, gelingt es dem Ego, immer subtiler zu werden. Wir sollten uns vor der Falle hüten, das falsche »Ich« in Konzepten über dieses und jenes, über Gott und das Selbst, zu verkapseln. Denn schließlich trennt uns nur das Denken. Am Anfang waren wir nichts anderes als »ein Gedanke im Geiste Gottes«. Wenn wir verstehen wollen, wie das schöpferische Prinzip durch die vierzehn Stufen des Denkens hindurch wirkt, ist es notwendig, all jene Konzepte aufzugeben, die uns so lange von der Wahrheit getrennt haben.

Gleichzeitig mit dem Pfad des Dienens betreten wir den Weg der Hingabe. In jedem Akt der Hingabe wird Energie freigesetzt, sodass das Werk, zu dem wir ausersehen sind, beginnen kann. Gurdjieff bezeichnete den Menschen als »kosmischen Apparat zur Umwandlung feinstofflicher Energien«. Dies schließt die Notwendigkeit ein, sowohl den Apparat zu kennen als auch die Energie, die er verwandeln soll. Auf dem Pfad des Dienens geben wir unsere Konzepte auf, um zu erfahren, wer und was wir sind: Dann können wir wahrhaft bewusst sein. Man könnte vielleicht sagen, dass der Mensch seiner Verpflichtung auf dem Wege der Erkenntnis, Erlösung und Auferstehung gerecht wird. Nur indem wir wiedererkennen (»wieder«, weil der Mensch in Wirklichkeit vom Licht reiner Intelligenz niemals getrennt war), können wir frei werden und somit andere befreien. In dem Augenblick, in dem wir erkennen, wer und was wir sind, ist das unsichtbare Reich erlöst, das wie alles andere zum Licht, zu Gott zurückkehren möchte. Diese Rückkehr ist nur durch den Menschen möglich, den vollendeten Menschen, der Gott vollkommen kennt und liebt. Erkenntnis und Erlösung führen zur Auferstehung, zur Geburt des wahren Ichs. Der gesamte alchimistische Prozess wurde vollzogen. Alle Illusionen der Getrenntheit des Menschen sind vergangen. Die Wahrheit allein bleibt bestehen.

Transformation von Energien

26

Ich brauche mich nicht in langatmigen Erklärungen über die Transformation von Energien zu ergehen. Ich möchte mich vielmehr auf drei Aspekte der Transformation konzentrieren und diese etwas genauer untersuchen.

Der erste dieser Aspekte kommt durch das eigene Tun des Menschen zustande, durch seine Arbeit an sich selbst und indem er die Übungen und Disziplinen akzeptiert, die verschiedene Lehrer und Schulen ihren Schülerinnen und Schülern je nach deren individuellen Situation aufgeben. Diese auf eigenen Anstrengungen beruhende Arbeit hat sehr viel mit dem Bewegungszentrum des Menschen zu tun. Sie bedeutet, falls ihr euch mit den Chakren beschäftigt habt, Arbeit an den drei unteren Zentren.

Das Mineralreich schlägt den Ton Do der Oktave an, das Pflanzenreich das Do und das Re, und das Tierreich Do, Re und Mi. Durch die Arbeit an diesen Zentren wird es uns möglich, die Schwelle oder das Mi-Fa-Intervall zu überschreiten und zum Herzzentrum vorzustoßen. Das Herzzentrum ist der Sitz des essenziellen Selbsts und das Zentrum des Magnetismus im Menschen. Das Bewegungszentrum ist der Brennpunkt elektrischer Energie. Die durch die transformierten Energien des niederen Menschen bewirkte Verbindung dieser beiden Zentren mit dem »Kopf-« oder »Denkzentrum« ermöglicht, durch das Verschmelzen der männlichen und weiblichen Elemente im Menschen, zielgerichtete elektromagnetische Kraft. Wir könnten es auch so ausdrücken: Der Verstand – ob man ihn als universellen Verstand betrachtet oder als Verstand, dem durch die Bejahung des Ichs Individualität verliehen wird – hat teil an der elektrischen Energie und nutzt sie daher auch. Der Geist, der das Herz des Menschen erhellt, lässt die ihm innewohnenden verborgenen magnetischen Kräfte aufsteigen. Wir spiritualisieren nur das falsche Ego, wenn wir nicht an uns selbst, am Bewegungszentrum, arbeiten und so den Boden dafür bereiten, dass das falsche Ego durch die Note Fa – oder, wie die Sufis sagen würden, durch das Feuer der Liebe – aufgelöst wird. Dies könnte ungeheure Kräfte und ungeheuren Magnetismus freisetzen und alle möglichen übernatürlichen Erfahrungen mit sich bringen. Diese Kräfte sind jedoch kein wie auch immer gearteter Beweis für Göttlichkeit. Nur indem wir unseren kleinen Willen dem Göttlichen Willen darbringen, können wir frei sein und somit andere befreien.

Um an diesen ersten drei Noten der Oktave zu arbeiten, ist es notwendig, den »Beobachter« einzusetzen. Wir müssen lernen, die Machenschaften unserer niederen Natur so genau zu beobachten, dass wir schließlich das beständig in uns erzeugte Muster erkennen und auf diese Weise die notwendige Veränderung zuwege bringen können. Wie ich bereits sagte, findet Erlösung durch Erkenntnis statt. Die Zeit wird kommen, da die Schleusen sich öffnen. Wenn ein Aspekt unserer selbst sich preisgibt, überschwemmt uns eine Welle der Freude, und die betreffenden Energien werden sofort verwandelt.

Ich erinnere mich an den ersten Lehrer, den ich hatte, als ich zehn Jahre alt war. Es war der Wildhüter meines elterlichen Anwesens in England. Er lehrte mich, Kaninchen mit bloßen Händen zu fangen, und zwar durch so genaue Beobachtung der Bewegungen des Kaninchens, dass ich schließlich imstande war, mich in das ›Denken‹ des Kaninchens hineinzuversetzen. Ja mehr noch: Ich war sogar imstande, die Bewegungen des Kaninchens vorauszuahnen, noch bevor es selbst wusste, was es tun würde. Als meine Lehrzeit zu Ende war, forderte er mich auf, das mit meinen Händen gefangene Kaninchen zu töten. Ich hatte während dieser Zeit die Verhaltensweisen des Kaninchens so genau studiert und das Tierreich so lieb gewonnen, dass mir die Vorstellung, das in meinen Händen zappelnde Kaninchen zu töten, einfach abscheulich vorkam. Doch als das Kaninchen starb, wusste ich, der kleine Junge, was Erlösung ist. In genau jenem Augenblick durchfloss mich ein solcher Strom von Liebe, dass Worte niemals fähig sein werden, dieses Gefühl zu beschreiben.

Wir müssten dies auf unser tägliches Leben übertragen und uns, wenn wir unsere Nahrung zu uns nehmen, der Transformation des Mineral- und Pflanzenreichs bewusst sein. Wir müssten, nachdem wir den Beobachter wachgerüttelt haben, zu einem Verständnis dessen gelangen, was geschieht, wenn die unterschiedlichen Erscheinungsformen des niederen Menschen im Licht der Erkenntnis ›sterben‹. Dann würden wir, glaube ich, auch begreifen, was geschieht, wenn eine Form von Energie in eine andere verwandelt wird. Diese grenzenlose Energie wird freigesetzt, weil Erlösung durch Erkenntnis stattfindet und weil es durch die Erlösung zur Auferstehung jener verschiedenen Teile des Reiches Gottes kommt, jener verschiedenen Kräfte, die notwendig sind, um die Geburt einer neu geschaffenen ›Erde‹ einzuleiten. »Denn der alte Himmel und die alte Erde sind vergangen.«

Es kommt zu bestimmten Transformationen von Energien, die dann bewusst zur gegenseitigen Erhaltung des Planeten eingesetzt werden können.

Obwohl unzählige Bücher und Schriften über Übungen geschrieben worden sind, die uns auf dem Wege der Transformation unterstützen können, und obwohl es viele Gruppen und Schulen gibt, die jene Methoden weitergeben, die sich für sie bewährt haben, wäre es, glaube ich, nicht verkehrt, ein paar einfache Hinweise zu geben, wie wir an dieser ersten Form der Transformation von Energie arbeiten können. Wir haben es im Bewegungszentrum mit der Welt der *maya* (der Welt des Scheins) zu tun, der zeitlichen Welt, dem Einfluss des Mondes, der falschen Vorstellung von Veränderung, das heißt dem Verlangen des Egos, das zu verändern sucht, was in Essenz bereits vollkommen ist. Wir haben es mit der Welt der Erscheinungen zu tun, in physischer, emotionaler sowie psychischer Hinsicht. Wir haben es zu tun mit der Welt der Erfahrungen, in der »ich« diese oder jene Erfahrung mache, in der ich sogar so weit gehe zu glauben, »ich« könnte die Ursache irgendeiner Art veränderten Bewusstseins sein. Die Arbeit am Bewegungszentrum dient einem ganz bestimmten Zweck, der mit dem

Wort »Vorbereitung« zu tun hat. Gleichgültig, ob wir uns des Hatha Yogas bedienen, des Tai Chi oder anderer Übungen der verschiedenen Traditionen – sie alle kennzeichnen nur ein Stadium der Vorbereitung. Wir bereiten dieses Zentrum darauf vor, für uns statt gegen uns zu arbeiten (und dies sogar gern zu tun!). Damit dies möglich wird, müssen wir die unaufhörlich tickende Uhr zerschmettern, auf ihr herumtrampeln und die Teile wegwerfen.

Das Bewegungszentrum wird von unserer falschen Vorstellung von Zeit beeinflusst, das heißt auch von unserer falschen Vorstellung von Raum. Wenn zwei Bewegungszentren versuchen, miteinander zu kommunizieren, haben wir es mit einer Illusion zu tun, die versucht, diese Illusion an eine andere Illusion weiterzugeben! Wirkliche Veränderung erfordert wirkliche Kommunikation, findet in diesem Falle also nicht statt. Dies ist nur scheinbare Veränderung. Wir müssen es bei der Arbeit an diesem Zentrum zulassen, dass unsere Vergangenheit im Feuer des gegenwärtigen Augenblicks verbrannt wird. Wenn wir nicht nachlassen, die Spiele, die gespielt werden, zu beobachten, werden wir schließlich die Überlegenheit des Beobachters erkennen. Wir werden sehen können, dass die vielen Wesen innerhalb dieses Zentrums bereit sind, erlöst und in eine andere, höhere Form von Energie transformiert zu werden. Doch dies ist ein langer Kampf! Die Transformation all dieser Erscheinungsformen vollzieht sich nicht über Nacht. Sie findet im unaufhörlichen Kampf mit den Illusionen statt, die in uns aufsteigen, mit unseren Ängsten, unserer Trauer, unserer Gier und Apathie.

Die zweite Art der Transformation von Energien kommt nicht durch unser eigenes Tun zustande, nicht durch unsere Arbeit an uns selbst mit Hilfe von Übungen, Atemarbeit und Bewegungen. Sie vollzieht sich durch die Kunst der Hingabe. Hingabe ist eine Kunst, denn um uns beständig einer höheren Kraft auszuliefern, ist sehr viel Mut erforderlich und auch Willenskraft. Während der ersten Phase, der vorbereitenden Arbeit, ist es uns gelungen, unsere niedere Natur durch Erkenntnis in den Griff zu bekommen. Uns wurden viele Zeichen gewährt, dass wir auf dem richtigen Weg waren. Jedesmal wenn es uns gelungen war, unsere niederen Energien über die Schwelle unseres individualisierten Bewusstseins zu erheben, wurde unser Herz von Freude erfüllt. Langsam aber sicher entstand ein magnetisches Zentrum, das andere, die sich dem Weg anschließen wollten, anzog. Wir verloren jene »Ichhaftigkeit«, die uns im Weg gestanden hatte. Wir erkannten vielleicht, dass Geduld jene Qualität ist, die das Bewegungszentrum entwickeln muss – das Schwierigste überhaupt in einer Welt von Zeit, Raum und Bewegungszyklen. Im Gefühlszentrum des Herzens gilt es, Demut zu lernen. Dies geschieht durch bewusste Hingabe und Selbstaufgabe, Eigenschaften, die manchmal auch als »bewusstes Leiden« beschrieben werden.

Ich möchte dies im Licht des bereits Gesagten noch einmal darstellen. Das untere oder Bewegungszentrum hat sehr viel mit dem Wesen elektrischer Energie zu tun. Ein Gedanke ist ein elektrischer Impuls. Dass das Denken uns in unserem unerleuchteten Zustand trennt, ist nicht besonders schwierig zu erkennen. In dem Augenblick, da unsere Gedanken im Herzen transformiert werden, können wir einander begegnen. Dann gibt es keine Trennung mehr. Anziehung beruht jetzt auf Magnetismus und nicht mehr auf falscher Attraktivität. Zwar fühlten wir uns aufgrund der falschen Attraktivität zueinander oder zu einer Gruppe hingezogen, doch in Wirklichkeit hatten wir nur den Wunsch, den anderen zu verändern.

Jetzt kann das Ich zur Ruhe kommen. Es entdeckt die Demut, die aus der Selbsterkenntnis erwächst. Es erkennt, dass es nur eine Ursache gibt, nur ein Gesetz, das alles Leben durchdringt und erfüllt. Die vorbereitende Arbeit am Bewegungszentrum führt den Menschen zur ersten Stufe der Erkenntnis. Zum ersten Mal hat er seine individualisierte Seele gefunden, ein elektromagnetisches Kraftfeld ohne Anfang und ohne Ende, ohne Vergangenheit und ohne Zukunft. Ihm wird jetzt Macht verliehen über die Elemente, aus denen seine niederen Energien bestanden, die ihrerseits in seinem physischen Körper und der Welt der Materie ihren Niederschlag fanden.

Wir werden jetzt vielleicht verstehen, dass es sich – je nachdem, ob wir am Bewegungszentrum oder am Gefühlszentrum arbeiten – um zwei völlig unterschiedliche Arten der Energietransformation handelt. Im ersten Fall sind wir aufgefordert, mit Hilfe bewusster Anstrengungen die »Uhr zu zerschmettern«, unsere zyklischen Muster, um der Tyrannei unseres konditionierten Verstandes zu entkommen. Im zweiten Fall gilt es, die Kunst der Hingabe an die Höhere Macht zu erlernen, sodass es Schritt für Schritt zu Transformationen von Energien kommt, die bewusst zur gegenseitigen Erhaltung des Planeten eingesetzt werden können.

In Bezug auf die dritte Art der Transformation können wir nichts mehr tun. Diese Transformation geschieht allein durch Göttliche Gnade. Was immer wir tun, und welche Stufe der Erkenntnis wir auch immer erreicht haben mögen – wir werden niemals wissen, ob und wann diese Gnade uns gewährt wird. Wie ein Blitzstrahl erleuchtet sie die Finsternis menschlicher Unwissenheit. Innerhalb eines Augenblicks verwandelt sie selbst das neue Ich, das sich wie Phönix aus der Asche des Alten erhoben hatte, vereint es für immer mit der einen Quelle allen Lebens und schenkt uns das Wissen um den zeitlosen Schöpfungsakt.

Sein und Aufnahmefähigkeit

27 Das Werk, das manchmal auch »der Geist Gottes« genannt wird, ist nichts, das wir »tun«, sondern eher etwas, an dem wir – mehr oder weniger bewusst – beteiligt sein können. Dies bedeutet, dass wir vor allem wach sein müssen.

So viele Menschen, die in die spirituelle Renaissance unserer Zeit hineingeboren sind, haben das Gefühl, sie müssten etwas tun, müssten eine Art besonderer Mission erfüllen. Sie vergessen dabei die unvermeidlichen Pflichten des Lebens. Die Aufgaben, die ich meine, gehören zu den grundlegenden Tätigkeitsbereichen unseres Lebens wie Essen, Schreinern, Gartenarbeit, Büroarbeit und so weiter. Diese Funktionen sind für die Manifestation des Geistes Gottes in der relativen Welt unabdingbar. Im Gesamtgefüge des Lebens ist ein Gärtner keineswegs wichtiger als ein spiritueller Lehrer – und umgekehrt. Ein Berg ist nicht wichtiger als ein Baum, ein Fluss nicht wichtiger als ein See. Alles fügt sich zu einem vollkommenen Muster zusammen, wenn wir dies doch nur erkennen könnten! Wir wissen sicherlich alle, dass einige der weisesten Menschen, die uns begegnen, einfache Leute sind, die ein einfaches Leben auf dem Lande führen und helfen, den Willen Gottes sichtbar werden zu lassen. Wille und Geist sind für das, was wir »die gegenseitige Erhaltung des Planeten« nennen, wie zwei Hände an einem Körper.

Die spirituelle Arbeit hat nichts Glanzvolles an sich, auch wenn wir dies vielleicht annehmen; sie bedeutet in jedem Falle harte Arbeit. Das Werk stellt eine notwendige Funktion im Rahmen des übergeordneten Planes dar, egal ob es sich im exoterischen, im mesoterischen oder im esoterischen Kreis manifestiert.

Auf dem Weg zum innersten, dem esoterischen Kreis gibt es verschiedene Etappen, deren erste, im Exoterischen, mit dem Wort »Funktion« beginnt. Dies erklärt, weshalb Menschen in früheren Zeiten nicht vor ihrem vierzigsten Lebensjahr in das innere Wissen eingeweiht wurden. Man ging davon aus, dass es ihnen bis dahin gelungen sein sollte, ihre physische Welt zu ordnen, einen Hausstand zu gründen und sich für die Umgebung, in der sie lebten, verantwortlich zu fühlen. Heute haben sich die Zeiten geändert, doch den Zirkeln innerhalb des Werks kommt ebensoviel Bedeutung zu wie früher, und dies wird immer so sein, bis das neue Zeitalter wirklich angebrochen ist. Ich würde sogar so weit gehen zu behaupten, dass das neue Zeitalter in hohem Maße auf unser Verständnis dieser Dinge angewiesen ist.

Wir wollen uns so oft aus ganzem Herzen und mit all unserem guten Willen in den esoterischen Zirkel stürzen, obwohl wir noch nicht einmal die Lehrzeit des täglichen Lebens durchlaufen haben. Das Ergebnis kann nur bittere Enttäuschung sein, denn obgleich wir vielleicht einen Vorgeschmack von dem bekommen, was jenseits der Begrenzungen des menschlichen Verstandes auf uns wartet – ja sogar jenseits des Bewusstseins selbst –, sind wir nicht einmal imstande, ein ganz normales, alltägliches Leben zu führen. In dem Fall müssen wir noch einmal ganz von vorne beginnen.

Nur wenn wir im gegenwärtigen Augenblick sind, kann es das leere Zentrum geben, das nichts für sich selbst verlangt.

Der äußere Zirkel, von dem aus wir zum Zentrum, zum Herzen des Werks, vorstoßen können, muss mehr sein als nur ein Sprungbrett zur wahren Freiheit. Der Prozess vollzieht sich gleichzeitig in die eine wie in die andere Richtung, sodass, wie ich bereits darlegte, ein Schritt den anderen bedingt. Der esoterische Zirkel ist für sein Überleben vollständig auf den exoterischen angewiesen, und damit meine ich das, was im Vaterunser steht: das Kommen des himmlischen Königreichs auf die Erde.

Was hat es nun mit dem mesoterischen Pfad auf sich? Was steht zwischen der sogenannten äußeren und der sogenannten inneren Welt? Es sieht fast so aus wie eine Brücke. Ich will es so klar wie möglich formulieren. In unserer Welt kann es sehr lange dauern, bis aus dem zweiten Schritt wirklich eine Brücke wird, bis wir wirklich bereit sind. Im mesoterischen Zirkel geht es um das Wort »Sein«. Sein hat zu tun mit Aufnahmefähigkeit, und Aufnahmefähigkeit hat, so paradox dies auch klingen mag, mit Leere zu tun. Das Sein ist wie ein Kelch. Wir könnten eine Analogie heranziehen. Schauen wir uns einmal die Messe in der christlichen Kirche an (in manchen Derwischorden gibt es ganz ähnliche Rituale). Der Kelch sollte aus edelsten Materialien bestehen, vollendet geformt von einem Künstler, der viele Jahre der Schulung durchlaufen hat, sodass sein Werk die Vollkommenheit Gottes widerspiegelt. Wir könnten eine solche Arbeit durchaus zur Ebene der Funktion rechnen, obwohl in früheren Zeiten diejenigen, die so auserlesene Gegenstände schufen, Initiierte der höchsten Grade waren. Der Kelch wird an einem besonderen Ort aufbewahrt, stets gereinigt und bereit für seine Verwendung während der Messe. Zu gegebener Zeit ergreift der Priester den Kelch, füllt ihn mit dem Wein des heiligen Sakramentes und bietet ihn – nachdem er selbst ein wenig daraus getrunken hat – den Menschen dar, die gekommen sind, ihn zu empfangen. Da am Ende der Zeremonie kein Wein übrig bleiben darf, schließt der Priester selbst den Kreis.

Wir beginnen, die mesoterische Stufe des Werks zu erkennen. Ich meine damit auch die Arbeit im Allgemeinen, jene Arbeit, die die notwendigen Veränderungen auf unserem Planeten hervorbringen soll. Dank der Form des Kelches kann der leere Raum innerhalb der Gestalt oder Form zum Gefäß für den Geist werden.

Wie ich bereits sagte, gehören Sein und Aufnahmefähigkeit zusammen. Wenn wir stets in der Vergangenheit leben (wegen des Ausmaßes unserer Konditionierung, unseres Neides, Grolls oder Stolzes) oder Pläne für die Zukunft machen, statt im gegenwärtigen Augenblick zu leben, gibt es kein Sein. Dann gibt es nur den Verstand, der davongaloppiert – ähnlich einem wilden Pferd, das bei aller Schönheit nur dann von Nutzen ist, wenn es abgerichtet wurde, seine wahre Funktion zu erfüllen. Wieder kommen wir auf die Funktion zurück, denn alles, was wir in der relativen Welt sehen, fühlen oder hören können, hat eine Funktion. Damit diese Funktion jedoch einen Sinn bekommt, sollten wir sie erkennen und verstehen. Wir können ein Pferd besteigen, wenn es still steht. Wenn es davongaloppiert, werden wir es niemals einfangen.

Nur wenn wir im gegenwärtigen Augenblick sind, kann es das leere Zentrum geben, das nichts für sich selbst verlangt. Wie ich bereits sagte, kann es einige Zeit dauern, bis wir dies erreichen. Denn im relativen Sinne ist Zeit erforderlich, um uns von unseren Konditionierungen zu befreien. Es kann dauern, bis wir aufhören, spirituellen Ehrgeiz zu entwickeln. Es kann dauern, bis wir lernen zu sein.

Sagte Jesus nicht: »Bleibt bei mir, so wie ich immer bei euch bleibe«? Auch wenn dies vielleicht nicht die genauen Worte sind, so drücken sie doch etwas von der inneren Bedeutung des Seins aus. Ich möchte euch an dieser Stelle bitten, zwischen den Zeilen all dessen, was ich sage, zu lesen, denn Worte, obwohl sie auch Taten nach sich ziehen, sind doch nur Hilfsmittel, um euch die Wahrheit nahezubringen. Das Sein ist nichts, das wir allein erreichen können. Deshalb ist eine Gruppe notwendig.

Das Sein kommt durch Opfer und Hingabe zustande. Durch das Opfern dessen, wer und was wir zu sein glauben, sodass der alchimistische Transformationsprozess stattfinden kann. Stellt euch einen Kreis von Freunden vor, in dem alle ihre Illusionen dem Zentrum opfern. Das Zentrum ist ein Feuer; es ist das Feuer der Liebe, nach dem wir uns alle sehnen. Aus der Asche wird der Kelch geformt, das Gefäß, das den Geist aufnehmen kann. Der Geist kann in keiner der Illusionen unserer eigenen Wichtigkeit Platz finden – in keiner der durch den zermalmenden Zusammenprall der Gegensätze erzeugten Illusionen, die uns das Gefühl vermitteln, wir sollten etwas Besonderes sein. Der Kelch besteht aus unserem sehnsüchtigen Verlangen, die Wahrheit zu kennen, sodass wir dienen können. Das Hochamt ist der große Akt des Dienens, denn durch die Verwandlung des Weines in den Geist können die Herzen all jener spiritualisiert werden, die gekommen sind, das heilige Sakrament zu empfangen. Doch wenn *baraka* fließt, ist die Gefahr immer sehr groß, dass statt des Herzens das Ego spiritualisiert wird.

Wir können jetzt vielleicht begreifen, weshalb wahres Wissen notwendig ist, weshalb diese Reise kein sentimentaler oder glanzvoller Pfad ist und weshalb dieser Pfad als »Pfad der Liebe, des Mitgefühls und des Dienens« bezeichnet wird. Wir wollen dienen. Wir wollen nichts anderes. Doch was könnte es bedeuten zu dienen?

Bedeutet es nicht, zum größtmöglichen Akt des Dienens in dieser Welt imstande zu sein, ein Instrument für den Geist Gottes zu sein? Ist das Symbol des Wassermann-Zeitalters nicht das Überfließen des Kelches und sein Sich-Ergießen über die Erde?

Niemand sollte zu stolz sein, Holz zu hacken, Hausputz zu halten oder den Garten zu bestellen. Gleichzeitig sollten wir verstehen, dass all diese Funktionen Teil des Werks sind und von jedem von uns mehr oder weniger bewusst verrichtet werden können. Dies ist vor allem abhängig von unserer Bereitschaft, dienen zu lernen, und der Achtsamkeit, mit der wir diese Dinge tun.

Lasst uns die Analogie der Biene betrachten. Die meisten Leute denken: »Wie wunderbar: Bienen machen Honig!«. Doch selten sehen sie sie als Teil der Herrlichkeit und Schönheit Gottes. Nur selten versenken wir uns in dem Maße, wie wir es sollten, in die Herrlichkeit und Schönheit Gottes. Natürlich ist es ein Wunder, dass Bienen Honig erzeugen, dass es verschiedene Aromen und Farben gibt und dass all dies doch Honig ist. Dass es in Bezug auf die Biene noch ein zweites Wunder gibt, wird nicht sehr oft bedacht. Durch die Transformation feinstofflicher Energien in der Biene wird mehr als ein Stoff erzeugt; die Bienen stellen noch eine weitere Substanz her, aus der sie ihr eigenes Haus bauen. Auch das ist ein großes Wunder. Schauen wir uns das Ganze noch etwas näher an, so entdecken wir, dass das Bienenhaus sechseckig ist, und zwar einfach deshalb, weil die Form des Sechsecks die richtige Form für die Biene ist.

Die Biene tut noch ein Drittes: Sie bestäubt die Pflanzen. Wir vergessen ganz, was das bedeuten kann, denn wir achten nur auf die Formen der Welt. Die wirkliche Welt sehen wir nicht. Was können uns die Bienen über die wirkliche Welt sagen? Wenn wir Menschen sind, sollten wir zumindest das Niveau einer Biene erreicht haben. Haben wir das? Eines Tages erkannte ich, dass es für mich nicht zutraf, und dies veranlasste mich, mit dem Lernen zu beginnen. Ich war nicht einmal imstande, bewusst oder wach genug zu sein, um meine Funktion als Lebewesen zu erfüllen. Eine Biene tut dies unbewusst oder instinktiv. Der Mensch jedoch sollte imstande sein, sich bewusst als Instrument zur Transformation feinstofflicher Energien zur Verfügung zu stellen und auf diese Weise zumindest ›Honig‹ zu erzeugen – was immer das bedeuten mag. Er sollte außerdem imstande sein, die notwendige Substanz zum Bau seines Hauses zu produzieren und auch dessen Form zu bestimmen. Und er sollte fähig sein zu erkennen, dass er im Zustand des Wissens andere damit befruchten kann.

Als wir hierher kamen, haben wir etwas mitgebracht, und wenn wir gehen, werden wir von diesem Ort etwas mitnehmen. Wenn wir wüssten, was es ist, wüssten wir auch, dass es eine Substanz ist. Diese wird durch Transformation von uns erzeugt, durch Arbeit an uns selbst, und ist absolut grenzenlos. Sie legt räumliche Bereiche fest und erzeugt Form. Es gibt Menschen auf der Welt, die über das notwendige Wissen verfügen und imstande sind, diese Substanz zu erzeugen.

Kelchgebet
(traditionell)

Vater, zu Dir erhebe ich mein ganzes Wesen,
Ein Gefäß, meiner selbst entleert.
Nimm, Herr, diese meine Leere an,
Und erfülle mich so mit Dir,
Deinem Licht, Deiner Liebe, Deinem Leben,
Dass diese Deine kostbaren Gaben
Durch mich ausströmen
Und den Kelch meines Herzens überfließen lassen
In die Herzen aller, denen ich heute begegne,
Und ihnen die Schönheit Deiner Freude und
Ganzheit enthüllen
Und die Heiterkeit Deines Friedens,
Den nichts zerstören kann.

Amen.

Muster

28

Die Menschen vergessen gerne, dass alle Dinge miteinander verflochten sind, die sichtbaren und die unsichtbaren, die greifbaren und die nicht greifbaren. Deshalb ist es ihnen immer noch so gut wie unmöglich, die Worte des großen englischen Mystikers Thomas Traherne zu verstehen: »Du kannst keine Blume pflücken, ohne einen Stern zu stören.« – Die modernen Wissenschaften fördern mit ständig wachsender Geschwindigkeit neue Erkenntnisse zu Tage über die miteinander verflochtenen Muster unseres Lebens. Bedauerlicherweise hat das unsere Sensibilität diesen Mustern gegenüber keineswegs erhöht.

Eine der heute vor uns liegenden Aufgaben besteht darin, an uns zu arbeiten – im *dedans des choses* (in der »Inwendigkeit« der Dinge) –, um den Grad unserer Sensibilität soweit zu erhöhen, dass wir imstande sind, zu sehen und zu wissen, wie wir eine bessere, harmonische Welt gestalten können. Fast ist es unsere Verpflichtung, sensibler zu werden. Wir werden dann feststellen, dass sich unsere Einstellung dem Leben gegenüber radikal ändert, und zwar möglicherweise sehr schnell. Dann sind wir fähig, feinfühlig auf die Bedürfnisse anderer einzugehen. Wir können uns zur Verfügung stellen, um dem Planeten besser zu dienen, seinen verschiedenen Reichen und den verschiedenen »Welten«, die stets neben unserer eigenen vorhanden sind.

Wir dürfen nicht vergessen, dass die Bedürfnisse des Menschen im Hinblick auf seine Mitmenschen und seine Umwelt uns etwas über das Muster seines Lebens sagen. Sicher kennen wir alle das Sprichwort: »Der Weg zur Hölle ist mit guten Vorsätzen gepflastert.« Mit all unserem guten Willen und unseren Konzepten von der Welt können wir anderen Menschen die Hölle bereiten, es sei denn, wir wären aufgrund unserer Sensibilität und unseres Wissens fähig, das in einem bestimmten Augenblick wirklich Notwendige zu erkennen. Nichts kann geschehen, bevor die Zeit dafür reif ist. Die Fähigkeit, sensibel auf andere und deren Bedürfnisse zu reagieren, ist eine Kunst, die der Liebe selbst entspringt und die verankert ist im Wissen um alle möglichen Dinge – von der Psychologie bis zum Verstehen der Zeit in ihren vielfältigen Dimensionen.

Wir können Sensibilität entwickeln gegenüber den verschiedenen Reichen der Natur, dem Mineralreich, dem Pflanzenreich, dem Tierreich und gegenüber der Menschheit. Wir brauchen unseren alltäglichen Mangel an Feingefühl gegenüber diesen Reichen, die unser Leben auf der Erde erhalten, wohl nicht zu beschreiben. Viele von uns sind verzweifelt angesichts der Gier und Ignoranz des Menschen und seiner fehlenden Achtung für die Ökologie. Einige von uns werden auf die Folgen ihrer eigenen Unsensibilität aufmerksam.

Wir dürfen nicht vergessen, dass die Bedürfnisse eines Menschen im Hinblick auf seine Mitmenschen und seine Umwelt uns etwas über das Muster seines Lebens sagen.

Wir wollen nicht vergessen, dass alles, was es in dieser Welt gibt, nur der Schein der wirklichen Welt ist. Wir müssen empfänglich werden für die wirkliche Welt. Schließlich bringt die wirkliche Welt die Erscheinungsformen hervor, nicht umgekehrt. Ideen führen zu Veränderungen. Hacı Bayram-i Veli, ein großer Sufi-Mystiker und Heiliger, hat es so formuliert: »Es gibt keine Schöpfung in der relativen Welt, nur das Werden des Seins.«

Der Mensch ist das Bindeglied zwischen Himmel und Erde. Deshalb liegt es in seiner Verantwortung, den Plan Gottes für die Erde zu verwirklichen. Er muss lernen zu sein. Wenn er ohne den Schatten eines Zweifels weiß, dass es nur *ein* Absolutes Sein gibt, kann er lernen, bewusst bei der Transformation von Energien mitzuwirken. Während das Tier nur über zwei Gehirnbereiche verfügt, ist der Mensch zusätzlich mit einem »denkenden« Gehirn ausgestattet. Daher ist die Verantwortung des Menschen auch höher. Sie geht über seine animalische Natur hinaus.

Die Druiden wussten um die Verantwortung des Menschen und waren imstande, bewusst zu dem beizutragen, was G. I. Gurdjieff »die gegenseitige Erhaltung des Planeten« nannte. Sie verstanden es, mit den untereinander verbundenen Kraftströmen zu arbeiten, aus denen der ätherische Körper der Erde besteht. Die Felsblöcke in Stonehenge wurden nicht etwa willkürlich dort platziert, weil die Gegend so schön war; sie dienten auch nicht nur dazu, zur Sommersonnenwende den Sonnenaufgang über einem bestimmten Stein anzuzeigen. Sie wurden dort in einer ganz bestimmten Formation aufgestellt, in einem ganz bestimmten Verhältnis zueinander, und zwar so, dass sie den im Äthersystem Englands und der Welt vorhandenen, miteinander verbundenen Kraftlinien und Kraftpunkten entsprechen und diese reflektieren. Diese Steine dienen als gigantische Akupunkturnadeln, um die natürlichen Energieströme zu harmonisieren.

Nachdem ich vor etwa zwanzig Jahren mit dem damaligen Erzdruiden gearbeitet hatte, begann ich, diese Energieströme zu erforschen. Ich bediente mich dabei der Technik des Wünschelrutengehens (oft genutzt, um Wasser oder Mineralien aufzuspüren) und erkannte, dass die Zeit gekommen war, dieses uralte Wissen wieder aufleben zu lassen, um den Planeten zu heilen. In früheren Zeiten wurden Häuser nur selten gebaut, ohne dass Eigentümer und Baumeister zuvor jemanden zu Rate gezogen hätten, der in der Kunst der Geomantie bewandert war (in China ist das heute noch üblich).

Ein Geomant ist jemand, der um die unsichtbare Welt weiß, um das alles durchdringende Leben im Raum, und der die Menschen über den besten Standort für ihr Haus und die Lage der verschiedenen Räume beraten kann. Er versteht die Kraftlinien, kennt die richtigen Bäume und Kräuter und weiß, wohin diese gepflanzt werden müssen, um mit den Energien des Grundstücks und der Menschen ein harmonisches Ganzes zu ergeben. Auf diese Weise ist der Geomant behilflich, die verschiedenen Reiche in Einklang zu bringen und zu harmonisieren, und er erleichtert es damit den Bewohnern, den Energiefluss zwischen sich und dem Land, dessen Treuhänder sie sind, aufrechtzuerhalten.

Dieses Wissen ist nicht verloren gegangen! Auch wenn die natürlichen Kraftlinien durch Städte und Autobahnen blockiert wurden, kann man mit ihnen arbeiten und ihre Wirksamkeit wieder herstellen. Ein Kraftstrom kann mit einem anderen Kraftstrom, der seit Hunderten von Jahren brachgelegen hat, zusammengebracht und vereinigt werden. Der Mensch hat die Möglichkeit, die in ihm schlummernden Talente wieder zu erwecken und den Planeten zu seiner natürlichen Ordnung zurückzuführen. Dies kann jedoch nur geschehen, wenn es ihm wirklich wichtig ist, wenn er hinter die Schleier seines begrenzten Ichbewusstseins zu schauen vermag und wenn er sich einem Leben im Dienste Gottes und der Menschheit widmet.

Hier einige Ideen, die unsere Einstellung unserem Leben und unseren Mitmenschen gegenüber verändern können: Wir haben es mit Mustern zu tun und mit einer lebendigen Kraft, die uns ohne weiteres zur Verfügung steht, falls wir die Natur wahrhaft lieben und respektieren. Was ich meine, ist, hier in dieser Welt Formen und Projekte zu erschaffen, die die Ordnung und Harmonie höherer Welten in sich tragen, und uns zu bemühen, selbst die Brücke zwischen Himmel und Erde zu sein.

Durch Sprache kann sich das Muster oder der Entwurf einer Kultur manifestieren. Alles, was wir sehen, ist Muster, wie auch immer es sich äußern mag – sei es in künstlerischer Gestaltung, in der Architektur oder in dem, was die »Form der zukünftigen Welt« genannt wird.

Es ist nicht möglich, an ein Wort auch nur zu denken, ohne dass in unserem Bewusstsein ein zarter Ton erklingt. Auf sehr seltsame Art und Weise verfügen wir in unserem Gedächtnis vielleicht sogar über die Muster aller Töne. Es wäre zum Beispiel möglich, dass der Geist sich bei dem Wort »Projektion« des archetypischen Wortklangs erinnert. Ein Muster wird sich herausbilden, das dort in der Schwebe gehalten wird, solange der Ton andauert.

Der Ursprung eines Musters ist nicht in einer Reihe von Linien zu sehen, auch nicht in einer Linie. Wo aber ist er? Das ist der Punkt, auf den es ankommt, der eine Punkt. Wenn ich ein Muster zeichne, sieht es so aus, als sei es von einem Punkt ausgegangen. Ich möchte noch einmal betonen, dass alles, was wir sehen, die Manifestation eines anderen, unsichtbaren Musters ist. So wie jede einzelne Linie zu den anderen Linien in Beziehung steht, so ist auch das unsichtbare Muster auf etwas bezogen.

Der Punkt repräsentiert einen dimensionslosen geometrischen Ort. Wenn wir ihn anschauen, hat er keine reale Dimension, und was wir tatsächlich sehen, ist lediglich eine Verkörperung von etwas, das man nicht sehen, geschweige denn in Worte fassen kann. Und doch muss etwas hier in dieser Welt sichtbar werden als Herausforderung, als Wegweiser zur wirklichen Welt.

Im Grunde sind im dimensionslosen Punkt alle Dimensionen enthalten. Sie sind latent in ihm vorhanden. Er stellt eine Welt der Möglichkeiten dar. Nichts ist geschehen, Schöpfung hat nicht stattgefunden, und doch sind hier alle Möglichkeiten der Schöpfung vorhanden. Dieser Punkt ist eine Substanz, im buchstäblichen Sinne. Er existiert in der fünften Dimension, jenseits unseres Verständnisses von Zeit und Raum, und alles ist in ihm enthalten. Und doch ist, bis jetzt, nichts geschehen.

Das Phänomen, das wir hier gemeinsam betrachten, ist folgendes: Es gibt jenseits der vierten Dimension der Zeit, oder sie durchdringend, noch eine andere ›Dimension‹ (obwohl das in diesem Zusammenhang wohl kaum das angemessene Wort ist), in welcher eine vollständige Welt der Möglichkeiten enthalten ist; diese andere ›Dimension‹ und die Welt der Möglichkeiten durchdringen sich gegenseitig. Die Welt der Möglichkeiten hat keine der Dimensionen aufzuweisen, die wir mit unseren Sinnen wahrnehmen können, und enthält doch sowohl Dimension als auch die Welt der Zeit.

Wenn das Muster also nur die Verkörperung eines unsichtbaren Musters ist, dann ist der Punkt ebenfalls nur ein Abbild. Dieser Punkt ist eine Substanz, und ausgehend von dieser Substanz können alle Möglichkeiten der Matrix über das Antlitz der Erde gezeichnet werden. Er existiert als etwas Offenes, noch nicht Zielgerichtetes. Wir können jetzt vielleicht begreifen, dass wir – indem wir den Weg des Dienens einschlagen, des wahren Dienens – die Möglichkeit haben, jene Muster hervorzubringen, mit denen unsere Kindeskinder leben werden.

Der Mensch nun kann zum zweifachen Werkzeug innerhalb der Einheit werden. Wenn wir akzeptieren, dass zu jedem Muster ein Ton gehört, und wenn wir erkennen, dass jeder Ton ein Muster erzeugt, dann gibt es die Möglichkeit, dass etwas im Menschen diese beiden Aspekte miteinander verbinden, sie zusammenbringen kann.

Was ist dies für eine Fähigkeit, über die allein der Mensch verfügt? Wir finden sie nicht in der Welt der Mineralien; wir finden sie nicht in der Welt der Pflanzen; wir finden sie nicht einmal in der Tierwelt. Im Menschen jedoch ist sie enthalten. Es ist der bewusste Wille. Dies ist der Schlüssel, den wir betrachten müssen, denn ohne bewussten Willen ist der Mensch nicht fähig, irgendetwas zu tun. Zwar kann er einen Ton hervorbringen und damit ein Muster erzeugen, das nützlich sein mag oder auch nicht; er kann in sich selbst Gottes Einzigartigkeit manifestieren, und der Urton mag gehört werden oder auch nicht. Doch ohne bewussten Willen ist er eine halbherzige Kreatur. Mit Willen dagegen ist er fähig, Bindeglied zwischen Himmel und Erde zu sein. Mit Hilfe des Menschen kann der Ton, die Energie, für immer nutzbar gemacht werden.

Auf der ganzen Welt gibt es ganz bestimmte Kraftpunkte, an denen sich *chi,* Lebenskraft, sammelt. In der Geomantie werden sie »Höhlen« genannt und stellen eine Art Uterus dar. Die Unmittelbarkeit des lebendigen *chi,* für das es keinen Ersatz gibt, ist das letzte Siegel der Wirksamkeit der Geomantie. Dagegen verblassen alle ausgefeilten Techniken und alles akademische Wissen. »All die mannigfaltigen Methoden wurden mit keinem anderen Ziel entwickelt, als das lebendige *chi* zu suchen«, wie es so schön heißt. Ist das lebendige *chi* einmal gefunden, gibt es nicht mehr die geringste Notwendigkeit, über Methoden zu diskutieren. Wir brauchen keine Methoden mehr, wenn wir auf diese Lebenskraft stoßen, wie auch immer wir sie nennen wollen.

Das Werk hat sehr viel mit der Erschließung dieses *chi* zu tun, jedoch nicht – und ich wiederhole – *nicht* mittels eines Konzeptes persönlicher Weiterentwicklung, sondern durch einen Akt der Selbstaufgabe und des Opfers. Wie Plato sagt, entstehen alle Methoden, »wenn das Wissen stirbt und eine neue Form des Wissens notwendig wird.« Methoden dienen nur dazu, uns diese ewig lebendige Kraft finden zu lassen, die weder »innen« noch »außen« ist, sondern alles Leben durchdringt. Wie auch immer man sie nennen will, sie ist vorhanden. Wenn wir als menschliche Wesen diese gefunden haben, können wir frei wählen, wie wir sie nutzen wollen: für uns selbst, zugunsten einer kleinen Gruppe von Menschen oder für die bewusste Evolution und die Menschheit als Ganzes.

Wir können durch die vierte Dimension der Zeit hindurch zur Welt der unendlichen Möglichkeiten gelangen. Durch den Menschen, den vollkommenen Menschen, kann sich die Welt der Möglichkeiten hier auf der Erde manifestieren. Es ist unsere Verpflichtung, ganz zu werden, damit wir selbst die Brücke sein können.

Wie es in den Upanischaden so treffend beschrieben ist, »gibt es etwas so Kleines, dass wir es nicht sehen, etwas so Großes, dass wir es nicht beschreiben können, und das ist *Atman,* der reine Geist. Es gibt eine Brücke zwischen Himmel und Erde. Das ist *Atman.«* Wenn wir auf alle Vorstellungen von uns selbst verzichtet haben, auf alles, was wir zu sein glauben, sind wir die Manifestation der Brücke, des Geistes, und es gibt keine Trennung. Essenz bedarf der Form, durch die sie sich manifestieren kann, und Form bedarf des Geistes, um zu leben.

Gemeinschaft

29

Zu ganz bestimmten Zeiten wird die Entstehung von Gemeinschaften ermöglicht. Wenn wir in der Geschichte zurückschauen, werden wir erkennen, dass die Gelegenheit hierzu in bestimmten zyklischen Abläufen geboten wird.

Zum Beispiel wurden vor zirka siebenhundert Jahren Gemeinschaften gegründet, die das nächste »Zeitalter«, oder siebenhundert Jahre, überdauern sollten. Diese Gemeinschaften waren Instrumente, um ein bestimmtes Wissen über die bevorstehenden Krisenzeiten hinaus zu bewahren. Es gab in jenen Tagen die christlichen Gemeinschaften und natürlich die Derwischbruderschaften. Diese Gemeinschaften – vor allem die christlichen Gemeinschaften in Europa – waren meistens mit einer bereits vorhandenen Dorfstruktur verbunden, die über einen langen Zeitraum hinweg gewachsen war. Obwohl sie häufig recht weit vom Dorf entfernt waren, bestand, selbst wenn es sich um geschlossene Orden handelte, eine sehr lebendige Verbindung zum Leben des Dorfes.

Der Grund für diese Verbindung wird uns einleuchten, wenn wir uns vergegenwärtigen, dass es für jede Gemeinschaft immer einen äußeren, mittleren und inneren Aspekt geben muss. Dafür gibt es viele Gründe. Einige davon haben wir bereits besprochen. Es gibt viele Ebenen des Verstehens, und gerade heute, da die Idee der Gemeinschaft so sehr in der Luft liegt, empfiehlt es sich, diese Dinge sehr genau anzuschauen.

Wenn wir an Gott glauben, vertrauen wir Seiner Vollkommenheit. Dies bedeutet, dass die Muster der verschiedenen Gemeinschaften, denen es bestimmt ist, gegründet zu werden, in den formativen Welten bereits angelegt sind, einschließlich der Möglichkeit, sich in dieser Welt entsprechend zu manifestieren.

Jedes der Gemeinschaftszentren, die auf der ganzen Welt errichtet werden, entsteht aus einer Notwendigkeit heraus. Aus unseren gemeinsamen Bedürfnissen heraus wird eine Gemeinschaft geboren. Einige Gruppenmitglieder interessieren sich für biologischen Landbau, andere für handwerkliche Tätigkeiten. Einige dieser

Zentren entwickeln sich zu »Schulen« von großer Intensität, die Männer und Frauen darauf vorbereiten, in die Welt zurückzukehren und dort Zentren miteinander verknüpfen zu helfen im Wissen und in der Liebe. Bei anderen handelt es sich um Gemeinschaften, die nur für kurze Zeit ins Leben gerufen werden und sich dann wieder auflösen, da es ihnen nicht bestimmt war weiterzubestehen. Diese stellen eine Art »Sieb« dar, um Menschen herauszufiltern, die dann an Orte geführt werden, wo sie wirklich von Nutzen sein können. Es gibt einige Zentren, die auf der Grundlage des Naturgesetzes errichtet werden, um bestimmte Funktionen zu erfüllen, die Energie und Wissen für die nächsten sechshundert Jahre verankern sollen.

Es gibt Zentren, die direkt auf einem »Ort der Kraft« errichtet werden oder in dessen unmittelbarer Nähe. Ein solches Zentrum zu führen, gehört zu den schwierigsten Aufgaben, denn jedes Kraftfeld intensiviert sowohl die positiven als auch die negativen Aspekte unserer Charaktere und Persönlichkeiten. Wir müssen in einem solchen Zentrum mit außerordentlichen Veränderungen der einzelnen Mitglieder rechnen. Einige werden dieser Geschwindigkeit nicht standhalten können. Die in einem solchen Zentrum freigesetzte Kraft ist für bestimmte Aufgaben vorgesehen. Bis uns dieses Wissen jedoch verliehen wird, müssen wir uns sehr auf die Göttliche Absicht einstimmen und in Liebe mit ihr verbunden sein. Andernfalls könnte sich die freigesetzte Elementarkraft gegen uns wenden und zornig nach Anerkennung verlangen.

Eine Energiespirale erzeugt ein magnetisches Kraftfeld, das unausweichlich jene Seelen anzieht, die auf der Suche nach dem Weg sind, den dieser Ort zu bieten hat.

Ich erinnere mich an einen solchen Fall in England, in einem der Zentren, wo ich arbeitete. Dort wurde ein ungeheures Maß an Energie freigesetzt. Jedesmal, wenn wir Gott und unseren Vorsatz vergaßen, wurden wir durch einen Schock gezwungen, erneut Rechenschaft über Sinn und Zweck unseres Lebens abzulegen. In zwei Fällen, als wir vergesslich wurden, erhob sich plötzlich aus dem Nichts ein gewaltiger Wind. Beim ersten Mal ließ er ein viereinhalb Meter großes Fenster bersten, heulte durch das Gewölbe und verschwand wieder. Beim zweiten Mal entstand im Garten ein Wirbelsturm, der zwei große

Bäume fällte, als wären sie Streichhölzer. Hütet euch vor Macht ohne Wissen und Liebe!

Denjenigen, die ihr Leben und ihre Konzepte und Meinungen darüber dem Dienst Gottes und der Menschheit dargebracht haben, wird das Wissen über das, was notwendig ist, gegeben werden. Wissen wird nicht erworben; es wird gegeben. Aber es kann nur zur rechten Zeit gegeben werden. Viele Leute sind überzeugt, dass für Menschen guten Willens jetzt die Zeit gekommen ist, um Gemeinschaften zu gründen, die ein ätherisches Lichtnetz um den gesamten Globus ziehen.

Indem wir wachsendes Gruppenbewusstsein erkennen, können wir über die Begrenzungen unseres eingeschränkten Ichbewusstseins hinauswachsen und beginnen, mit unserer Verantwortung als Mann und Frau in Berührung zu kommen. Wenn wir der Gruppe und ihren Individuen wahrhaft dienen und frei bleiben von persönlichen Zielen und Ambitionen, können sich unsere Beziehungen verändern, und dies wird tiefgreifende Auswirkungen auf die Arbeit haben, die wir tun. Solange wir noch im Konzept der »Selbstentfaltung« verstrickt sind und uns nicht dem der »Selbstaufgabe« zugewandt haben, wird die Gruppe unweigerlich in eine Starrheit verfallen, die letztendlich zu ihrer Auflösung führen wird.

Persönlichkeitsprobleme und Ähnliches können unsere ursprüngliche Absicht vergessen lassen. Wenn die durch die Gruppe freigesetzte Energie, die der gegenseitigen Erhaltung des Planeten dienen sollte, fehlgeleitet wird, wird wahres Wachstum schwierig. Ziel des erwachenden Gruppenbewusstseins ist es, bestmögliche Bedingungen für das Zusammensein von Menschen zu schaffen, die sich ihrer Konzepte entledigen wollen, um so vom Licht reiner Intelligenz erfüllt zu werden.

Eine Energiespirale erzeugt ein magnetisches Kraftfeld, das unausweichlich jene Seelen anzieht, die auf der Suche nach dem Weg sind, den dieser Ort zu bieten hat. Gleiches zieht Gleiches an, und eine »spirituelle Familie« wird gegründet. Aus dieser Familie heraus entstehen Partnerschaften, kleinere Gruppen bilden sich, und gemeinsame Interessen werden geteilt. In jeder Familie wird es unweigerlich Persönlichkeitsprobleme geben, aber das gemeinsame Ziel und gegenseitiges Verstehen sind imstande, die Familie selbst unter schwierigsten Bedingungen zusammenzuhalten.

Das erste Ziel besteht darin, diese Energiespirale oder dieses magnetische Kraftfeld aufzubauen. Dieses Feld gleicht in gewisser

Weise einem Wesen, das ganz allmählich auf eine eigenständige Existenz vorbereitet wird. In den Anfangsphasen ist dieses Wesen so primitiv und zerbrechlich wie die schwächsten Teile unserer eigenen Natur. Es wird sich entlang des durch die Übereinkunft der Gruppe vorgezeichneten Weges vorwärts bewegen. Es wird sich, mit anderen Worten, entlang eines vorgegebenen Weges bewegen. Wenn das Ziel der Gruppe Liebe und Offenheit ist, wird es in diese Richtung gelenkt. Wenn die Bewegung der Gruppe dahin geht, bestimmte Meinungen oder Konzepte auf ein Individuum zu lenken oder auf eine bestimmte methodische Vorgehensweise, dann wird sich dieses Wesen in die gleiche Richtung bewegen und den Meinungen der Menschen innerhalb des Kraftfeldes zusätzliche Macht verleihen.

Die Zerbrechlichkeit eines solchen Wesens kann nicht genug betont werden. Um eine Analogie zu benutzen: Das Wesen des Kraftfeldes ist sich lange Zeit einer eigenen Existenz in der relativen Welt kaum bewusst. Damit es zu sich selbst heranwachsen kann – mit dem ihm eigenen individuellen und universellen Verständnis des Wesens der Liebe und des Dienens –, muss es mit der richtigen »Nahrung« gefüttert werden: der Nahrung der Liebe und der Preisgabe unseres Konzeptes, vom Ganzen getrennt zu sein.

Als Gegenleistung für alles, was wir bekommen, sind wir verpflichtet, etwas zurückzugeben. Wir sind verpflichtet, uns als Gegenleistung für alles, was uns gegeben wurde, für die Verwirklichung eines Traums zu opfern. Nur so kann dieses Wesen, die Energiespirale, ihren Weg in eine eigenständige Existenz hineindrehen und schließlich zum Licht in der Dunkelheit werden und zur Nahrung für alle, die zu ihr kommen. Es gibt hier noch ein weiteres Geheimnis: Dieses Wesen ist in so viele Teile teilbar, wie Menschen ihm vertrauen. Sein Licht kann in jeden Winkel der Erde getragen werden und wird dort, an geeigneter Stelle, in Harmonie mit der ursprünglichen Spirale wachsen, die zu Beginn des Impulses entstand. Das ist, als würden wir eine Kerze an der anderen entzünden. Mit dem Licht einer einzigen Kerze können wir alle Kerzen anzünden, die vorhanden sind. Wie unschwer zu erkennen ist, gilt dies auch für das höchste Licht, das Licht Gottes.

Ein anderes Ziel des Werks ist Erlösung. In den christlichen Kirchen und in der gesamten esoterischen Arbeit wird viel über Erlösung gesprochen. Bedauerlicherweise wird dabei nur zu oft vergessen, dass es keine Erlösung ohne Erkenntnis geben kann. Wahre

Erkenntnis ist das Wissen um das wahre Selbst. Auf dem Weg zu diesem Ziel – oder wir sollten besser sagen: zu diesem Beginn – gibt es viele Stufen, die Beachtung verdienen. Wenn wir lernen, die Essenz eines Baumes oder eine Pflanze zu erkennen, wird dieser Baum »lebendig«, er wächst besser. In dem Maße, wie wir ihm durch unser Erkennen mehr gegeben haben, gibt er uns auch mehr zurück. Wenn wir lernen, die unsichtbaren Reiche zu erkennen und mit ihnen zusammenzuarbeiten, dann kooperieren die unsichtbaren Reiche – ohne die wir nichts bewirken können – auch mit uns.

Das Verstehen dieses Gesetzes der Gegenseitigkeit ist für jede wirkliche Gruppenarbeit von grundlegender Bedeutung. Der Hinweis mag genügen, dass offensichtlich etwas sterben muss, damit etwas anderes geboren werden kann. Und doch gibt es keinen Tod. Wenn wir das Wort »Tod« durch »Erlösung« ersetzen, werden wir vielleicht verstehen, dass der Tod durch Erkenntnis, durch das Wissen um das wahre Selbst, ein für allemal überwunden wird. Statt des Todes gibt es fortwährende Erlösung und somit die Fortdauer des Lebens.

Was aber wird erlöst? Lasst uns eine einfache Analogie heranziehen. Eine Gruppe von Menschen hat beschlossen, einmal in der Woche zusammenzukommen, um Wissen und Erfahrungen auszutauschen, zu meditieren, zu beten und so weiter. Falls die Gruppe auch nur annähernd korrekt arbeitet, wird jeder Einzelne wissen, dass es nicht darum gehen kann, von der Gruppe etwas zu bekommen, sondern vielmehr etwas in das Zentrum hineinzugeben. »Gott hat keine Bedürfnisse, also gib Ihm deine.« Wenn die Gruppenmitglieder sich versammeln und ihre Spannungen, ihren Schmerz, ihre Konzepte und Gedanken Schritt für Schritt aufgeben, können diese Schmerzen und Überzeugungen erlöst werden. Sie werden sozusagen in den Schmelztiegel geworfen, in den großen Kessel, den die Chinesen *ting* nennen. Wenn genügend Hitze vorhanden ist (die Hitze, die ich meine, ist die Glut oder Leidenschaftlichkeit der Liebe), wird aus diesem Prozess der Erlösung etwas Neues geboren werden, das offensichtlich vorher noch nicht vorhanden war. Darin besteht der alchimistische Prozess.

Was Menschen sonst noch für ihre Läuterung und ihre Entwicklung tun, spielt keine Rolle. Es ist nicht besonders wichtig, welche Studien sie betreiben. Was zählt, ist der Grund, weshalb sie zusammen sind, und die Stärke der Liebe, die es ihnen ermöglicht, sich regelmäßig zu treffen, um sich gegenseitig beim Verwirklichen des Göttlichen Gesetzes zu unterstützen. Ich glaube, wenn wir jetzt einen Schritt tun, werden wir den vollständigen Beweis erhalten, alle äußeren und sichtbaren Zeichen, dass wir die richtige Richtung eingeschlagen haben.

Es gibt zu diesem Zeitpunkt der Geschichte die grundlegende Notwendigkeit von Gruppenarbeit und Gruppenkooperation. Manche Menschen gehen gar so weit zu sagen, dass nur durch diese Arbeit eine sintflutartige Katastrophe in dieser Welt verhindert werden kann.

Es ist so leicht zu erkennen, dass Dinge sich in die falsche Richtung entwickeln, wenn das richtige Gleichgewicht nicht vorhanden ist. Wir können sehr gewissenhaft an unserem Harazentrum arbeiten oder es in einer Kampfsportart zur Meisterschaft bringen und dennoch vergessen, den Abfall aufzulesen! Wir können lernen und lernen, uns mit allen möglichen Konzepten vollstopfen, und dennoch fließt so wenig Lebenskraft in uns, dass wir unfähig sind, aus dem Bett zu kommen. Wir können sogar unser Herz in Freude öffnen und dennoch in einen chaotischen Zustand geraten – wir sind voller Liebe, voller extremer Gefühle und dennoch unfähig, damit innezuhalten oder etwas daran zu ändern; wir wissen nicht, warum wir etwas tun, oder was wir eigentlich tun. Damit es ein echtes Gleichgewicht geben kann, ist es mit Sicherheit erforderlich, mit allen drei Zentren gleichermaßen zu arbeiten, das heißt mit dem Denkzentrum, dem Gefühlszentrum und dem Bewegungszentrum. Wo ist all die Musik in unseren Gruppen geblieben und die tiefe innere Freude, die jenseits des Glücks liegt? Wenn wir uns all dessen entledigen, was nicht mehr notwendig ist, werden wir sicherlich eine Struktur für die Gruppenarbeit finden, die den Bedürfnissen derer gerecht wird, die zu uns kommen – und zwar auf allen erforderlichen Ebenen.

Es ist jetzt an der Zeit, zusammenzuarbeiten und unsere Verpflichtung dem Leben gegenüber einzulösen. Menschliches Leben wird durch die beständigen Opfer der Mineral-, Pflanzen- und Tierwelt aufrechterhalten – durch die ersten drei Noten der Oktave. Wir werden in dem Augenblick wahre Menschen, da wir die Schwelle überschreiten, um endlich verantwortlich zu sein, zu antworten auf den Ruf, der – wenn wir nur Ohren hätten, ihn zu hören – in jedem Augenblick enthalten ist. Wir antworten auf die Note Fa, die im Herzzentrum ertönt, sodass alles bewusst zu dem

Einen zurückkehren kann, da alles aus dem Einen entstanden ist. Diese Form der Erlösung zu verstehen, bedeutet den Beginn des New Age.

Brüderlichkeit

30 Eine spirituelle Gemeinschaft steht nicht ausserhalb der Probleme der Welt, denn sie ist Teil einer übergeordneten Gemeinschaft und lebt in ihr. Maulānā Dschalāl-ad Dīn Rūmī spricht vom Schaum auf den Wellen des Ozeans, der vom Wind fortgeblasen wird und sich an anderer Stelle niederlässt.

Innerhalb der Dimension der Zeit existieren in jedem einzelnen Augenblick Zorn, Furcht, Trauer, Apathie und die Tyrannei der Logik. All das ist immer vorhanden. Und wie der Schaum auf dem Ozean werden sie fortgeblasen, irgendwohin. Wir als menschliche Wesen sind noch nicht so vollkommen, dass der Schaum über uns hinwegwehen würde oder aber durch uns hindurch zu seinem Ursprung zurückkehren könnte. Wir alle sind Menschen, die ihr Bestes daransetzen, an dem mit zu bauen, was wir »eine neue Welt« nennen. Wir sagen so oft: »Ich bin wütend«, »Ich bin traurig« oder »Du bist wütend«, »Du bist traurig«. Die Wirklichkeit sieht anders aus. Es gibt Wut, es gibt Furcht, es gibt Trauer, es gibt Apathie, und es gibt Tyrannei. All dies wird fortbestehen bis zum Tage der Erkenntnis und wird gleichzeitig genau den Druck erzeugen, den Menschen brauchen, um auf den rechten Weg zurückzufinden.

In einer spirituellen Gemeinschaft, in der wir einander wirklich helfen können, diese Dinge zu verstehen, ist es äußerst wichtig, das Wissen zu erlangen, dass das, was in unserem Inneren existiert, nicht unbedingt unser eigener Zorn ist, unsere eigene Trauer, unser eigener Schmerz. Wenn wir als Gemeinschaft zusammenkommen, wird alles beschleunigt und dramatisiert. Es wird zu wirklichem Theater, zu einer Vorstellung des Lebens. Einige sind noch jung und noch nicht sehr lange bei der spirituellen Arbeit. Andere sind schon eine ganze Weile dabei. Dennoch schlagen wir uns alle mit dem gleichen Problem herum, mit einer nicht bewältigten Situation. Wenn wir uns mit einer unerlösten Form von Energie identifizieren, tun wir nicht die Arbeit, die wir tun sollten. Wir sind aufgefordert, uns so bewusst wie möglich am Werk zu beteiligen. Beim Werk geht es nicht um Zorn, Trauer, Furcht und Tyrannei, sondern darum, diese Gefühle zu erlösen, aber uns nicht mit ihnen zu identifizieren.

Wenn wir nicht an die Bedürfnisse der anderen denken, denken wir nur an uns selbst.

In einer Gemeinschaft darf die Persönlichkeit niemals im Mittelpunkt stehen. Und wir dürfen in der Gemeinschaft nicht zum Spielball unserer gegenseitigen Probleme werden. Eine Vielzahl von Gemeinschaften werden im Namen dieser oder jener Sache gegründet, aber nur wenige können überleben. Sie gehen zugrunde, weil sie sich zur Bewältigung persönlichen Schmerzes und Leides der Technik bedienen, sich diese Gefühle gegenseitig zuzuspielen, was die Trennung nur verstärkt. Sie haben schreckliche Angst davor, Einheit zu erfahren. Teilen wir nicht alle diese Angst? Wenn wir wirklich ehrlich sind, müssen wir zugeben, dass wir uns genau davor fürchten und dass dies die tiefste Furcht ist. Wir alle haben furchtbare Angst davor, jenen Punkt zu erreichen, der jenseits all dessen liegt, was in Worte gefasst werden kann, jenseits all der Rechtfertigungen unserer Konzepte über unser Dasein auf der Erde, jenseits dessen, wovon wir glauben, es gäbe uns eine gewisse *raison d'être!*

Eine spirituelle Gemeinschaft kann nur durch Nichtidentifikation existieren, obwohl dies nicht bedeutet, Schmerz und Leid zu ignorieren. Ganz im Gegenteil. Eine spirituelle Gemeinschaft ist zutiefst betroffen über die Schmerzen und Leiden der Welt, ohne sich jedoch damit zu identifizieren. Wir können über die Arbeit einer spirituellen Gemeinschaft nicht wirklich sprechen, denn sie findet jenseits des Verstandes statt, jenseits des Bewusstseins. Wir können uns fragen, ob Gott betroffen ist über Schmerz und Leid. Wir können uns fragen, wie wir dieses Leid lindern können. Das ist die Aufgabe einer spirituellen Gemeinschaft.

Einem charismatischen Führer zu folgen, der die Menschen durch spirituelle Tyrannei an sich fesselt, kann uns nicht mehr weiterhelfen. Zu bestimmten Zeiten in der Geschichte haben bestimmte Menschen im Namen Gottes eine gewisse Macht manifestiert, um etwas zusammenzuhalten. Wenn wir selbst frei sind, können wir vielleicht Menschen helfen, die in den Identifikationen mit ihren illusionären Überzeugungen gefangen sind. Spirituelle Tyrannei entsteht, wenn ein Führer andere Menschen dazu benutzt, seine halbherzigen Überzeugungen zu stützen. Der Schlüssel zur Freiheit liegt in einer Stufe der Erkenntnis jenseits aller Glaubenssysteme. Wir können um den Schaum auf den Wellen des Ozeans wissen; wir können wissen, dass der Wind ihn davonträgt; wir können wissen, dass er kommt und geht.

Leugnet den Zorn nicht, die Furcht, den Schmerz. Das Leugnen führt zu nichts. Akzeptiert sie, wie sie sind, und akzeptiert, dass sie bis ans Ende der Zeiten fortbestehen werden, bis zum Tage der Erkenntnis, jenseits der Zeit.

Nichtidentifikation beginnt immer mit dem Wort »ja«. Wir können für einen Augenblick still werden, uns sammeln und dann Ja sagen. Ja, da ist Schmerz. Ja, da ist Zorn. Ja, da ist Zurückweisung. Ja, so ist es. Mit diesem Ja nehmen wir die Schmerzen der Welt an, wir erkennen sie an ohne Sentimentalität oder Emotionalität. Wir können auch handeln, aber Handlung entspringt der Akzeptanz und der Sammlung. In diese Akzeptanz und dieses Erkennen können wir jedes Geschöpf einschließen.

Haben wir je den Schrei einer Pflanze gehört, die gepflückt wurde? Wenn wir sie pflücken und dabei wach sind, wird sie nicht schreien; wenn wir sie jedoch aus dem Boden reißen, schreit sie. Wenn wir nicht wütend aufeinander sind oder aufeinander reagieren, befinden wir uns in einem Seinszustand der Akzeptanz. Wir kommen zusammen, um heimzukehren.

Ich glaube, dass die Fähigkeit zu wahrer Brüderlichkeit entweder der Erfahrung unermesslichen persönlichen Leides und Opfers entspringt oder aber der Tatsache, dass wir als Kinder an Disziplin gewöhnt wurden. Brüderlichkeit entsteht nicht von ungefähr. Weder können wir voraussetzen, dass wir Brüder und Schwestern sind, noch können wir davon ausgehen, dass es Brüderlichkeit gibt. Wir müssen uns darum bemühen und darum ringen, weil wir wissen (oder zumindest, weil wir darauf vertrauen), dass wir ohne Brüderlichkeit die Liebe Gottes auf der Erde nicht verwirklichen können. Brüderlichkeit ist in der Liebe beheimatet – in der Liebe zur einen Göttlichen Wahrheit, zum Einen, zur Ersten Ursache aller Schöpfung. Im Licht dieser Erkenntnis wird die Persönlichkeit, werden alle Masken dahinschmelzen in der Göttlichen Liebe, die Leben spendet.

Wenn wir nicht an die Bedürfnisse der anderen denken, denken wir nur an uns selbst. Das ist dumm, denn wir existieren nicht getrennt von dem einen Göttlichen Urgrund. Man könnte sagen, dass wir noch keine individuelle Seele haben, denn solange wir nicht erkennen, dass wir ein Funke der universellen und Göttlichen Flamme sind, ist unser Konzept von Individualität eine Illusion.

Was aber ist der Mensch? Welches ist der Ausgangspunkt, um andere zu berücksichtigen? Schuf Gott, Der jenseits, vor Beginn und innerhalb allen Lebens existiert, den Menschen nicht nach Seinem Bilde? Wenn wir es uns zur Aufgabe machen, Gott zu lieben, dann beginnen die allerersten Schritte zu möglicher Brüderlichkeit mit dem Gedanken an Liebe, denn Er kam, wie es im Christentum heißt, herab auf die Erde und wurde als Mensch geboren. Dafür kann es keinen anderen Grund geben, als dass wir alle lernen können, Ihn zu lieben, so wie Er uns liebt – zunächst indem wir an andere denken und dann durch Brüderlichkeit.

Wir wollen Rücksicht aufeinander nehmen und lernen, wirklich brüderlich zu sein. Lasst uns in Brüderlichkeit leben, und wir werden frei sein.

Brüderlichkeit entspringt einem Bedürfnis, einer Sehnsucht, zusammenzuarbeiten im Wissen und in der Liebe Gottes und in der Erkenntnis, dass uns nichts anderes übrig bleibt. Es hat keinen Sinn, zu einer alten Ordnung zurückzukehren, wenn wir die Aufgabe haben, eine neue Ordnung einzuführen. Diese kann sich nicht auf die Persönlichkeit stützen. Keine wahre Bruderschaft kann das. Wenn sie es dennoch tut, wird sie scheitern oder zu spirituellem Faschismus werden. Wir sind überhaupt nicht wichtig, wir sind Teil eines großartigen und schönen kosmischen Prozesses, aber wir sind keineswegs wichtiger als der Prozess selbst. Und ganz sicher sind wir nicht wichtiger als Gott. Solange wir glauben, wichtig zu sein, solange wir unser Glück einklagen, solange wir unsere Erfahrungen einklagen, emotionaler, physischer, spiritueller oder anderer Art – solange wir überhaupt irgendetwas fordern –, rücken wir dieses Verlangen in den Mittelpunkt. Und wenn wir irgendetwas in den Mittelpunkt rücken, indem wir es fordern, bleiben wir im ewigen »Ich, ich, ich...« stecken und können niemals überqueren, was das *I Ging* »das große Wasser« nennt. Das große Wasser liegt zwischen dem Du und dem Ich. Deshalb sage ich, dass keine Bruderschaft auf Persönlichkeit aufgebaut werden kann.

Und denkt auch daran, dass wir an der Persönlichkeit nicht mit Hilfe der Persönlichkeit arbeiten können. Das wäre so, als wollte man versuchen, am Ego mit Hilfe des Egos zu arbeiten. Alles, was dabei herauskommt, sind tausendköpfige Schlangen. Im Sufismus sagt man: »Liebe kann selbst Kupfer in Gold verwandeln.« Liebe wird die Persönlichkeit dahinschmelzen lassen. Liebe wird nicht zerstören, sondern auflösen, erlösen.

Dem Gast dienen

31

Brüderlichkeit kann nicht existieren auf dem Boden von Furcht, Gier, Bitterkeit oder Groll. Wenn wir voller Groll sind und nicht mehr den Wunsch haben, unserem Nächsten zu dienen (der in der Tat die Manifestation des *einen* Gastes sein kann), werden wir nicht dienen. Wir werden vielleicht ein Essen zubereiten, das unserem Gast nicht schmeckt, wir werden vergessen, dass unser Gast sich über ein paar frische Blumen in seinem Zimmer freuen würde, über ein Lächeln, das ihn willkommen heißt, über ein liebendes Herz, das ihn empfängt.

In Wirklichkeit gibt es nur einen Gast. Würde dieser Gast einen Raum betreten wollen, der schmutzig ist? Würde er in einem Bett schlafen wollen, das nicht makellos ist? Würde er von einer Küche essen wollen, in der nicht das Göttliche Licht sein Lied singt?

Wenn wir wirklich ehrlich mit uns selbst sind, ist die Antwort klar. Denn würden wir schließlich das Haus eines Freundes als Gast betreten wollen und dann feststellen müssen, dass kein sauberes Handtuch vorhanden ist, keine Seife in der Schale liegt, keine saubere Badewanne da ist, in der wir uns waschen könnten, um gute Gäste zu sein?

Als Hüter eines Hauses haben wir das Privileg, dem Haus zu dienen und all jenen, die es betreten. Wir sehnen uns danach, zu dienen, und deshalb macht es uns Freude, das Haus sauber zu halten und es mit Seinem Licht zu erfüllen, das nicht leuchten kann, wenn Schmutz vorhanden ist.

Schmutz zieht psychischen Schmutz an, der wiederum Groll anzieht. Wenn wir selbst schmutzig sind, ziehen wir Schmutz an. Wir waschen uns, um beten zu können. Wir waschen uns, um uns wahrhaft lieben zu können, um reine Kanäle im Dienste Gottes zu sein, Des einen und einzigen Wesens. Wir können nicht erwarten, dass Gott uns wäscht, denn Er gibt uns die Mittel, uns selbst zu waschen. Wir können nicht einmal damit rechnen, dass jemand aus der Bruderschaft sich uns nähert, wenn wir nicht sauber sind. Sauberkeit ist der erste Grundsatz jeder Brüderlichkeit und jeder heilenden Tätigkeit.

Wahres Heilen entspringt der Wahrheit und kehrt zur Wahrheit zurück. Manchmal geht es Menschen schlecht, weil sie es zugelassen haben, zu Gefangenen des Schicksals zu werden; doch manchmal kann sich dies auch als notwendig erweisen. Wir dürfen nicht urteilen. Im wirklichen Heilen darf es kein Urteilen geben, keine Meinungen. Wenn wir im gegenwärtigen Augenblick offen sind, wird es uns vergönnt sein zu wissen, was in der jeweiligen Situation erforderlich ist. Dies kann Arbeit am Land sein, am Pflanzen- oder Tierreich oder Arbeit mit der Menschheit.

Heilen hat zu tun mit einer Analyse der Situation, der Person und der wahren Ursache des Leidens. Wir sollten folgende Fragen stellen: »Darf ich?«, »Soll ich?« und »Kann ich?« »Darf ich?« bezieht sich auf die Zustimmung einer höheren Instanz. »Soll ich?« hat mit dem richtigen Schritt zur richtigen Zeit zu tun. »Kann ich?« bezieht sich auf meinen eigenen Seinszustand und auf meine Fähigkeiten.

Wenn wir in der Frage leben, werden wir die Antwort erhalten. Ja! Aber in Gottes Namen: Wir müssen wirklich in ihr leben und das leidenschaftliche Verlangen haben, in ihr zu leben. Wir müssen in der Frage leben – mit ihr zu Bett gehen, mit ihr aufstehen, mit ihr schlafen gehen, mit ihr leben!

Meine Frage ist ganz einfach diese: »Darf ich heute dienen?« Ich bete darum. Ja! Ja! Ja! Lasst diese Frage in euren Herzen, Hirnen und Körpern lebendig sein, und ihr werdet fähig sein zu helfen. Aber beklagt euch nicht, wenn es schwierig wird. Wenn in jeder Zelle unseres Körpers die Frage erklingt: »Darf ich heute dienen?«, dann wird es uns eines Tages gewährt werden. Aber wenn wir die Frage nicht stellen, wird sie in unseren Zellen nicht ertönen. Wir können Mutmaßungen anstellen über Religion,

Darf ich heute dienen?

über dieses und jenes, doch gibt es eine Frage, in der jede Zelle unseres Körpers mitschwingt? »Darf ich heute dienen?«

Imstande zu sein zu dienen, ist ein Privileg. Wenn unsere Füße am Morgen den Boden berühren, fragen wir in Dankbarkeit: »Darf ich heute dienen?« Dies ist ein unglaubliches Privileg. Viel wird geschehen, wenn wir in Dankbarkeit fragen. Denn nur mit der richtigen Einstellung wird diese Frage für uns oder andere hilfreich sein.

Die Antwort liegt in der Frage. Das war immer so und wird immer so sein. Doch hier taucht ein anderes Problem auf: »Welches Recht haben wir, diese Frage zu stellen?« Allzu oft fühlen wir uns schuldig, entdecken in unserem Inneren Furcht, Groll, Neid und Stolz. Wir glauben, nicht würdig zu sein, eine wirkliche Frage zu stellen. Aber der Mensch ist potenziell vollkommen und in der Lage, Schönheit zu manifestieren.

Wie gehen wir mit dieser Frage um? Wir beschäftigen uns mit ihr, ruhig und liebevoll, im Wissen, dass es Gottes Frage ist. Es ist Seine Frage an uns. »Ich gebe euch alles. Ich gebe euch Leben. Ich gebe euch Fähigkeiten. Ich gebe euch das Land, das Meer, die Luft. In eurer Welt bin Ich das Feuer, das alle Illusionen verbrennt, die euch von Mir trennen. Doch in einer anderen Welt bin Ich die Gnade, durch die ihr verwandelt werdet. Durch euer Opfer werde Ich imstande sein, euch das Notwendige, die Zutaten zu geben, um einer auf der Schwelle der Genesung wartenden Welt zu helfen.«

Gebet

32

Wenn ihr betet, lasst euer Gebet nicht halbherzig sein. Betet mit jeder Faser eures Seins. Lasst euren physischen Körper zum Resonanzboden eurer Intentionen, Gefühle und Gedanken werden. Lasst das Gebet sich in euren Lebenszielen und in eurem Aspirationskörper* niederschlagen. Vor allem aber solltet ihr darauf vertrauen, dass eure Gebete so beantwortet werden, wie es gut und richtig für euch ist.

* Das geistige Streben, das »Trachten hinauf« (Meister Eckhart) [Anmerkung der Übersetzerin].

Gebet ist etwas für die sehr Mutigen. Selbstmitleid, als Gebet getarnt, ist etwas für die Kleinmütigen. Der Klang eures Gebets entspricht eurer Intention. Lasst deshalb euer Gebet den Ton eurer tiefsten Liebe annehmen, denn zweifellos ist Liebe die Ursache allen Lebens und ihr eigenes Resultat.

Ich möchte, dass ihr versteht, dass das Gebet nicht nur innerhalb irgendeines religiösen Glaubensbekenntnisses von Bedeutung ist. Es ist universell, wie die Liebe. Ein Teil unserer Lebensarbeit besteht darin, in unseren Worten, Gedanken, Gefühlen und Taten so universell zu werden, dass wir zum »Resonanzkörper Gottes« werden.

Ein Gebet der Einheit ist nur möglich, wenn wir unsere essenzielle Einheit mit Gott erkennen.

Jesus sagte: »Ich bin das Denken, das zu Ende gedacht ist.« Energie ist neutral. Durch das Denken kommt sie ins Dasein. Betrachten wir doch einmal die Erlösung der Gedankenformen. Können wir sehen, dass die Anteilnahme der Welt auf unserer Seite ist und uns die Kraft gibt, Gedankenformen – die unerlösten negativen Gedanken – zu erlösen? Positives Denken ist: »Liebe den Herrn, deinen Gott, und liebe deinen Nächsten wie dich selbst.« Mehr brauchen wir nicht. Die Liebe nimmt uns in Besitz, und in diesem Zustand der Liebe müssen wir gegen die negativen Gedanken gar nichts mehr tun; sie werden einfach durch uns hindurchfließen. Aber vielleicht werden wir uns oft waschen müssen. Der Kelch ist das Symbol der Leere. Wie viele Menschen auf der Welt hatten positive Gedanken? Sehr viele. Bedanken wir uns bei ihnen. All diese Energien gehen in den Destillationsprozess ein, und das Ergebnis ist Sein. Wir akzeptieren negative Gedankenformen nicht, denn Gott verlangt von uns, dass wir nur dem Guten folgen. Wenn wir unsere Negativität aufgeben und uns für das Gute öffnen wollen, müssen wir viel Demut aufbringen. Wenn es uns gelingt, auch nur für einen Augenblick leer zu werden und uns unserer Torheiten und unserer Negativität zu entledigen, wird alles Positive von uns Besitz ergreifen. Es liegt an uns, ihm eine Chance zu geben.

Ich bin ein Instrument. »Ich bin die Flöte, aber Dein ist die Musik.« Wie gehen wir damit um? Wir sollten nichts tun, was wir nicht tun wollen. Wir können unseren Beitrag leisten, wie immer es uns entspricht. Dann geschieht etwas. Lasst uns täglich etwas geben. Jeder von uns muss seinen eigenen Weg des Schenkens finden. Diese Gabe muss von einem lebendigen Menschen kommen. Tausende werden sich in Dankbarkeit erinnern. Es wird gesagt: »Wenn wir den Namen Gottes richtig aussprechen, wird sich sofort jemand Gott zuwenden.« Und: »Er ist der Name und das Genannte.« Und wir befinden uns genau in der Mitte. Wenn wir bewusst sind, kann sich der Wind drehen und dort wehen, wo er gebraucht wird.

Damit inneres Verstehen möglich wird, müssen wir zur Ruhe kommen. Es gibt einen Ruhepunkt, den wir den »ruhenden Pol in einer sich verändernden Welt« nennen wollen. Das Wissen um diesen Ort der Stille kann uns von jemand anderem verliehen werden, doch diese Übertragung kann nur durch jemanden stattfinden, der selbst im Besitz des Wissens ist. Dieser Ort ist nicht, was er zu sein scheint. Ich bete darum, dass jeder von euch sich täglich für kurze Zeit dorthin zurückziehen kann. Wir brauchen nicht viel Zeit, um dies zu lernen. Er ist bereits vorhanden. Versetzt euch an diesen Ort, hier im Herzen, wo der Prozess der Destillation stattfindet, und gönnt euch täglich eine kurze Ruhepause. Wenn Menschen zu uns kommen und uns um Hilfe bitten, können wir nur in diesem Zustand der Ruhe wirklich sehen und hören. Die Wahrheit lebt im Herzen. Zieht euch dorthin zurück. Die Fähigkeit hierzu kann uns nur durch Übertragung verliehen werden, obwohl in der Essenz jeder von uns bereits vollkommen ist. Es gibt nur *ein* Absolutes Sein.

Lasst uns füreinander und für die ganze Welt beten. Ich bin ganz sicher demütig genug zuzugeben, dass auch ich Hilfe brauche. Ich bin sicher, dass ihr Hilfe braucht. Wir alle brauchen Hilfe. Sogar Gott braucht vielleicht Hilfe.

Es ist so schwierig, demütig genug zu sein zu verzeihen. Normalität ist eine Möglichkeit des Vergebens. Als normale menschliche Wesen in dieser Welt können wir zu Instrumenten des Göttlichen Erlösergeistes werden – im Vergeben. Er, Der jenseits von männlich und weiblich ist, ist zugleich der Name und das Genannte. Er ist zugleich der Vergebende und Der, Dem vergeben wird. Er ist *Hu dost,* der Freund all jener, die Brüder und Schwestern sind, die ihr Leben hingeben für die Ewigkeit, die ihr Leben hingeben für das geheime Ziel Gottes. Erinnern wir uns daran, dass was immer wir sehen, was immer wir berühren, wonach immer wir Ausschau halten, Sein Name ist. Wenn wir dies nicht vergessen, werden unsere Kinder recht frei sein. Alles ist Sein Name. Es gibt so viele

Menschen auf der Welt, die leiden, weil sie nicht wahrhaben wollen, dass ihnen in ihrem Nächsten Sein Name begegnet.

Ein Gebet der Einheit ist nur möglich, wenn wir unsere essenzielle Einheit mit Gott erkennen. Das Gebet bejaht die Einheit und ermöglicht der Vielheit, sich zu offenbaren. Natürlich können wir um etwas Bestimmtes bitten, aber in der höchsten Form des Gebets tun wir dies nicht mehr, denn wir wissen, dass wir, wenn wir bewusst »Ich will« sagen, genau das bekommen, was wir brauchen, um unserer Aufgabe im Göttlichen Plan gerecht zu werden.

Innerhalb der Einheit gibt es eine ganze Hierarchie von »Helfern« auf vielen verschiedenen Bewusstseinsstufen. Jeder einzelne hat eine spezielle Funktion, eine bestimmte Aufgabe zu erfüllen. Wenn wir in Liebe und Bewusstheit beten, kann auf diese Weise unser Gebet erhört werden. Jeder der Helfer innerhalb der Hierarchie der Wesen hat Macht über jene Elemente, die notwendig sind, um die Antwort auf unsere Gebete zustande zu bringen.

Doch nehmt euch in Acht! Sind die Elemente erst einmal im Spiel und ist das Kommando zum Start gegeben, werden sie ihre Aufgabe auch zu Ende führen. Es ist ungeheuer wichtig, dass unsere Persönlichkeit und unsere Wünsche sich dieser Arbeit nicht in den Weg stellen, denn nichts kann die große Heerschar des Lichts aufhalten. Nachdem sie um Hilfe gebeten wurden, sind sie an ihre Weisung gebunden. Das Geheimnis liegt darin, dass sie bis zu ihrem ›Tod‹ an den ergangenen Befehl gebunden sind. Sobald sie ihre Aufgabe erfüllt haben, werden sie durch den Menschen erlöst, durch genau denjenigen, der den Auftrag ursprünglich stellte.

Wissen ist wichtig. Uns Wissen anzueignen, ist unverzichtbar, wenn wir verantwortliche menschliche Wesen sein wollen, die fähig sind auszuführen, was uns seit Anbeginn der Zeit von unserem Herrn aufgetragen wurde. Wenn unser Wissen zunimmt, haben wir die Dinge immer mehr in der Hand, und die Möglichkeit wächst, dass unsere Gebete erhört werden. Die Antwort auf unsere Gebete bleibt nicht mehr dem Zufall überlassen. Wenn wir beginnen, das Wesen des Gebets zu verstehen, bekommt unser Leben einen völlig neuen Sinn.

Das Allerwichtigste ist unsere Einstellung zum Gebet. Wenn wir versuchen, für uns selbst zu meditieren, für uns selbst zu beten, wenn wir nicht wissen, wer oder was wir sind, und nicht zur einen Quelle allen Lebens zurückkehren wollen, unterliegen wir der Gefahr, irgendwelcher Magie zu verfallen und enttäuscht und unglücklich aufzugeben.

Ich möchte noch einmal auf die drei Schritte zurückkommen, die notwendig sind: Erkenntnis, Erlösung und Auferstehung. Als Erstes müssen wir die Erlöserkraft Gottes erkennen lernen. Dann, wenn wir all dem abschwören, was wir zu sein glaubten, und zu höheren Ebenen des esoterischen Gebets aufsteigen, werden wir zu Welten jenseits unserer Konzepte von Dimension erlöst. Wir lassen zu, dass Gott durch Seine Hierarchie vollkommene Ordnung in diese Welt bringt, dass diese Welt verwandelt wird. Schließlich haben wir Gewissheit, dass diese Welt die Auferstehung ist. Das Danach (oder das Jenseits) ist hier, jetzt, nachdem wir es erkannt haben. Dieses Wissen wird uns erst gewährt, wenn wir gegenüber all dem gestorben sind, was wir zu sein glaubten, all dem, von dem wir in unserem Zustand des Schlafs glaubten, es sei die Welt.

Bewusstsein kann definiert werden als »die Reaktion der aktiven Intelligenz auf Muster«. Um beten zu können, müssen wir bewusst sein. Dies bedeutet, dass wir in jedem Augenblick wach sein müssen, um zu sehen, wer und was wir sind. Wenn wir schlafen, können wir nicht beten! Wir müssen unsere Intelligenz durch den Willen wecken, durch den Geist, um *aktiv* zu sein. Wenn wir bewusst und aktiv sind, kann wirkliche Bewusstheit entstehen. Aktive Intelligenz gehorcht dem vollkommenen Muster der Geometrie Gottes, sodass das Gebet erhört werden kann. Die unsichtbare Geometrie, die alles Leben durchdringt, beginnt – mit viel Unterstützung –, sich durch die verschiedenen Reiche hindurch zu manifestieren. Wenn wir uns aktiv auf das Gebet einlassen, wenden wir uns Gott, unserem Herrn zu, und rufen dadurch alle Hilfe herbei, die wir brauchen. Gott ist der Eine. Es gibt nur *ein* Sein. Und innerhalb dieser Einheit gibt es das Wunder Seiner Einzigartigkeit. Jedes Wesen innerhalb des Seins hat seine eigene Aufgabe, seine eigene einzigartige Aufgabe zu erfüllen, um bei der Verwirklichung der vollständigen Erlösung des Menschen und des Planeten zu helfen.

Jetzt müssen wir uns einige neue Ideen anschauen. Wir können Meditationstechniken nur insoweit für sinnvoll erachten, als sie uns in die Lage versetzen, unsere vollständige und ungeteilte Aufmerksamkeit dem Geliebten zuzuwenden, der auf jenen großen Augenblick wartet, da wir mit unserem ganzen Sein zu Ihm kommen. Dies ist das große Gebet, das im Westen »Herr erbarme Dich unser« heißt. Erbarmen, Sein Erbarmen schenkt uns das Sein. Und gleichzeitig nimmt es alles von uns, was der Wahrheit den Weg versperrt.

Wir können innerhalb des Einen das Viele betrachten, das für die Antwort auf unsere Gebete gebraucht wird. Wir können weiterhin über das Wesen der Geometrie nachsinnen und das, was so oft »die feinstoffliche Anatomie des Körpers Gottes« genannt wird; all dies ist hier, innerhalb des Raumes, den wir einnehmen, und durchdringt diesen. Wir können beginnen, uns in das Wesen der Intention zu vertiefen und in die richtige Einstellung zum Gebet. Wir können uns unserer Verantwortung bewusst werden, in jeder Beziehung wach und sauber zu sein. Wir können verstehen, dass wahre Bewusstheit nur dann entstehen kann, wenn wir wach sind, wenn unsere Intelligenz, die Teil der übergeordneten Göttlichen Intelligenz ist, geweckt wird und schlussendlich auch aktiv wird.

Wir können noch weiter gehen und erkennen, dass das mystische Gebet, das esoterische Gebet, mit dem Bewusstsein höherer ›Körper‹ in Verbindung steht. Es ist ein Zustand, in dem es verschiedene Ebenen und Abstufungen der Realitätswahrnehmung gibt. Die »sieben Himmel« beziehen sich auf Bewusstheit – die Bewusstheit des Gebets – in den verschiedenen Körpern. Die mystische oder spirituelle Hochzeit der Gnostiker ist die Vereinigung des Bewusstseins mit dem spirituellen Körper – durch alle Reiche hindurch in die Einheit hinein.

Stirb, bevor du stirbst

33 Wenn wir sterben – und wir werden alle sterben –, nehmen wir zwei Dinge mit uns (idealerweise nur das eine, aber gewöhnlich beides). Das Erste, was wir mitnehmen, ist all das, von dem wir meinen, wir bräuchten es. Das Zweite ist das Wissen, dass wir in eben diesem Augenblick ein einzigartiger Aspekt Gottes sind. Wenn wir um die Einheit Gottes wissen, gibt es keine Reinkarnation – die ausschließlich von

den Bedürfnissen bestimmt wird, die wir in dieser Welt noch zu haben glauben. Zu meinen, wir bräuchten irgendetwas, ist eine Illusion.

Jetzt könnten wir fragen: »Ja, aber was geschieht denn dann, wenn wir sterben? Leben wir weiter?« Meine Antwort ist, dass wir seit Anbeginn der Zeit hier waren. Es geht weder weiter noch zurück, weder nach oben noch nach unten. Der Tod ist die große Illusion – Tod und Empfängnis sind *ein* Augenblick. Die gesamte Schöpfung vollzieht sich in einem Augenblick, und das ist schon immer so gewesen.

Angenommen, wir wollen bereits im Leben sterben. Wir sind bereit, aufs Ganze zu gehen. Das bedeutet, in jedem einzelnen Augenblick unseres Lebens zu sterben. Was wir über den Tod hinaus mit uns nehmen, ist all das, was wir glauben, nötig zu haben, und all unser Wissen über das, was wir sind. Letzteres ist abhängig vom Fehlen oder Verlust des Ersteren. Wann immer wir die Vorstellung aufgeben, irgendetwas in diesem Leben zu brauchen, eröffnet sich uns die Möglichkeit, ein wenig über die Wahrheit allen Lebens zu erfahren.

Im Französischen wird der Orgasmus auch *la petite mort* genannt, der kleine Tod. Wenn wir so sein könnten, würden wir dem Werk gerecht werden. Wir brauchen nichts, überhaupt nichts. Bemüht euch jeden Tag darum, nichts zu brauchen.

Zum Schluss möchte ich darüber sprechen, wie wir sterben können. Die Antwort lautet: indem wir *geben.* Die Antwort ist in diesem Wort »geben« zu finden, in nichts anderem – keiner Sache, keinem Wort, keinem Begriff. Nur wenn wir rückhaltlos geben, brauchen wir nichts. Indem wir uns vollständig entleeren, lernen wir zu sterben.

Um ins wahre Sein zu gelangen, müssen wir alles aufgeben. Zur Zeit hält die Welt eine Hand hinter ihrem Rücken versteckt. Wenn Menschen auf dem spirituellen Weg – einschließlich solcher, die schon eine Zeitlang am Werk beteiligt waren – bestimmte Übungen bekommen haben, ist die Versuchung groß zu sagen: »Schau mal, was ich hier habe!« Auf der anderen Seite sagen sie: »Ich werde alles aufgeben.« Vielleicht könnten sie die Seiten vertauschen. Wir halten immer etwas in der Hinterhand, das wir nicht hingeben, nicht aufgeben können; deshalb können wir nicht wirklich sein. Könnte irgendeiner von uns tatsächlich alles aufgeben? Es gibt keinen anderen Weg, das Stadium zu erreichen, das wir »ins wahre Sein gelangen« nennen, als wirklich alles aufzugeben. Das ist manchmal ein großer Schock.

Wir werden uns klar darüber, dass alle Urteile, die wir im Laufe unseres Lebens gefällt haben, auf uns zurückfallen, dass uns Urteile anderer Menschen anhaften, dass Urteile unser Leben seit Anbeginn der Zeit blockiert haben. Urteile haben unsere Möglichkeit zur – wie ich sie nenne – »erschreckenden Freiheit« vereitelt, zu einer Freiheit, die wir nicht imstande sind anzunehmen. Wir sind nicht fähig, uns der großen Freiheit zu stellen, der Freiheit jenseits all dessen, was wir kennen.

Keinem System ist es möglich, uns zur Freiheit zu führen, zum Sein; es kann uns nur bis zum Ufer geleiten. Lasst uns deshalb Gott Dank sagen für alle Systeme und Wege. Sie sind großartig, um uns zu genau dem Punkt zu führen, von dem aus wir abspringen müssen. Doch wir sind es, die springen müssen; wir sind es, die die große Entscheidung treffen und sagen müssen: »Ich will. Ich bin bereit zu sterben.« So, wie es im Koran geschrieben steht: »Stirb, bevor du stirbst.«

Ich bin ein sehr radikaler Mensch. Ich verabscheue Systeme zutiefst; und noch mehr ist mir jegliche Form zuwider. In keiner Form, keiner Übung werden wir Freiheit finden. Doch ohne eine solche Form werden wir jenen Punkt nicht erreichen, von dem aus wir springen können. Lasst uns Gott danken für alles, was uns bisher gegeben wurde. Lasst uns bis zum äußersten Rand des Schwimmbeckens gehen – und ganz entspannt bleiben. Springen wir, oder springen wir nicht?

Freier Wille, der freie Wille, zum wahren Sein zu finden, ist, wie wir wissen, in unserem Zusammenleben so wichtig. Er schafft für uns den Raum, um zum wahren Sein zu gelangen.

Um ins wahre Sein zu gelangen, müssen wir alles aufgeben.

Wenn der Mensch zu seinem Herrn »Ich will« sagt, wird er genau das bekommen, was er braucht, um seine Aufgabe innerhalb des Göttlichen Plans zu erfüllen. Woran immer er festhält, wird ihm genommen werden. Woran immer eine Gruppe festhält, wird ihr genommen werden.

Zum wahren Sein zu finden, bedeutet, zur Gnosis, zur Erkenntnis zu finden. Um dies zu erreichen, müssen wir alles hinter uns lassen. Um die verborgene Bedeutung dessen, was ich sage, zu verstehen, müssen wir alles aufgeben, jedes System, alle Übungen, alles, was wir je gelernt haben. Dann geht es nicht mehr um irgendjemandes Konzept von dem, was Sein bedeuten könnte, sondern wir finden zu unserem eigenen Sein, das nun endlich Gottes Sein ist. Maulānā Dschalāl-ad Dīn Rūmī, einer der großen Liebenden aller Zeiten, hinterließ uns folgende Worte:

> Komm, komm, wer immer du bist,
> Wanderer, Anbeter, Freund des Abschieds,
> Es spielt keine Rolle.
> Dies ist keine Karawane der Verzweiflung.
> Komm, komm, auch wenn du deine Schwüre
> tausend Mal gebrochen hast.
> Komm, komm – und noch einmal, komm.

Wir kommen immer und immer wieder. Wir versuchen, zum Sein zu finden; wir versuchen, unseren Herrn zu finden, der uns zu diesem Zustand führen wird. Doch wir tragen eine schwere Last auf unserem Rücken. »Komm, komm – und noch einmal, komm.« Doch kommt nicht mit irgendetwas anderem. Ich meine damit nicht, wir sollten die Systeme dieser Welt nicht achten, die Lehrer, die Kirchen und so weiter. Darum geht es nicht.

Es gibt *einen* Gott. Es gibt *ein* Absolutes Sein. Es gibt nur *einen* Lehrer. Es hat immer nur *einen* Botschafter gegeben. Jeder Augenblick manifestiert auf der Erde *ein* bestimmtes Attribut Gottes. Jede und jeden von uns führt Er – wenn wir bereit sind – zu dem *einen* Ziel, zu unserem Herrn. Es gibt nur *einen* Lehrer.

Gotteserkenntnis

34 Es ist möglich, sich vor allen Lehrern der Welt in den Staub zu werfen und ihnen, einem nach dem anderen, die Füße zu küssen. Jeder einzelne ist eine Manifestation des Herrn, unseres Gottes. Dies ist nicht nur möglich, es ist sogar notwendig. Wenn wir uns unserem Herrn zuwenden, werden wir in der äußeren Welt das manifestieren, was wir hier zu erfüllen, zu tun haben. Dies könnte der Beginn der Gottes-

erkenntnis sein. Der heilige Franziskus sagte: »Das, was du suchst, ist das, was sucht.« Euer Herr ist zwischen einem Atemzug und dem nächsten zu finden. Hazrat Inayat Khan sagte einmal: »Macht Gott zu einer Realität, und Er wird euch zur Wahrheit machen.« Wir könnten es so sehen: Macht Gott zu einer Realität in eurem Herrn, und ihr werdet verstehen. Um das Wesen der Gotteserkenntnis zu verstehen, um ins Sein zu gelangen, müssen wir den Herrn Realität werden lassen. Doch wie ist das möglich? Wie können wir das tun? Wie können wir der unmöglichen Möglichkeit zum Sein verhelfen: dass sich unser Gebet, unsere Hinwendung zu Gott, unser »Dein, nicht mein Wille geschehe« auf der Erde manifestiere?

Durch unsere Aufmerksamkeit, unsere Liebe oder unseren Mangel an Liebe erschaffen wir das, was sein wird.

Möglicherweise seid ihr imstande, blaue Energiekugeln zu manifestieren und dergleichen Hokuspokus mehr – doch was habt ihr am Ende davon? Nichts als absolute und tiefste Enttäuschung. Selbst wenn ihr über solche Fähigkeiten verfügtet, wenn ihr jedes Land der Welt bereist hättet, wenn ihr in eurer Sehnsucht nach Wahrheit dies und jenes probiert hättet – was bliebe euch am Ende, wenn ihr in die Knie gezwungen werdet, auf dem Sterbebett? Die Sehnsucht nach Erkenntnis. Was zählt, ist die Wahrheit, nichts als die Wahrheit. An diesem Punkt werden wir vielleicht verstehen, was es bedeutet, zum wahren Sein zu finden.

Um zu diesem Punkt zu kommen, brauchen wir unglaublichen Mut, denn wir müssen alles aufgeben, was wir jemals gelernt haben. Wir müssen unsere gesamte Erziehung hinter uns lassen – das heißt unsere sogenannte Erziehung, alles, was man von außen in uns hineingestopft hat, anstatt das in uns Vorhandene zutage zu fördern. Vielleicht verzichten wir auf all das und entdecken dann den spirituellen Weg, lernen alle möglichen interessanten Dinge, machen wunderschöne Erfahrungen. Wir denken vielleicht, wir hätten etwas gefunden. Vielleicht glauben wir sogar, erleuchtet zu sein. Das ist dann die ganz große Sache. Doch wenn wir eines Tages im Sterben liegen, werden wir wissen, dass wir niemals etwas anderes wollten als die Wahrheit. Alles andere muss weichen. Alle Übungen, absolut alles. Dann werden wir uns unserem Herrn zuwenden. Wir sagen vielleicht: »Allmächtiger Gott« oder »Oh Herr«. Vielleicht wenden wir uns auch unserem Guru zu, unserem Meister, oder wem auch immer. In diesem Augenblick kehren wir um; dies könnte der Beginn der Freiheit sein. Tausend Wege führen zu jenem Punkt, doch am Ende werden wir dort ankommen.

Wer ist der Herr? Was bedeutet Hinwendung zum Herrn? Dieser Herr kann Jesus Christus sein, die Jungfrau Maria, die physische Manifestation eines Lehrers oder das Verstehen des vollkommenen Lehrers. Wer immer es ist, welchen Namen, welchen Aspekt, welches Konzept wir auch immer wählen – es geht stets um das Gleiche. Es geht um eine große Matrix, einen Entwurf für die Geburt unseres wahren Selbsts. »Mache Gott zu einer Realität, und Er wird dich zur Wahrheit machen.«

»In jedem Augenblick, jedem einzelnen Augenblick deines Lebens bist du dein eigener Vorbote«, schrieb Khalil Gibran. Durch unsere Aufmerksamkeit, unsere Liebe oder unseren Mangel an Liebe erschaffen wir, was sein wird. Wir schreiben unser eigenes Buch. Es gibt keinen Guru außerhalb von uns. Es gibt keinen Lehrer außerhalb von uns. Außerhalb von uns gibt es nichts. Wir schreiben unser eigenes Buch. Was wir in unserem Inneren nicht wahrhaben wollen, werden wir außen wiederfinden. Es ist das Gleiche. Und wir werden solange damit fortfahren, bis wir eines Tages in die Knie gezwungen werden. Und das ist der Beginn der Freiheit – eine ganz große Freude.

All die Arbeit, die wir geleistet haben, alle Lehrer, die wir hatten, alles ist nur Vorbereitung auf den Augenblick, da wir uns unserem Herrn zuwenden und – buchstäblich oder symbolisch – vor Ihm niederknien. An diesem Punkt ist nichts. Es ist nicht nur ein emotionaler, sondern auch ein spiritueller Tod. Jeder Mensch kann zu diesem Punkt gelangen – wenn er bereit ist, sich ihm zu stellen.

Der Pfad des Mystikers

35

Der Pfad des Mystikers ist unsichtbar, vorgezeichnet im Universum seit Anbeginn der Zeit. Der Anfang des Pfades – falls es einen Anfang gibt – ist gekennzeichnet von der Sehnsucht des Menschen, seinen Gott zu kennen. An seinem Ende – falls es je ein Ende gibt – steht die Gottesgewissheit. Es ist ein Pfad der Liebe, denn nur derjenige kann Gott erkennen, der fähig ist, Ihn wahrhaft zu lieben. Nur durch den Menschen, der gelernt hat, Gott vollkommen zu lieben, kann sich die Liebe Gottes hier auf der Erde vollständig manifestieren.

Dieser unsichtbare Pfad, der Schritt für Schritt vorgezeichnet ist, bestimmten Gesetzen und Mustern folgt und in das Zentrum des Labyrinths führt, stellt die Initiation des Mystikers in die Mysterien dar und auch seinen Tod vor dem Tod, seine Kreuzigung und seine Auferstehung. Seine Führer auf dem Weg sind all jene, die diesen Weg bereits gegangen und zurückgekehrt sind, um andere vor den Fallgruben zu bewahren, die auf den »Verrückten« lauern, wenn er sich mehr als alles andere wünscht, zu entwerden und in Gott wiedergeboren zu werden.

Für die Reise sind zwei »Beine« notwendig. Das erste Bein stellt die in aller Ewigkeit vorherbestimmten, im Herzen des Menschen schlummernden Göttlichen Möglichkeiten dar. Das zweite Bein ist die Beharrlichkeit. Das eine ist ohne das andere sinnlos. Die latent im Herzen des Menschen vorhandenen Möglichkeiten bleiben so lange verborgen, bis sie ans Licht geholt werden; damit dies geschehen kann, ist Ausdauer erforderlich. Wenn sich beide Beine bewegen, wird eine kreative Spannung erzeugt. Ohne kreative Spannung können wir nicht zurechtgestutzt werden, und ohne dieses Beschneiden können die Schleier nicht gelüftet werden, die den Menschen von seinem eigenen Erbe, von Freiheit und Wahrheit trennen. Beharrlichkeit erfordert Geduld – eine der ersten Tugenden, die der Mystiker entwickeln muss. Er braucht Mut und Stärke. Er kann es sich nicht leisten, seinen Körper zu schwächen, verantwortungslos mit dem Gefährt umzugehen, das Gott ihm gab, damit er sich selbst darin verwirkliche.

Der Mystiker braucht Glauben; einen Glauben, dem blinden Glauben des kleinen Kindes ähnlich, das zu Gott betet. Wie kann er diesen Glauben finden? Nur wenige von uns sind mit wirklichem Glauben auf die Welt gekommen. Selbst jene, die zu Beginn ihrer Reise meinen, Glauben zu haben, werden so gründlich geprüft und in Versuchung geführt, dass schließlich ihr Glaube in seinen Grundfesten erschüttert wird. Dann muss aus der Asche des Alten eine neue Form des Glaubens erstehen. Wie entsteht dieser neue Glaube, und wie können wir ihn im Herzen des Menschen entwickeln? Wahrer Glaube ist das unsichtbare Gegenstück zum physischen Gefährt, das den Mystiker ans Ziel seiner Reise bringen wird.

Glaube entwickelt sich aus Vertrauen. Früher dachte ich, es sei möglich, mit Hilfe irgendeiner Form täglich zu praktizierender intellektueller Disziplin den Glauben an die unausweichliche Richtigkeit allen Lebens zu entwickeln. Also bemühte ich mich, wie viele andere, um Achtsamkeit, machte Übungen, um »aufzuwachen«, und verbrachte viele Stunden in Meditation. Eine Zeitlang schien dies zu genügen. Gewisse innere Erfahrungen bestärkten mich in der Überzeugung, auf dem rechten Weg zu sein. Ich entwickelte eine Art Glauben, das ist wohl wahr; doch dieser Glaube hatte ein äußerst schwankendes Fundament. Wo war der Grundstein, die Liebe? Ohne Liebe sind wir nichts, und ohne Liebe werden wir niemals etwas verstehen. Intellektuelle Übungen und Disziplinen sind für den Mystiker nur insoweit sinnvoll, als sie den Intellekt erwecken und das geistige Streben anspornen können. Ohne die Liebe, die aus dem Herzen kommt, bedeuten sie nichts.

Weil das Fundament unzureichend war, musste ich nach einiger Zeit erkennen, dass ich überhaupt keinen Glauben hatte. Ich hatte nur »gedacht«, ich hätte ihn. Wieder einmal musste ich, wie so viele von uns, von vorn anfangen. Dann kam das Losungswort, der Schlüssel, der die erste Tür öffnete zu einem wahren, lebendigen Glauben an den *einen* Gott. Der Respekt öffnet uns die Tür zum Vertrauen, und das Vertrauen wiederum ist eine Grundvoraussetzung für die Reise des Mystikers zur Erkenntnis. Um Respekt zu haben, müssen wir bewusst sein. Hierbei erwiesen sich die intellektuellen Übungen, die man mir beigebracht hatte, zum ersten Mal als nützlich. Wenn wir Gott in unserem Nächsten achten, beginnen wir zu verstehen, was dieser Mensch braucht. Wenn wir bewusst sind, können wir Mittler sein und Geburtshilfe leisten für das, was aus dem Inneren des Menschen, aus dem Licht, zur Entfaltung drängt.

Was für eine Freude! Eine ganz neue, unsichtbare Welt eröffnet sich uns. Wir sehen in der Freude des anderen die innere Welt, die tatsächlich eine Welt des Lichts ist. Wir beginnen zu wissen, was Stille ist.

Hier beginnt der Mystiker seine Reise in unbekannte Regionen. Alles, was vorher geschehen ist, alle Disziplinen und Übungen, denen der Mystiker sich unterwarf, während er sich seinem Herrn näherte, dienten nur der Vorbereitung auf das Zerreißen des ersten Schleiers, auf die erste Stufe der Erkenntnis. Plötzlich, fast unerwartet, nimmt er das Licht der Seele wahr, das in einem anderen leuchtet. Aber noch ist in ihm nur ein schwaches Ahnen, dass das, was er sieht, nicht so sehr das Licht jener *Person* ist, sondern ein Licht, das immer da war und sich danach sehnt, in dieser Welt erkannt und wahrgenommen zu werden. Ein solcher Augenblick kann einen Menschen vollständig verwandeln; plötzlich überfällt ihn große Freude. Das Licht, das sich seinen Weg bahnt, wird diese Person in die Lage versetzen, das gleiche Licht in anderen zu erkennen. Nun kann wahre Kommunikation beginnen. Eine mystische Umarmung wird möglich und vielleicht erste Anfänge eines mystischen Dialogs zwischen Gott und dem Menschen.

Wahrer Glaube ist das unsichtbare Fahrzeug, das den Mystiker ans Ziel seiner Reise bringen wird.

Die wahre Reise hat begonnen! Auf dieser Stufe scheint sie fast einfach zu sein. Wir könnten uns fragen, weshalb so viel über diesen Pfad geschrieben werden musste, denn er liegt doch jetzt klar vor uns. Indem wir uns öffnen, sodass Sein Licht durch uns hindurchscheinen kann, werden wir zu Mittlern, die dieses Licht an andere weitergeben, und so herrscht Freude. Wir sehen Sein Licht im anderen leuchten, und einen Augenblick lang wissen wir vielleicht, wie es ist, sich vor dem Gott im Menschen zu verneigen, die »Inwendigkeit der Dinge« zu erkennen oder Essenz ohne Form zu erleben. Und in der Tat fallen die Formen um uns herum in sich zusammen, wenn wir das Licht erkennen.

Der Mystiker, welcher Provenienz auch immer (ob Christ, Muslim, Jude oder etwas anderes), durchläuft während seiner Reise verschiedene Stufen. Dies sind die verschiedenen Stufen der Erkenntnis. In dem Maße, wie die Formen sich durch die Erkenntnis der Essenz auflösen, wächst die Verzückung im Herzen des Mystikers. Um diese Etappen zu erklären, muss ich mich eines besonderen Vokabulars bedienen. Ich wähle die Sprache der Sufis, insbesondere die des Meisters Muḥyīddīn Ibn 'Arabī, um zwei dieser Stufen zu erläutern, und zwar *fanā'* und *baqā'*. *Fanā'* bezeichnet das Schwinden aller Illusionen, an deren Stelle *baqā'* tritt, das Verbleiben des Wirklichen. Auf jedes Stadium von *fanā'* muss ein Stadium von *baqā'* folgen. Dies ist eine Warnung an uns alle. Der Pfad des Mystikers ist ein Weg auf Messers Schneide. Er ist lang und in gewissem Sinne auch gefährlich, denn in seinem Wunsch zu sterben, bevor er stirbt, könnte der Mystiker in einen Zustand von *fanā'* abgleiten, den Ibn 'Arabī »unvollkommen« nennt. Einen Augenblick lang könnte er erkennen, dass er – in seinem begrenzten Ichbewusstsein – *per se* nicht existiert. Gott aber gab ihm eine Form, mit Hilfe derer er zur Erkenntnis gelangen kann. Wenn der Mystiker an diesem Punkt aufhört, bewusst zu sein, gerät er in einen Zustand, der als »Schlaf« beschrieben wird. Er ist dann weder bei seinem Selbst noch bei seinem Herrn.

Auf der letzten Stufe, auf dem Höhepunkt seiner Verzückung, schaut der Mystiker Gott nicht mehr als Ursache des Universums, sondern als dessen Essenz. Er ist nun nicht mehr imstande zu sagen, das Universum sei die Wirkung einer Ursache; für ihn stellt es jetzt die »Erscheinungsform einer Wirklichkeit« dar. Er erkennt, dass Kausalität ohne jede Bedeutung ist. Damit ist das höchste Ziel des Mystikers erreicht, denn er erkennt, dass beide Welten eins sind. Er weiß jetzt, dass Immanenz und Transzendenz in Wirklichkeit ein und dasselbe sind. Dies ist die Gewinnung des Goldes in der Alchimie, die Sonne im Herzen. Das Ego ist verwandelt worden, an seine Stelle tritt die Essenz. Das Ziel ist jedoch nicht Gott. Wie könnte Gott das Ziel sein, da doch Er Derjenige ist, Der am Ziel »angekommen« ist? Der Satz: »Ich war ein verborgener Schatz und liebte es, erkannt zu werden«, wurde verwirklicht, und das Schöpfungsgeheimnis verstanden. Das höchste Glück des Mystikers hat sich erfüllt, denn er ist seiner essenziellen Einheit mit Gott gewiss. Und in diesem Augenblick Göttlichen Staunens schaut Gott Sich selbst, in aller Vollkommenheit. Nur im vollkommenen Menschen, der – aufgrund seiner mystischen Station – imstande ist, Gott vollkommen zu lieben, kann der Schatz, die verborgene Essenz, sich auf der Erde manifestieren.

Symbolik der Hochzeitszeremonie

36

In früheren Zeiten kannte man die symbolische Bedeutung und den Sinn der Ehe, doch heute scheint dieses Wissen in Vergessenheit geraten zu sein. Ursprünglich wurden Ehen »arrangiert«. Nur selten sahen Braut und Bräutigam einander vor der Zeremonie. Der Junge musste zum Mann werden, bevor eine Braut für ihn gesucht werden konnte. Ein Mann zu sein, hieß, unerschrocken, tapfer und nachsichtig zu sein. Ein Mann musste wachsam sein und jederzeit bereit, in den Kampf zu ziehen, um sein Erbe zu verteidigen. Er musste Willen entwickeln, um sich nicht vor dem Tod zu fürchten und um fähig zu sein, jederzeit zu tun, was von ihm verlang wurde.

Wenn er zum Mann geworden war, begannen die Ältesten mit der Suche nach einer geeigneten Braut. Zur gleichen Zeit wurde eine Frau von ihrer Mutter und den Frauen des Stammes oder von einer besonderen Familie auf ihre Aufgabe vorbereitet. Auf diese Weise lernte sie, was Frausein bedeutet und welche Rolle ihr bei der Entfaltung des Göttlichen Willens zugedacht war. Sie erfuhr, dass die Frau ganz Raum ist und alles auf einmal weiß, während der Mann sich jeweils nur um eine einzige Sache kümmert. Sie erkannte, weshalb Mann und Frau einander brauchen, um in einer vollkommenen Ehe zur alchimistischen Verschmelzung zu gelangen. Mit Hilfe bestimmter esoterischer Methoden wählten die Weisen schließlich eine Braut aus. Wie leicht sehen wir hier nur die Welt der Formen; in Wirklichkeit war dies eine im Himmel arrangierte Ehe, denn die Weisen waren nichts anderes als Stellvertreter der Weisheit Gottes.

Um die innere Bedeutung der Hochzeit zwischen Mann und Frau zu erläutern, möchte ich mich der in der christlichen Kirche gebräuchlichen Symbolik bedienen. Nachdem die Braut gefunden war, wandte sich der zukünftige Bräutigam an die Frau und fragte: »Willst du mich heiraten?« Worauf sie »Ich will!« sagte und damit den ersten Abschnitt der Zeremonie vollendete. Wir sollten darauf achten, dass hier das Wort »Wille« verwandt wird. Nachdem er die Frage gestellt und sie eingewilligt hatte, konnte mit den Vorbereitungen für die eigentliche Zeremonie begonnen werden. Die Kleidung der Braut wurde genäht, die Mitgift besprochen, ein Haus für das Paar vorbereitet, und sehr viele Aktivitäten und Energien waren auf den großen Tag gerichtet. Am Tag der Hochzeit dann versammelten sich die Gäste, die gekommen waren, den Gelöbnissen des Paares vor dem Priester beizuwohnen, in der Kirche. Auf der einen Seite der Kirche nahmen Familie und Gäste der Braut Platz und auf der anderen Familie und Gäste des Bräutigams. Den Mittelgang können wir als den geraden Weg zur Einheit betrachten.

Als Erster tritt der Bräutigam mit seinem Beistand ein. Dessen Aufgabe besteht einzig und allein darin, den Bräutigam, »angemessen gekleidet«, rechtzeitig zur Kirche zu begleiten und die Ringe für das Paar mitzubringen. Die physischen Kleider stehen natürlich für die notwendigen unsichtbaren Gewänder – die verschiedenen Körper, die zur Entfaltung gekommen sein müssen, geläutert und bereit, den Geist zu empfangen. Am Abend vor der Hochzeit gehen die Männer zusammen aus, trinken Wein und stoßen auf den zukünftigen Ehemann an. In der Hochzeitszeremonie ist der Wein das Symbol für den Geist. Der Bräutigam, der zum Mann geworden ist und Willen entwickelt hat, ist aufgefordert, sich vom Geist Gottes erfüllen zu lassen, um seiner Aufgabe als Mann und Gatte gerecht zu werden.

Vorne in der Kirche wartet der Bräutigam in der Nähe der niedrigen Altarbrüstung. Eine Atmosphäre der Erwartung breitet sich aus. Noch weiß niemand genau, ob die Braut wirklich kommen wird. Wie wir alle wissen, ist sie selten pünktlich! Leise Musik erklingt. Die Braut betritt die Kirche, der Hochzeitsmarsch ertönt. Verschleiert und am Arm ihres Vaters, der sie übergeben wird, schreitet die Braut durch den Mittelgang auf ihren zukünftigen Gatten zu. Der Priester wendet sich ihnen zu, um sie zu begrüßen. Alle stehen auf. Die Zeremonie beginnt. Wenn die Braut die Altarbrüstung erreicht, tritt der Bräutigam auf sie zu. Der Vater zieht sich zurück, seine Aufgabe ist erfüllt. Mit der Übergabe der Ringe hat auch der Beistand des Bräutigams seine Aufgabe erfüllt. Während der Hochzeitszeremonie stellt der Priester dem Paar bestimmte Fragen, nimmt ihnen bestimmte Versprechen ab. Die Antworten auf diese Fragen lauten: »Ich will« und »Ich werde es tun«. Bitte achtet auch hier wieder auf die innere Bedeutung der Worte, denn es ist wahr, dass wir ohne Willen gar nichts »tun« können! An einem bestimmten Punkt wird der Schleier gelüftet, und dann, nachdem die Ringe ausgetauscht wurden und die Zeremonie beendet ist, küsst sich das Paar. In diesem Kuss manifestiert sich der Segen Gottes.

Wenn wir wahre Freiheit erreicht haben, müssen wir in die Welt zurückkehren und ihr neues Leben bringen.

Noch immer hat die Gemeinde das Antlitz der Braut nicht gesehen. Der Priester führt das Paar zum Hochaltar, wo er allein mit ihnen spricht. Wenn er gesagt hat, was er zu sagen hatte, wendet das Paar sich der Gemeinde zu. Brausend stimmt die Orgel den Lobgesang an. Durch den Mittelgang, der den Weg der Wahrheit, der Liebe, des Mitgefühls und des Dienens darstellt, schreitet das Paar aus der Kirche, zurück in die Welt.

Stellt euch das Wunder und die Herrlichkeit einer solchen Zeremonie vor. Ich möchte auf den inneren Gehalt hier nicht im Einzelnen eingehen; stattdessen möchte ich euch ein paar Hinweise geben, damit ihr den »verborgenen Schatz« entdecken könnt. Die Braut ist weiß gekleidet und zieht eine lange Schleppe hinter sich her. Die Schleppe wird, je nach der »Station« des Paares, von einer bestimmten Anzahl von Pagen und Brautjungfern getragen. In einer königlichen Familie können es bis zu acht sein. Die »Schleppe« stellt die gesamte unsichtbare Welt dar, die sich danach sehnt, zur einen Quelle allen Lebens zurückzukehren, was nur durch die alchimistische Vereinigung von Mann und Frau geschehen kann. Das Eine teilt sich, um sich wieder im Einen zu vereinigen. Die niedrige Altarbrüstung, an der das Paar getraut wird, symbolisiert die Trennungslinie zwischen der niederen Natur des Menschen und der Seele. Der Hochaltar symbolisiert den Ozean, dem alles entstammt und in den alles zurückkehrt. Man sagt, ein Sufi sei »ein Tropfen, der zum Ozean wird«. Der Tropfen stellt hier die Verschmelzung des männlichen und des weiblichen Elements dar. Die Worte, die im Geheimen vom Priester am Hochaltar gesprochen werden, öffnen das Tor zur wahren Freiheit. Wenn wir wahre Freiheit erreicht haben, müssen wir in die Welt zurückkehren und ihr neues Leben bringen. Und so kehrt das Paar um und schreitet auf dem gleichen Weg, auf dem es gekommen ist, wieder hinaus. Jetzt beginnt ihr gemeinsames Leben als wahrer Akt des Dienens in Seinem Namen. Sie haben auf ihren Willen verzichtet zugunsten eines höheren Willens und sind nun imstande, Seinen Willen in eine wartende Welt zu tragen.

Grenzen des Verstandes

37 Zu allen Zeiten haben Lehrer versucht, inneres Wissen weiterzugeben. Dieses Wissen auf direktem Wege zu vermitteln, ist so gut wie unmöglich, denn der Verstand versucht zu verstehen, indem er eine Sache mit einer anderen vergleicht. Aufgrund der Beschaffenheit des Verstandes wurden verschiedene Wege entwickelt, um dieses Wissen zu vermitteln. Das Erzählen von Geschichten und Parabeln ist einer davon.

Schauen wir uns einmal den Verstand an. Für sein eigenes Überleben ist er vollständig auf den Vergleich angewiesen. Wenn der Verstand zur Ruhe kommen und wirkliches Verstehen möglich werden soll, ist es notwendig, den zermalmenden Zusammenprall der innerhalb des Verstandes existierenden Gegensätze auszulöschen.

Der Verstand geht davon aus, dass er imstande ist zu wissen, und erkennt nicht, dass er ein Instrument des Willens, des Geistes ist. In Wirklichkeit ist er lediglich fähig, mit immer großartigeren Vergleichen aufzuwarten; denn wenn wir es recht betrachten, sind Worte die Grundlage des Verstandes, und zu jedem Wort gibt es ein relatives Pendant. Wenn wir zum Beispiel sagen: »Dieser Baum hat grüne Blätter«, wird der Verstand auf die eine oder andere Weise versuchen, diese Aussage einzuordnen, indem er Grün mit einer anderen Farbe vergleicht. Oder wenn wir – innerhalb des Verstandes – sagen: »Das ist der Frühling«, tauchen in unserem Unterbewusstsein automatisch Bilder auf von Sommer, Herbst oder Winter.

Wie gesagt ist der Vergleich der einzige Rückhalt des Verstandes, und eine solche Art des Denkens impliziert, dass es mehr gibt als eins. Doch in Wirklichkeit gibt es nur das Eine! Frei zu sein, bedeutet, durch unmittelbare Wahrnehmung der Wahrheit zu dem Wissen zu gelangen, dass es nur das Eine gibt und dass dieses Eine sich in das Viele teilt.

Der Verstand muss lernen, aus der Perspektive des Einen und des Vielen zugleich zu sehen. Der Verstand lebt von der Überzeugung, dass Dinge aufeinander folgen, dass zuerst »dies« vorhanden ist und dann »jenes«. Er bleibt bei diesem chronologischen Denken und fühlt sich sehr wohl dabei. Um wirklich zu verstehen, müssen wir zur Erkenntnis gelangen, dass wir als Mann und Frau über eine andere Instanz verfügen, mit deren Hilfe wir die Wahrheit unmittelbar wahrnehmen und erkennen können, dass Zeit und Ewigkeit eins sind. Manṣūr al-Ḥallādsch sagte einmal: »Zeit ist das ewige Attribut Gottes.« Diese Aussage entstammte nicht dem Verstand von Ḥallādsch, sondern wurzelte in der Erkenntnis, dass die gesamte Schöpfung sich tatsächlich in einem Augenblick vollzieht. »Im Augenblick der Schöpfung ist, noch unentwickelt, bereits alles enthalten.« Innerhalb dieses einen Augenblicks wird Raum geschaffen für fortwährend sich erneuernde Schöpfung im Zeitlichen.

Ibn ʿArabī sagte: »Mit Hilfe der Göttlichen Führung werden wir das Stadium der Verwirrung erreichen.« Gemeint ist natürlich jene innere Führung, die den Verstand in einen solchen Zustand der Verwirrung zu stürzen vermag, dass er sein Nichtwissen erkennt. Dazu bedarf es unseres Willens, des rechten Motivs und der rechten Absicht. Falls wir die Wahrheit tatsächlich kennenlernen wollen, können Geschichten uns an diesen Punkt der Ratlosigkeit heranführen. Wollen wir jedoch lediglich eine Erklärung der Wahrheit, so werden uns die Geschichten und Parabeln, die uns gegeben werden, nur wenig bedeuten. In jeder wahren Geschichte ist das »verborgene Geheimnis« enthalten. »Ich war ein verborgener Schatz und liebte es, erkannt zu werden; so erschuf Ich die Welt, auf dass Ich erkannt werde.« Den »verborgenen Schatz« können wir in diesen Geschichten finden, denn sie werden aus der Essenz geschrieben. Sie haben in der relativen Welt sowohl ewigen als auch zeitlichen Charakter. Deshalb könnten wir eine solche Geschichte hundert Mal lesen, und mit jedem Mal würde sich uns eine neue ihr innewohnende Bedeutung offenbaren.

»Mit Hilfe der Göttlichen Führung werden wir das Stadium der Verwirrung erreichen.«

Der Verstand kann nicht begreifen, dass alles in einem Augenblick enthalten ist. Hier, in dieser Welt, sehen wir nur fortwährende Veränderung. Im relativen Sinne jedoch ist es unmöglich, dass Gott sich zweimal innerhalb des einen Augenblicks manifestiert.

Schauen wir uns das etwas genauer an. Maulānā Dschalāl-ad Dīn Rūmī lehrt uns, »auf die Zeichen zu achten«. Alle Dinge, die wir in der relativen Welt sehen, sind Zeichen der Manifestation des Göttlichen Gesetzes. Sehen wir nur die Erscheinungsformen der relativen Welt, so können wir nicht verstehen, worum es wirklich geht. Wenn ich aus dem Fenster schaue, auf die Berge, die Sonne, die Kiefer, die sich im Winde wiegt, und mich mit all dem identifiziere, werde ich unmöglich verstehen können, warum all das mir gegeben wurde. Ich vermute oder betrachte es als selbstverständlich, dass die Dinge, die ich sehe, Realität sind, und erkenne nicht, dass sie nur Erscheinungsformen der Wirklichkeit darstellen.

Durch Seinen Ausspruch: »Ich war ein verborgener Schatz und liebte es, erkannt zu werden«, ließ Er uns wissen, dass Er die Erscheinungsformen erschafft, mit deren Hilfe wir Ihn kennenlernen können. Diese Welt gleicht einem Schatten, doch dieser Schatten ist unausweichlich an dasjenige gebunden, das ihn wirft. Wir dürfen nicht vergessen, dass erst das Licht – das allumfassende Licht Gottes – die Existenz des Schattens ermöglicht. Ohne Licht gäbe es auch keinen Schatten. Und zur gleichen Zeit gibt es etwas, das zwischen Licht und Schatten steht.

Es ist schwierig, das, was ich gerade sagte, in Worte zu fassen. Eine Art, euch dieses Wissen zu übermitteln, wäre, ein Buch mit Geschichten zu schreiben, die darauf abzielen, jene innere Instanz zu erwecken, die so oft von den Begrenzungen des Verstandes verhüllt wird.

Wir bemühen uns, die Begrenzungen des Verstandes zu durchbrechen, ja das Bewusstsein selbst hinter uns zu lassen. Ist es nicht diese Freiheit, nach der wir uns sehnen? Ist das in der relativen Welt scheinbar Vorhandene wirklich genug? Können wir beginnen, die Opfer zu bringen, die notwendig sind, um jener immerwährenden Wahrheit zu begegnen (die von jeher da ist)?

Es heißt: »Ein Sufi ist jemand, der im gleichen Augenblick in der Schöpfung Gott sieht und in Gott die Schöpfung.« Ein wirklicher Sufi ist fähig, den Göttlichen Urgrund zu erkennen. Es gibt nur *einen* immerwährenden Augenblick, innerhalb dessen alles Leben existiert, existiert hat und in alle Ewigkeit existieren wird.

Das Wort »Erkenntnis« hängt mit dem Begriff »Gnosis« zusammen, was, wie bereits erwähnt, unmittelbare Wahrnehmung der

Wahrheit bedeutet. Mit diesem Wieder-Erkennen meinen wir das Aufspüren des ewigen Wissens im Inneren der Seele. Die Seele ist eine Substanz, eine sehr feine Substanz, die nicht beschrieben werden kann und die paradoxerweise durch Hingabe und Opfer wissend wird.

Erschaffung der Seele

38

Solange wir nicht fähig sind, bewusst im gegenwärtigen Augenblick zu sein, bleibt die Vorstellung, irgendetwas »tun« zu können, ein reines Phantasieprodukt. Wie wir bereits sagten, verfügen wir über etwas, das »Seele« genannt wird, aber diese befindet sich noch im embryonalen Stadium. Von allen Geheimschulen wurde betont, dass wir diese unsterbliche Seele durch kontinuierliche Arbeit an uns selbst erst erringen müssen. Bis dahin werden wir weiterhin in einer von chronologischer Zeit bestimmten Welt leben, in der scheinbar ein Ereignis auf das andere folgt und ein Problem von einem anderen abgelöst wird. Wie unschwer zu erkennen ist, bedeutet ein solches Leben innerhalb der chronologischen Zeit fortwährendes Leiden und ist weitgehend unbewusst.

Eine Schule wird im Wesentlichen zu dem Zweck gegründet, eine besondere Funktion zu erfüllen, und zwar aus der Erkenntnis heraus, dass wir, da im Leben alles mit allem anderen in Verbindung steht, allein gar nicht fähig sind, etwas zu tun. Deshalb eröffnen sich bestimmte Möglichkeiten, wenn eine Gruppe bewusst, als Akt des Dienens, zusammenkommt. Wenn wir eine Schule besuchen, dann wahrscheinlich deshalb, weil wir lernen wollen und weil wir erkannt haben, dass wir noch nicht über das Wissen verfügen, das wir haben möchten oder das für uns notwendig ist.

Die Entwicklung der Seele ist das Ergebnis eines lange dauernden Prozesses, in dessen Verlauf – durch das kontinuierliche Bemühen des Menschen zu erwachen – die feinsten vom physischen oder psychischen Organismus produzierten Energien gespeichert und kristallisiert werden. Der gewöhnliche Mensch wird seine Energie ebenso schnell, wie sie erzeugt wird, wieder verausgaben.

Er wird sie an Furcht, Zorn, Neid und Verlangen verschwenden oder für seinen Normalzustand, in dem er von sich selbst oder seiner Umwelt fasziniert ist. Um dieser Energieverschwendung Einhalt zu gebieten, muss er Willen entwickeln. Um Willen zu entwickeln, muss er ein Ziel haben. Um ein Ziel zu haben, sollte er alle Teilbereiche seiner Persönlichkeit kennenlernen und diese darin unterstützen, sich seinem Gewissen unterzuordnen. Dazu ist es notwendig, dass sein Gewissen aus dem Schlaf erwacht. Vor allem aber muss er erkennen, dass er nicht fähig ist, irgendeines dieser Stadien aus eigener Kraft zu erreichen.

Die Erschaffung der Seele während unseres physischen Daseins ist die denkbar größte Aufgabe, die wir in Angriff nehmen können. Die Frage könnte sich stellen, ob dies nicht etwas sehr Egoistisches sei. Das ist es in Wirklichkeit nicht, denn aufgrund unserer Arbeit haben wir erkannt, dass dieses verborgene Geschenk rechtmäßig Gott gehört und zu seinem Ursprung zurückgeführt werden kann.

Jede einzelne Zelle unseres Körpers verfügt über ein Gedächtnis und über etwas, das wir »Bewusstsein« nennen könnten. Ich habe die Möglichkeit, den Zustand einer Person zu analysieren und ihr auf diese Weise zu helfen, jene Verhaltensmuster, die sie so unglücklich gemacht haben, nicht zu wiederholen. Ich schaue mir die verschiedenen Zellen an und ihre physischen und ätherischen Entsprechungen in den fünf Dimensionen. Auf diese Weise kann ich herausfinden, was im Leben eines Menschen geschah und zur Blockierung der Zeit oder zur Kristallisation eines bestimmten Moments führte, zum Beispiel ein Schock. In der Regel betrachten wir schmerzliche Erfahrungen als etwas Negatives. In Wirklichkeit sind sie jedoch weder positiv noch negativ. Oft bringen uns gerade die schmerzlichen Erfahrungen dazu, uns nach der Wahrheit zu sehnen. Der Schmerz stellt lediglich eine Visitenkarte dar, die uns auffordert, eine Realität jenseits unserer persönlichen Erfahrungen anzuerkennen.

Die meisten Menschen haben im Innern ihrer Zellen ein Erinnerungsmuster gespeichert, das immer mit ihrem Selbstbild zu tun hat. Unsere Erscheinungsform ist eine Illusion, denn in Wirklichkeit existieren wir nicht getrennt von der Göttlichen Realität. Woran erinnern wir uns während jener Momente kristallisierter Zeit? Wir erinnern uns lediglich an den Schock und den Schmerz, den bestimmte Ereignisse unseres Lebens mit sich brachten. Furcht, Trauer, Selbstmitleid oder Ähnliches – die gewiss nicht zu den Eigenschaften Gottes zählen – verknüpfen sich mit einer Situation, die vermutlich dazu beitrug, jenen Augenblick zu kristallisieren. Wenn wir in die Kristallisation des Schockmoments einwilligen, wird dies zur Begrenzung für unsere Seele. Die ekstatische Reise des Mystikers, die reine Freiheit ist, wird eingeschränkt. Diese Einwilligung kann auf einem körperlichen Schock beruhen. Es gibt immer etwas, das dazu beigetragen hat, den Schock zu kristallisieren. Wenn sich jemand im Wald den Finger abhackt, wird der Schock als Erinnerung bestehen bleiben. Wenn die Schwingungen des Schocks durch Umwelt oder Erfahrungen reaktiviert werden, findet in der Erinnerung die Kristallisation dieses Augenblicks statt.

Die Seele ist eine wissende Substanz.

Es gibt ein Erinnerungsmuster in unseren Zellen, das durch unser falsches Ich erzeugt wird. Wenn die Seele eine wissende Substanz ist – was bedeutet, dass sie alles auf einmal und jedes für sich weiß –, hat sie die Fähigkeit, die Büchse der Pandora zu öffnen. Sie kann das »geheime Buch« öffnen, den »verborgenen Schatz« entdecken. Das Wesen der Seele wird durch Opfer erschaffen; durch das Opfer kommt es zur Erlösung oder zumindest zur Möglichkeit von Erlösung.

Die Seele wird durch Opfer und Hingabe erschaffen. Sie ist nichts, wonach wir streben können. Wissen wird gegeben; es kann nicht erworben werden. Wahres Sein wird uns aufgrund unserer Opfer geschenkt.

Stellt euch einen Mörser vor, in den wir all unsere Opfer werfen. Dann kommt jemand mit einem großen Stößel und zermalmt den Inhalt. Was vorher dein Opfer und mein Opfer zu sein schien, ist plötzlich nur noch Opfer. Es gehört nicht mehr dir oder mir, denn in Wirklichkeit gibt es dich und mich nicht mehr. Hier »unten« muss es ein Du und ein Ich geben, doch in Wirklichkeit sind wir nicht getrennt. Dann fügt jemand dem Inhalt dieses wunderbaren Mörsers ein wenig Flüssigkeit hinzu, und eine Paste entsteht. Diese Paste stellt die ewige Zeit dar. Die Transformation feinstofflicher Energien geschieht innerhalb eines kristallisierten Augenblicks. Jedes Opfer, wie groß oder klein auch immer, das wir als Einzelne, als Gruppe oder als Gesellschaft bringen, wird die Entwicklung der Seele fördern.

Es gibt in unserem Inneren einen Platz für Christus. Es gibt in unserem Inneren einen Platz für jeden Meister, Heiligen oder Propheten. Wenn wir fortfahren, Opfer zu bringen, werden wir erkennen, dass wir nicht gleichzeitig sechzehn Lehrer haben. Es gibt nur *einen* Lehrer, *einen* Führer. Je weiter wir gehen, desto mehr wandert in den Mörser, bis es endlich nur noch Ihn gibt. Eine wissende Seele ist Teil der Substanz aller Dinge. Sie ist nicht vom Ganzen getrennt, und doch ist sie etwas Eigenständiges. Ihr verfügt über eure inneren Möglichkeiten und ich über die meinen; und doch gibt es nur eine Möglichkeit. Alle Möglichkeiten sind Funken der universalen Seele.

Lasst uns kurz zusammenfassen, worin die Substanz besteht und welche Beziehung sie zur Zeit hat. Die Substanz der Seele ist aus dem »Stoff« gemacht, der durch Opfer und Hingabe entsteht. Er stellt die Erlösung unseres falschen Zeitbegriffs dar. Wenn wir uns mit jedem Atemzug hingeben könnten, wären wir fähig, wirklich hier zu sein. Das, was dann beginnen könnte, hier zu sein, ist die Substanz der Seele.

»Backt euer Brot mit brennenden Tränen« und »lasst euch reinwaschen vom Blut eures Herzens.« Es beginnt mit einer großen Sehnsucht: »Oh mein Gott«, setzt sich fort und wird zu »Oh Du« und schließlich zu »Oh ich«. Ein Mensch hat seinen Seelenkörper geschaffen, und dieser kann nun auf beliebig viele Personen aufgeteilt werden. Um in der Alchimie Gold zu erzeugen, müssen wir zunächst einmal Gold haben.

Alchimie des Herzens

39 Ein Sufi, heisst es, sei »ein Tropfen, der zum Ozean wird«. In den meisten esoterischen Traditionen wird gesagt, man müsse, um zur Erkenntnis zu gelangen, seine unsterbliche Seele gewinnen. Deshalb ist es wichtig, die Eigenschaften jener Seele zu untersuchen, die es zu erringen gilt, und den Tropfen zu verstehen, der zum Ozean wird.

Wir brechen zu unserer Reise in unbekannte Regionen auf und haben im Grunde genommen keine Ahnung, wonach wir eigentlich suchen. Wir wissen lediglich, dass wir von unserem Schmerz oder einem Gefühl der Zurückweisung in dieser oder jener Situation getrieben werden, uns auf die Suche nach jenem kaum greifbaren Etwas zu machen, das uns von unserem Schmerz befreien und zur wahren Freiheit führen wird.

Möglicherweise wird uns klar, dass wir für diese Reise schlecht gerüstet sind. Wir durchlaufen eine Periode von vielleicht vielen Jahren, in denen wir mit Hilfe von Meditation, Yoga, Bewegungen und der einen oder anderen Übung an uns selbst arbeiten. Diese Übungen haben eine zweifache Wirkung. Als Erstes bereiten sie das Gefährt darauf vor, mit jenen Energien umzugehen, die sich entlang unseres Weges manifestieren. Zweitens aber beinhalten solche Übungen eine verborgene Falle.

Diese Falle besteht darin, dass wir das, was zu suchen wir uns ursprünglich aufgemacht haben, allzu leicht vergessen. Wir sind so darauf versessen, an uns selbst zu arbeiten, dass wir es sogar vorziehen, die Suche aus unserem Denken zu verbannen; denn sobald wir uns ihrer erinnern, taucht wieder der gleiche Schmerz auf, die gleiche Sehnsucht, die uns zu unserer Reise aufbrechen ließen. Ohne diese Sehnsucht aber, die manchmal auch »bewusstes Leiden« genannt wird, können wir nicht finden, wonach wir suchen.

Durch Erkenntnis wird der Geliebte befreit.

Viele Legenden aus der Geschichte ranken sich um diese Suche. Wir brauchen uns nur eine oder zwei davon anzuschauen, um daran erinnert zu werden, dass es diese Suche seit Anbeginn der Zeit gegeben hat. Denkt zum Beispiel an das Märchen von der Prinzessin, die in ihrem Schloss gefangen gehalten wird und dazu verdammt ist, den Rest ihres Lebens dort zu verbringen – bis der Prinz kommt, um sie durch seine Liebe zu befreien.

In einer dieser Legenden irrt der Prinz durch eine verlassene Stadt, als er plötzlich fühlt, dass etwas an der Sohle seines Schuhs klebt. Er bückt sich und entdeckt einen kleinen goldenen Schlüssel, mit dessen Hilfe sich die Tore des Schlosses öffnen lassen. Der goldene Schlüssel ist ein Symbol für diese Welt, die wir eines Tages als die Auferstehung selbst erkennen werden.

In dieser Legende ist es die Liebe des Prinzen, die ihn mit seiner Prinzessin vereinigt. Auf seiner Reise zu ihr muss er verschiedene Prüfungen bestehen und Entbehrungen auf sich nehmen, um zu beweisen, dass er würdig ist, sie zu finden. Er muss bestimmte Eigenschaften entwickeln wie Mut, Willen, Geduld und Mitgefühl.

Auf jeder Stufe führen diese Prüfungen ihn an den Rand der Katastrophe, aber dank der Intensität seiner Sehnsucht nach der Geliebten kann er sie alle bestehen. Jedesmal, wenn er vom rechten Weg abkommt, taucht aus dem Nichts jemand auf, der ihn dorthin zurückführt.

Der Schlüssel zum Verstehen dieser Legenden ist in den beiden Worten »Liebe« und »Erkenntnis« enthalten. Aus Liebe und mit Hilfe der Liebe suchen wir nach dem Geliebten. Mit Hilfe der Erkenntnis wird der Geliebte befreit, und wir finden schließlich heraus, dass wir selbst Liebe, Liebender und Geliebte sind. Wir sind der Prinz, der auf der Suche ist; wir sind die Prinzessin, die endlich durch Erkenntnis befreit wird; und wir selbst sind der Impuls, mit dem unsere Suche begann.

Mit der Vorstellung, dass die Seele eine wissende Substanz ist, kommt eine weitere Dimension ins Spiel: das Wissen. Wissen führt uns zur Liebe, und ohne Wissen kann Liebe, die reine Energie ist, nicht verankert, nicht offenbart werden.

Im Grunde genommen ist Liebe ohne Wissen sinnlos; dies erklärt, weshalb das Studieren so ungeheuer wichtig ist. Allerdings ist die Gefahr immer sehr groß, dass dieses Wort missverstanden wird und wir uns in ein intellektuelles Konzept über das Ziel unserer Suche verrennen. Wieder könnten wir vergessen, was uns zu dieser Reise veranlasst hat. Unsere Sehnsucht wäre nicht länger eine Sehnsucht des Herzens, sondern würde einem Teil unserer selbst entstammen, der sich danach sehnt, mehr und mehr Wissen anzuhäufen. Möglicherweise kommen wir unbewusst darauf, dass unser Schmerz durch das viele Lernen gelindert wird, ja angesichts der vielen Konzepte von dem Einen sogar in Vergessenheit gerät. Während die Prinzessin noch immer weinend am Fenster steht und darauf wartet, in die großartige Freiheit entlassen zu werden, würden wir uns in einer Reihe neuer Schleier verfangen.

Wissen und Liebe müssen sich im Gleichgewicht befinden, im Gleichgewicht aufgrund der Sehnsucht des Herzens nach dem Geliebten. Liebe ist die Ursache aller Schöpfung und hat keinen anderen Wunsch, als erkannt zu werden. Am Ende wird die Liebe selbst alle Schleier zerreißen, sodass sie im reinen Licht der Erkenntnis gesehen werden kann.

Wissen und Macht sind eins. Deshalb ist es so wichtig, dass wir, indem wir uns in den Strom des Dienens stellen, stets unseren Willen dem größeren Willen unterordnen, dem Willen Gottes.

Mit dem Wissen, das uns geschenkt wird (Wissen wird gegeben und nicht erworben), wird uns zugleich auch Macht verliehen. Diese Macht müssen wir zur Quelle allen Lebens zurückfließen lassen. Wie wir im Vaterunser sagen: »Denn Dein ist das Reich und die Macht und die Herrlichkeit.«

Wenn wir vergessen, dass wir selbst nichts sind, dass es nur *ein* Absolutes Sein gibt, spiritualisieren wir das Ego und nicht das Herz. Dann wird die Macht von uns Besitz ergreifen und ständig nach weiterer Nahrung für das Ego verlangen.

Wenn wir aber beständig geben und auf dem Pfad des Dienens bleiben, wird der Geist unsere Nahrung werden, und wir werden alles bekommen, was wir brauchen. Allerdings bekommen wir vielleicht nicht das, was wir haben wollten, denn wir können nicht wissen, was wir wirklich brauchen. Unser Denken trennt uns von der Wahrheit. Nur das Denken ist imstande, Konzepte der Einheit zu erschaffen und damit Teilung und Trennung zu verursachen.

Ich möchte jetzt auf die Seele zurückkommen, die wir auch als »essenzielles Selbst« bezeichnen können. Wie immer wir sie nennen, stellt sie einen essenziellen Bestandteil unserer Natur dar, den wir finden müssen, bevor wir das eigentliche Ziel unserer Suche erkennen können. In einer gewissen esoterischen Tradition wird der Mensch erst dann als »Suchender« bezeichnet, als »Wahrheitssucher«, wenn er die Zahl Neun erreicht hat, die Zahl des vervollkommneten Menschen.

Stellt euch einen hohen Berg vor, auf dessen Gipfel ein helles Licht scheint. Am Fuße dieses Berges steht ein Mensch, in dessen Herz das gleiche Licht leuchtet wie oben auf dem Gipfel. Nachdem er die ganze Welt durchwandert hat, um sich zu vervollkommnen, um so vollkommen lieben zu lernen, wie es ein Mensch nur vermag, erblickt er nun zum ersten Mal diese Bergspitze. Seine Liebe zu Gott ist das Wichtigste in seinem Leben; sie lässt alle anderen Lieben verblassen, alle anderen Träume, alle anderen Ziele.

Gott erfüllt das Versprechen, das Er dem Menschen gegeben hat, indem Er alle Schleier hinwegnimmt, sodass der Suchende, der Mystiker, Ihn im reinen Licht der Seele, im Lichte der reinen Intelligenz, von Angesicht zu Angesicht erblicken kann.

Die Seele ist eine wissende Substanz. Sie besteht aus erlöster Energie, aus Energie, die durch den Menschen zur Quelle aller Energie zurückgekehrt ist – durch die Alchimie des Herzens. Dass wir nichts anderes sind als ein Instrument zur Transformation feinstofflicher Energien, mag keine sehr romantische Vorstellung sein – aber genau das sind wir.

Wenn wir uns unserem Herrn zuwenden, erkennen wir vielleicht, dass unser Gebet etwas nützen kann. Nichts anderes können wir wünschen, als dem Geliebten zu dienen, dem Ziel unserer Suche.

Das diskursive Denken ist nicht fähig zu begreifen, was es mit dieser Substanz, aus der die Seele besteht, auf sich hat. Nur die unmittelbare Wahrnehmung, die aus dem Erwachen des Herzens erwächst, ist dazu in der Lage. Mehr als Anhaltspunkte für die Natur dieser Substanz können nicht gegeben werden.

Es wird gesagt, Christus oder der Geist sei der Erlöser der Welt. Er kommt, uns zu erlösen, damit wir zu jener Freiheit finden, die das wahre Erbe der Seele ist. Dank Christus wird das Herz (der Sitz der Seele) beflügelt und der Mensch nimmt den ihm angestammten Platz ein, aufrecht stehend auf der Mondsichel im Inneren seines Herzens. Das Herz wird zum einzigen Ort, der groß genug ist, die Essenz Gottes zu offenbaren. »Nirgendwo ist Raum genug, Mich zu beherbergen; im Herzen Meines treuen Dieners jedoch bin Ich enthalten.«

Die Alchimie des Herzens ist jene vollständige Transformation im Inneren des Menschen, die notwendig ist, damit Gnosis, die Erkenntnis Gottes, möglich wird. Der Mensch muss gewissermaßen sein Innerstes nach außen kehren und – als lebendige Realität, nicht nur als intellektuelles Konzept – zur Erkenntnis gelangen, dass es außerhalb seiner selbst nichts gibt. Innerhalb der Reichweite seiner Arme befinden sich grenzenlose Welten.

Wann immer der Mensch sich wahrhaft hingibt, sich vollständig seinem Herrn zuwendet, wird ein Universum geboren. Und wann immer der Mensch sich selbst findet, erwacht ein ganzes galaktisches System zum Leben.

Es gibt in der Alchimie die Regel: »Wie oben, so unten.« Obwohl vollständige Transformation in dieser Welt Zeit braucht, ist sie in Wirklichkeit Sache eines Augenblicks, denn die gesamte Schöpfung vollzieht sich in einem Augenblick. »Wie oben, so unten« bedeutet, dass wir in diesem Augenblick, wo wir unsere essenzielle Einheit mit Gott erkennen, auch erkennen, dass beide Welten eins sind. Indem er die Welt erlöst, vereinigt Christus unsere Welt der Illusion mit der wirklichen Welt, verwandelt das Falsche in das Wirkliche. Wir verstehen schließlich, dass diese

Welt die Auferstehung ist, und dass Immanenz und Transzendenz eins sind. *Al-Ḥaqq* (das Wirkliche) und *al-khalq* (die Erscheinung) sind ein und dasselbe. Das Eine und das Viele, Zeit und Ewigkeit, sind *eins.*

In der wirklichen Welt vollzieht sich dieser Prozess innerhalb eines Augenblicks. In dieser Welt ist er etwas Kontinuierliches. Der nicht transformierte Verstand ist nicht fähig, das Wesen der Seele zu verstehen. Bevor uns jene unmittelbare Einsicht geschenkt werden kann, die uns zugleich befreit und das notwendige Wissen bringt, muss der Verstand erlöst werden.

Hier liegt ein Schlüssel, der die Tür unseres Herzens öffnen könnte, falls wir den Weg des Dienens wahrhaft eingeschlagen haben: Christus oder der Geist kommt, die Welt zu erlösen, jene Aspekte der einen reinen Energie zu erlösen, sodass alles zum Ursprung zurückkehrt und der Tropfen wieder zum Ozean wird, dem er entstammt.

Doch was ist der Geist? Der Geist ist erlöste Energie. »Wie oben, so unten.« Der Geist ist zugleich das, was erlöst, und das, was durch den Menschen und im Menschen erlöst wird.

Nur wenn wir den Weg des Dienens einschlagen, können wir dies verstehen. Denn in dem Maße, wie wir geben, werden wir empfangen. Sobald wir diesen großen Sprung ins Unbekannte gewagt haben und ständig weitergeben, was wir bekommen, werden wir vom Geist Gottes erfüllt, der darauf wartet, uns zu erlösen. Dies kann nur geschehen durch Aufgabe all dessen, was wir zu sein glauben.

Die Zeit, die wir für alle drei Etappen brauchen – Erkenntnis, Erlösung und Auferstehung – entspricht nicht einmal einem Wimpernschlag. Dann werden wir das essenzielle Selbst entdecken, die Seele, die aus dem Stoff gemacht ist, aus dem erlöste Energie besteht, und die zugleich das ist, was erlöst. Dann haben wir den Christus in unserem Inneren gefunden, die alchimistische Hochzeit hat stattgefunden, und der wahre Sucher ist geboren.

Über den Autor

Foto: Niggi Bräuning, 1992

Reshad Feild (geboren 1934 als Richard Timothy Feild) war ein englischer Mystiker, spiritueller Lehrer, Musiker und Schriftsteller. Er ist Autor von rund zwanzig Büchern über Spiritualität, das Geheimnis des Atems und die innere Essenz der Sufi-Lehren und hatte seit den 1970er-Jahren einen bedeutenden Einfluss auf Tausende von Sinn suchenden Menschen im Westen. Er ist Vater von drei Söhnen, darunter der bekannte englische Schauspieler John Joseph »JJ« Feild.

Als junger Engländer durchlief »Tim«, wie er damals genannt wurde, eine für die britische Upperclass typische Internatserziehung in Eton, bevor er zwei Jahre lang bei der Royal Navy diente. Danach wurde er Folksänger und reiste singend – als »spiritueller Hippie«, wie man es zu jener Zeit vielleicht ausgedrückt hätte – um die halbe Welt.

Auf seinen Reisen stieß er unter anderem auf eine Derwisch-Bruderschaft: ein Zusammentreffen, das den Beginn einer vollständigen Veränderung in seinem Leben markieren sollte. Wieder zurück in England, kam er in Kontakt mit den Lehren von G.I. Gurdjieff und P.D. Ouspensky, während er unter anderem als »singender Kellner« im angesagten Londoner Restaurant Luba's Bistro auftrat, das von Gurdjieffs Nichte geführt wurde.

Als er schließlich Tom, dem Bruder der damals noch unbekannten Dusty Springfield, begegnete, entfaltete sich seine Karriere als Folksänger über das Kabarett ins Radio und ins Fernsehen. Die drei gründeten zusammen die Folkband The Springfields, die im Vereinigten Königreich schnell Erfolg hatte und es mit dem Song "Silver Threads and Golden Needles" 1962 als erste britische Band in die Top 20 in den USA sowie auf Platz eins der australischen Charts schaffte.

Tim verließ das Trio aber bereits nach kurzer Zeit, um sich auf weiteren Reisen seinen Studien mystischer und spiritueller Fragestellungen zu widmen. Seinen Lebensunterhalt verdiente er sich unter anderem als Antiquitätenhändler. Die Springfields ersetzten ihn durch den Sänger Mike Hurst, bevor sich die Gruppe schließlich auflöste, als Dusty ihre eigene, erfolgreiche Solokarriere startete.

Während jener Zeit lernte Tim Pir Vilayat Khan, den Leiter des Internationalen Sufi-Ordens, kennen, der ihn initiierte und ihm den Namen »Reshad« gab. In der Folge verließ Reshad das Antiquitätengeschäft und half mit, ein spirituelles Studienzentrum auf der ehemaligen Swyre Farm in Gloucestershire aufzubauen und zu leiten. Dieses lag in unmittelbarer Nähe von Sherborne House, der Schule des britischen Wissenschaftlers, Philosophen und spirituellen Lehrers John G. Bennett, zu dem freundschaftliche Beziehungen bestanden.

Als Name des Zentrums wurde Beshara gewählt, und zwar auf Vorschlag jenes Mannes, der mittlerweile Reshads wichtigster spiritueller Lehrer geworden war: Bülent Rauf, ein türkischer-britischer Autor und Übersetzer, der selbst aus einer langen – auf den andalusischen Mystiker Muḥyīddīn Ibn 'Arabī (1165–1240) zurückgehenden – ›verborgenen Linie‹ des Sufismus stammte und den Reshad in seinem ersten, autobiografischen Buch *Die letzte Schranke – Ich ging den Weg des Derwischs* »Hamid« nennt.

Dieses in viele Sprachen übersetzte Werk gilt heute als großer Klassiker der modernen spirituellen Literatur. Es erzählt die spannende Geschichte von Reshad, wie er in einem Antiquitätengeschäft in London auf Bülent trifft, und den Beginn seiner anschließenden abenteuerlichen Reise, die sein ganzes späteres Leben prägen sollte.

Im Dezember 1971 reisten Reshad und eine Gruppe von Studenten auf Anregung von Bülent Rauf nach Konya in der Türkei, um die heilige Sema-Zeremonie des Mevlevi-Sufi-Ordens zu studieren, der auch als »die drehenden Derwische« bekannt ist und auf den persischen Poeten und Mystiker Maulana Dschalāl ad-Dīn Rūmī (1207–1273) zurückgeht. Während dieses Besuchs traf Reshad das damalige Oberhaupt der Mevlevis, Suleyman Dede, der ihn schließlich als Scheich in diesen Orden initiierte.

1973 zog sich Reshad von seiner leitenden Rolle im Beshara-Zentrum in England zurück und wurde von Bülent Rauf angewiesen, nach Vancouver in Kanada zu gehen, wo er ein neues Studienzentrum ins Leben rief. Später wurden weitere Zentren in Kalifornien, Boulder (Colorado) und in Mexiko aufgebaut. An all diesen Orten half Reshad unter anderem mit, die Zeremonie der drehenden Derwische in den Westen zu bringen und sie erstmals nach siebenhundert Jahren auch für Nichtmuslime und für Frauen zu öffnen. Dreißig Jahre später, 2005, wurde die Sema-Zeremonie schließlich von der Unesco zum Weltkulturerbe erklärt.

In den frühen 1980er-Jahren zog Reshad zurück nach Europa, wo er in der Schweiz ein großes Studienzentrum namens »Johanneshof« am Vierwaldstättersee bei Luzern etablierte, in dem er als Berater tätig war. Der Johanneshof wurde international bekannt, und bis zu seiner Auflösung 1996 fanden Hunderte von Menschen aus vielen Nationen ihren Weg dorthin, um in einer brüderlich-schwesterlichen Gemeinschaft auf ihrer eigenen Suche nach dem Sinn des Lebens voranzukommen.

Im Laufe der Jahre wandte sich Reshad – obwohl er Zeit seines Lebens allen authentischen spirituellen Traditionen mit großem Respekt begegnete – in seiner Lehrtätigkeit immer weiter von der äußerlichen Form ab, die er als »ein lediglich auf bestimmten Etappen der Reise notwendiges Gepäckstück« betrachtete, das, wenn der oder die Suchende entschlossen weiterschreitet, nach und nach zurückgelassen werden kann.

Damit ging er konsequent in jener Richtung weiter, die ihm sein Lehrer Bülent Rauf gewiesen hatte mit den Worten:

> Wir haben nichts zu tun mit Religion oder Form. Wir sind verbunden mit der inneren Bedeutung, dem inneren Strom der Wahrheit, die aller Religion zugrunde liegt. Unser Weg ist nichts für jene, die über die äußere Form nicht hinauskommen. Er ist für die, die geradewegs zur Essenz gelangen wollen.

Die letzten Jahre seines Lebens verbrachte Reshad zurückgezogen in England. Auf die Frage, welcher spirituellen Tradition oder Linie er und seine Schülerinnen und Schüler auf dem »Weg der Liebe, des Mitgefühls und des Dienens« folgen, sagte er:

> Wir suchen nach Erkenntnis, aber Erkenntnis ist nicht einfach Information. Wir suchen nach Selbst-Erkenntnis. »Wer sich selbst kennt, kennt seinen Herrn.« Man muss lernen, sich aller Etiketts und Schubladen zu entledigen, die in der Vergangenheit vielleicht noch gebraucht wurden. Denn es gibt nur ein einziges Absolutes Dasein. In dem Sinne sind wir ganz einfach nur Menschen des Weges.

Reshad Feild starb am 31. Mai 2016 in Devon. Seine Asche wurde über dem Fluss Dart verstreut, an dem er in seinen letzten Lebensjahren so gerne spazieren ging.

WEITERE TITEL IM CHALICE VERLAG

Der erste Teil der autobiografischen Trilogie von Reshad Feild: ein echter Klassiker der modernen spirituellen Literatur und eines der großen Selbstzeugnisse mystischer Sinnsuche, das in den vergangenen vierzig Jahren weltweit Hunderttausende von Lesern beeindruckt hat.

In dieser packend erzählten Geschichte begleiten wir einen jungen Engländer auf seiner abenteuerlichen Suche nach der wirklichen Bedeutung des Lebens und den allerletzten Wahrheiten. Unter der Führung des geheimnisvollen Antiquitätenhändlers Hamid, der sich im Laufe dieses ›metaphysischen Roadmovies‹ als ein strenger spiritueller Lehrer entpuppt, entwickelt sich Reshads Interesse an den Derwischen des Nahen Ostens zu einer äußeren wie inneren Entdeckungsreise zu heiligen Stätten, weisen Menschen und tiefen Einsichten in die Wirklichkeit der Welt. Unter härtesten Prüfungen, die sein westliches Denken erschüttern, wird er in die inneren Lehren des Sufismus eingeführt und mit den Geheimnissen des Atems, der spirituellen Bedeutung der Jungfrau Maria und den gemeinsamen Wurzeln der jüdischen, christlichen und islamischen Traditionen vertraut gemacht. Schritt für Schritt beginnt er, die Heiligkeit allen Lebens zu verstehen, und erfährt die Liebe als die Erste Ursache der Schöpfung, bevor ihm schließlich die Erkenntnis der Einheit des Seins gewährt wird.

»Eine eloquente Orchestrierung, die von sehr hoher Kreativität zeugt« (*The Times*). »Wenn Sie sich für die Weisheit dieses Buches öffnen, wird es Ihr Leben verändern« (Ellen Burstyn).

ISBN 978-3-942914-11-6
216 Seiten

Die Fortsetzung von *Die letzte Schranke* ist ein weiterer faszinierender Bericht über die Suche nach der wahren Bedeutung des Lebens, eine spannende Reise in die Wirklichkeit und – eine bewegende Liebesgeschichte. Nach seiner Rückkehr aus der Türkei und der Welt des Sufismus trifft Reshad in England auf Menschen, die ihm auf seinem Weg der Transformation weiterhelfen und ihn tiefer in das Geheimnis des Atems einführen. Da ist Elizabeth, in strengem Tweed-Kostüm und »vernünftigen« britischen Schuhen, die sich als profunde Lehrerin herausstellt. Da ist die schöne, rätselhafte Nur, in die sich Reshad Hals über Kopf verliebt. Und da ist John, der weise Mystiker in Wales, der an Krebs stirbt und den beiden eindrucksvoll zeigt, wie ein wahrer Sufi bewusst loslässt, während er bei jedem Atemzug wach bleibt für die Gegenwart Gottes, an nichts mehr festhaltend außer am Wissen um die Liebe. »Dieses Buch ist die Geschichte einer Liebe – einer Liebe, die sich dem Tod stellt. Zu wissen und zu akzeptieren, dass dieser Körper stirbt, dass dies die einzige Zeit ist, die wir haben, ist die mächtigste Waffe, die wir jemals besitzen können. Mit diesem Wissen kann für uns ein leidenschaftliches Leben beginnen, in dem wir keinen Augenblick der kostbaren Zeit mehr vergeuden, die uns zugeteilt ist, und uns dankbar in die Unmittelbarkeit des Lebens stürzen. Wir arbeiten jetzt für die Zukunft der Menschheit, und wenn wir wissen, dass wir geliebt sind, wird die Zeit auf unserer Seite sein.«

ISBN 978-3-942914-12-3
180 Seiten

WEITERE TITEL IM CHALICE VERLAG

Ein Schatz tiefer Einsichten aus spiritueller Perspektive in das große Mysterium des Atems. Inspirierende Vorträge, praktische Übungsanleitungen und eine Auswahl poetischer Texte aus unterschiedlichsten Traditionen laden uns ein, den Atem als Wunder auf vielen Ebenen zu erforschen.

Was ist dieser Atem? Welche Bedeutung liegt in diesem Leben spendenden Geheimnis? Wie wichtig ist das bewusste Atmen für echte spirituelle Transformation? Was sagt uns die Tatsache, dass unser Leben all seine Möglichkeiten zwischen einem Einatmen und einem Ausatmen entfaltet? Wie hängt das alles mit dem Rhythmus des Universums und der Zeit zusammen? Welche Rolle spielt der Atem im »Werden des Seins« aus dem immerwährenden »Schoß des Augenblicks«? Wie können wir Nahrung einatmen und sie ins alchimistische Exilier destillieren, das wir für die nachhaltige Verwandlung unseres Lebens brauchen? Wie können wir ausatmen, um die Atmosphäre in einem Raum oder in einer Situation zu verändern, in Verantwortung für unsere Mitmenschen und für die »kommende Welt«? Was könnte es bedeuten, dass Jesus »auf dem Wasser wandelte« und dass »Atem und Geist eins sind«? Welches ist die esoterische Beziehung zwischen Maria, Jesus, dem Geist Gottes, *Ruh Allāh,* und Christus?

Vor dem Hintergrund seines lebenslangen Studiums der inneren Essenz der Sufi-Lehren liefert uns der Autor Gedankenanstöße und praktische Tipps zur Atemarbeit in unserem Alltag.

ISBN 978-3-942914-09-3
172 Seiten

Sex ist eine der machtvollsten Kräfte in unserem Leben, und doch vermögen nur die wenigsten Menschen, ihn ganzheitlich zu betrachten. Weit über Fortpflanzung und Vergnügen hinaus kommt ihm besondere Bedeutung für die spirituelle Transformation des Menschen zu. Suchenden, denen sich zu diesem Thema schwierige Fragen stellen, bietet dieses Buch neue Denkanstöße und überraschende Blickwinkel auf eines der größten Wunder und tiefsten Rätsel der Schöpfung. In den hier zusammengestellten Auszügen aus seinen Vorträgen behandelt der Naturwissenschaftler, Philosoph und spirituelle Lehrer Bennett Themen wie den Ursprung der Sexualität, ihr Verhältnis zur Liebe, die Bedeutung des Geschlechtsakts, die komplementären Rollen von Mann, Frau und Kind, Ehe und Partnerschaft, Fortpflanzung, Elternschaft, Kreativität, »negativen Sex« sowie psychologische und gesellschaftliche Aspekte.

»Die innere Spaltung des Menschen ist die Trennung seiner geistigen und materiellen Hälften. Sie führt zur Unzufriedenheit und Suche, die seine Transformation erst ermöglichen. Die wirkliche Freude am Sex liegt weder in gedanklicher Stimulation noch in emotionaler Erregung, sondern in verbesserter Klarheit, Kraft und Stärke der Erfahrung auf allen Ebenen. Im Geschlechtsakt können wir wahrhaft wir selbst sein, und dies sollte uns in Sachen Sex sehr feinfühlig machen.«

ISBN 978-3-942914-06-2
120 Seiten

Wie leben wir *richtig*, sodass wir unser körperliches, geistiges und seelisches Daseinspotenzial verwirklichen und mit unserer Umwelt, unseren Mitmenschen und uns selbst in Achtsamkeit und Mitgefühl umgehen und Sinn und Zweck unseres Lebens auf der Erde erfüllen können? Der Shivapuri Baba, einer der beeindruckendsten Menschen des 19. und 20. Jahrhunderts, der ein salomonisches Alter von 137 Jahren erreichte, lehrte das Prinzip des »Rechten Lebens«, das in seinen Grundlagen bestechend einfach und gerade deshalb problemlos übertragbar ist auf jede Epoche, Gesellschaft, Kultur und Religion. Nachdem er 24 Jahre in absoluter Einsamkeit im indischen Dschungel gelebt, danach auf seiner Pilgerreise 40 Jahre lang den gesamten Erdball zu Fuß umrundet und zahlreiche historische Persönlichkeiten wie die Königin Victoria, George Bernhard Shaw oder Theodore Roosevelt beraten hatte, ließ er sich 1926 in Nepal nieder, wo er die Erkenntnisse seiner Erfahrung der spirituellen Verwirklichung lehrte. Obschon bereits zu Lebzeiten als großer Heiliger verehrt, lehnte er jeglichen Kult um seine Person vehement ab. Auf seine Bitte, seine Lehre der drei Disziplinen Rechten Lebens für die moderne Welt einfach und verständlich darzulegen, schrieb John G. Bennett diesen Klassiker der spirituellen Literatur: eine praktische Anleitung, wie wir – egal in welcher religiösen Tradition wir zuhause sind – die richtigen Prioritäten setzen, ganzheitlich leben und zu Selbsterkenntnis und Gottesschau gelangen können.

ISBN 978-3-942914-26-0

240 Seiten

Guter Geschmack will gelernt sein: *Le bon-goût s'apprend.* Das gilt insbesondere für das spirituelle Schmecken der Einheit des Seins. In dieser einzigartigen Anthologie beschreiben liebestrunkene Sufis, wahrheitshungrige Gnostiker, erkenntnisdurstige Geisterseher und verschmitzt-weise Skandalgurus, hingebungsvolle Brotbäcker, humorbegnadete Geschichtenerzähler, ägäisverzauberte Lebensreisende und extremfastende Meisterspione Möglichkeiten und Wege, das Feine vom Groben zu unterscheiden, das Obere mit dem Unteren zu verbinden und so die scheinbare Trennlinie zwischen dem Körperlichen und dem Spirituellen zu überwinden. Wenn wir die ›Küchenarbeit an uns selbst‹ in der richtigen, nämlich dienenden Haltung angehen, kultivieren wir in uns diesen guten, feinen Geschmack für die Nähe Gottes. Bewusstes Kochen und Gekochtwerden lässt uns die Heiligkeit in der Transformation von Äußerem und Innerem entdecken.

Neben Ausgesuchtem von Dschalāl ad-Dīn Rūmī, Bahauddin Walad, Hafis, Khalil Gibran, Bülent Rauf, Reshad Feild, Muzaffer Ozak, G.I. Gurdjieff, P.D. Ouspensky, Idries Shah, Osho, Scotus Eriugena, Emanuel Swedenborg oder Henry Miller finden sich hier zum ersten Mal auf Deutsch vorliegende Trouvaillen von Annemarie Schimmel, Muḥyīddīn Ibn ʿArabī, John G. Bennett, Christopher Bamford und Paul Dukes.

ISBN 978-3-942914-20-8
324 Seiten

WEITERE TITEL IM CHALICE VERLAG

Was ist das Wesen des Kindes? Was bedeutet Kind*heit* als Archetyp, als spirituelles Ideal und lebendige Wirklichkeit? Wie können wir Kindern helfen, das zu werden, was zu sein sie von der Schöpfung gedacht sind? Was können wir von ihnen lernen, da wir doch aufgerufen sind, zu werden wie sie? Wie können wir ihnen in liebender Achtsamkeit begegnen und ihnen die Art von Nahrung verschaffen, die sie in unserer Zeit brauchen? Dieses Lesebuch bietet Denkanstöße, Erfahrungsberichte und Verhaltensvorschläge aus dem Weisheitsschatz der mystischen Überlieferungen der verschiedenen Religionen wie auch von maßgeblichen Wegbereitenden einer neuen ganzheitlichen Pädagogik. Nicht nur Eltern, Betreuende und Erziehende sind hier angesprochen, sondern alle, die die »versöhnende Kraft des Kindes« (Gurdjieff) verstehen möchten, die »Achtung haben vor den Geheimnissen und den Schwankungen der schweren Arbeit des Wachsens« (Janusz Korczak) und die es sich zur Aufgabe machen, das Kind als »lebendiges menschliches Bild der Wahrheit zu umsorgen« (Bülent Rauf). Und weil letztlich »alle Bildung Selbstbildung ist« (Edith Stein), geht es dabei immer auch um unser »inneres« Kind, das, »wenn die Zeit reif ist, in uns geboren wird« (Reshad Feild). Dieses Buch kann uns helfen, zu verstehen und unsere Kinder zu lehren, was Gott zu jeder und jedem Einzelnen von uns sagt: »Du bist Mein Schmuck; du bist Meine Schönheit; du bist Meine Vollkommenheit; du bist Mein Name« (al-Dschīlī).

ISBN 978-3-942914-34-5
480 Seiten

Im spirituellen Schrifttum des Islams stellt die *Abhandlung über die Liebe* einen Höhepunkt dar; sie ist im Ganzen wie im Detail ein vollendetes Meisterwerk. Alles, was vor Ibn ʿArabī zu diesem, insbesondere für das esoterische Verständnis des Korans so zentralen Thema gesagt wurde, fasst der »Größte Meister« hier zusammen, geht aber noch weit darüber hinaus. Kein spiritueller Lehrer hat seither derart wirklichkeitsgetreue, ursprüngliche, tiefgründige und vollständige Sichtweisen auf das Wesen und die Essenz der Liebe dargestellt.

In dem hier zum ersten Mal auf Deutsch vorliegenden Kapitel 178 seiner umfangreichen *Mekkanischen Eröffnungen* beleuchtet der »Lehrer der Sufis« alle Formen der Liebe, die natürliche oder physische, die spirituelle und die Göttliche. Die falsche, im Westen – heutzutage wie auch in der Vergangenheit – verbreitete Meinung, der Islam sei lediglich eine Religion der Strenge und formaler Vorschriften, in der Göttliche Transzendenz alles derart aufsauge, dass ein menschliches Wesen nicht einmal mehr an der Liebe teilhaben könne, wird hier mit großer Einblickskraft in die tiefsten Zusammenhänge und in poetischer Sprache richtiggestellt.

ISBN 978-3-905272-74-1
280 Seiten

»Komm, komm, wer immer du bist…« Das Lebenswerk von Dschalāl ad-Dīn Rūmī (1207–1273), des wohl bekanntesten Vertreters des Sufismus und, neben Hafis, bedeutendsten Dichters persischer Sprache, ist eine Verstand und Herz ergreifende Einladung, die vielfarbige Schönheit und spirituelle Tiefe der islamischen Mystik kennenzulernen. Ob in seinem berühmten Lehrgedicht *Masnawī,* in seinen philosophisch-theosophischen Prosaschriften oder in der auf ihn zurückgehenden Drehtanz-Zeremonie der Mevlevi-Derwische – Rūmīs unerschöpfliche Kreativität ist ein permanentes Umkreisen des Geheimnisses von Gott, dem Geliebten und der Liebe. Wie nachhaltig sein Wirken konfessionelle Schranken und kulturelle Epochen überwand, demonstrieren die Tausenden von Trauernden aus allen Religionsgemeinschaften, die bei der Beisetzung im türkischen Konya an seinem Sarg vorüberzogen, wie auch die Tatsache, dass er noch heute als einer der meistgelesenen Poeten in den Vereinigten Staaten gilt. In dieser exzellenten Biografie zeichnet die renommierte Sufismus-Kennerin ein überzeugendes Bild von Leben und Werk des großen Mystikers und seiner historischen, politischen, kulturellen und theologischen Hintergründe. Sie lässt uns eintauchen in seine Liebes- und Glaubenseinsichten, die sie mit einer exquisiten Auswahl seiner wundervollen Texte illustriert. Entzückt lauschen wir Rūmīs Sehnsuchtsmelodien nach der Einheit und lassen uns in den Bann seiner Gottesfreude ziehen.

ISBN 978-3-942914-19-2
228 Seiten

Ein liebenswürdiger Bär, der Shakespeare und ʿIbn Arabī liest, mit seinem Freund Jones bei Bier und Whiskey über die hintergründige Tragikomödie des Lebens philosophiert und obendrein Saxofon spielt wie ein junger Gott – solche vielfarbigen Fäden verwebt Rafi Zabor hier zu höchst unterhaltsamer, humorvoller, großartiger Literatur, die den Leser von der ersten bis zur letzten Seite fesselt. Auf seinem herzergreifend menschlichen Selbstfindungsabenteuer schlägt sich unser tierischer New Yorker Held mit seiner glühenden Leidenschaft für wahrhaft guten Jazz durch dorniges Dickicht seinen Einstieg ins Musikerleben. Er bewährt sich auf der Flucht vor der Polizei und hinter Gefängnismauern, tourt mit ziemlich abgedrehten Bandmitgliedern durch die amerikanische Provinz, spielt sich in verrauchten Jazzclubs die Seele aus dem Leib und gerät in die Fänge einer brennenden Liebe zur schönen Biologin Iris, bevor er nach vielen Irrungen und Wirrungen schließlich sein wirkliches Zuhause findet. Den Klängen dieses Lebens in mitreißenden Rhythmen, bezaubernden Akkordfolgen und überraschenden Tempowechseln folgend, wächst uns in diesem Buch ein großer Liebender und Menschenfreund mit seinen tiefen geistigen Einsichten und seiner unerschrockenen Daseinsfreude mit jeder Zeile näher an unser Bärenherz. Phantasievoll, spannend, intelligent, witzig, cool und sehr erotisch – kurzum ein jazziger Roman auf hohem sprachlichem Niveau in der meisterhaften deutschen Übersetzung von Karsten Singelmann.

ISBN 978-3-942914-22-2
528 Seiten

Eine ebenso spannende wie humorvolle, tiefgründige wie lehrreiche Liebes- und Abenteuergeschichte über Verlust und Neubeginn, über den Auszug aus der eigenen kleinen Welt und das Erwachen im großen Unbekannten. Es treten auf: Daud, ein erfolgreicher Kaufmann von der Mittelmeerinsel Aruad; Takla, eine junge Köchin im berühmten Nonnenkloster von Saidnaya; und Shams, ein alter Ziegenbock aus den Hügeln über Damaskus. Diese drei Unerschrockenen begleitet die *Damaszener Trommel* durch die syrische Landschaft des neunzehnten Jahrhunderts, mit ihrem vielgesichtigen Kaleidoskop von Völkern, Kulturen und Religionen aus der Levante, auf ihrer abenteuerlichen Reise durch Zeit und Raum und darüber hinaus. Eine zauberhafte Erzählung über Liebe und Selbsterkenntnis, Mut und Vertrauen, Schicksal und Bestimmung, Hingabe und Freiheit. In dieser modernen Tausendundeine-Nacht-Geschichte voller Überraschungen erleben wir die Abgründe des allzu Menschlichen und höchste Menschlichkeit, Niedertracht und Großmut, kriminelle Machenschaften und spirituelle Höhenflüge und begegnen Bösewichten und Helden, Narren und Weisen – und jeder Menge Ziegen. Christopher Ryan studierte Persisch und Osmanisch und schrieb als profunder Kenner der Menschen und Traditionen im Nahen Osten viele Jahre für englische Zeitschriften. In der *Damaszener Trommel* zieht er uns augenzwinkernd in den Bann einer höheren Wirklichkeit, die er im Stil des Magischen Realismus lebendig werden lässt.

ISBN 978-3-942914-21-5
300 Seiten